本书获华南理工大学"双一流"建设项目人才队伍建设专项、华南理工大学公共管理学院出版基金的共同资助。

博士生导师学术文库
A Library of Academics by
Ph.D.Supervisors

中国老年经济学透视

阳义南 著

光明日报出版社

图书在版编目（CIP）数据

中国老年经济学透视 / 阳义南著. -- 北京：光明日报出版社，2021.4
ISBN 978－7－5194－5871－3

Ⅰ.①中… Ⅱ.①阳… Ⅲ.①老年学—产业经济学—研究—中国　Ⅳ.①D669.6

中国版本图书馆 CIP 数据核字（2021）第 057603 号

中国老年经济学透视
ZHONGGUO LAONIAN JINGJIXUE TOUSHI

著　　者：阳义南

责任编辑：刘兴华　　　　　　　　责任校对：刘舒婷
封面设计：一站出版网　　　　　　责任印制：曹　净

出版发行：光明日报出版社
地　　址：北京市西城区永安路 106 号，100050
电　　话：010－63169890（咨询），63131930（邮购）
传　　真：010－63131930
网　　址：http://book.gmw.cn
E － mail：liuxinghua@gmw.cn
法律顾问：北京德恒律师事务所龚柳方律师

印　　刷：三河市华东印刷有限公司
装　　订：三河市华东印刷有限公司

本书如有破损、缺页、装订错误，请与本社联系调换，电话：010－63131930

开　　本：170mm×240mm
字　　数：332 千字　　　　　　　印　　张：18.5
版　　次：2021 年 4 月第 1 版　　　印　　次：2021 年 4 月第 1 次印刷
书　　号：ISBN 978－7－5194－5871－3
定　　价：98.00 元

版权所有　　翻印必究

序

人口老龄化是当今世界人口发展的重要趋势。这种人口年龄结构的变化正在广泛而深刻地影响着人类社会生活的各个方面,已经日益成为世界各国关注的重大人口问题。人口老龄化对社会发展带来新的挑战涉及经济和社会发展的方方面面,如老年人退出劳动力队伍后的收入来源如何解决、老年人失能失智后的服务需求如何满足等,由此产生的养老问题已经成为人类社会共同面临的重大挑战。

近几十年来关于养老的话题成为政界、学界以及媒体和其他社会各界热议的话题,养老领域的著作和成果也汗牛充栋,从不同的视角对养老问题进行了多元剖析,唤醒了人们关于老龄化社会带来的养老危机意识。诚然,对养老问题的重视已经成为普遍的社会共识,这对于集中力量从理论与实践上解决养老问题提供了基础。

然而,养老问题没有一个终极答案,养老研究是一个动态过程,随着经济社会的不断发展,也应不断做出改革和调整。中国的养老研究也方兴未艾,每个人都会老去,并且随着国民养老需求日益多元化将变得越来越重要。近日,欣闻阳义南博士《中国老年经济学透视》一书即将付梓出版,并邀请我为该书撰写序言,作为一位数十年关注养老问题的研究者,也作为阳义南博士在中国人民大学求学时的老师,在逐渐老去的同时感慨学生的成长与成就。于是,我欣然应允。

纵观全书,收录了作者十年间关于老年经济问题的核心研究成果,并进行了系统的梳理和总结,兼顾历史和现实,具有较高的学术价值和应用价值。具体来看,我认为本书有如下特色。

第一,研究学科交叉。随着经济学学科的快速发展,近年来交叉冠名经济学的研究不胜枚举,但不少研究名实难副,并未把经济学的核心思想贯穿其中。通读《中国老年经济学透视》这本书,我发现其中养老与经济学的交叉名副其实。经济学的核心是资源的优化配置问题,本书中关于养老问题的研究,无论是退休决策,还是老年财富储备、消费支出、老年就业等,均融合了基础的经济学理论,并利用经济学模型进行实证分析,兼具理论深度和应用的广度。目前来看,国内养老和经济学交叉的研究成果并不多,本书的出版将进一步丰富本领域的研究视野。

第二,研究视角多元。一是兼顾宏观与微观,纵观全书,既有从宏观角度分析养老相关改革的经济社会效应,同时从老年人微观个体层面了解其政策意愿、效用感知及行为选择等,研究框架更加完整、丰富;二是囊括国际与国内,在本书研究中重点对国内养老相关的议题进行理论分析、实证研究,同时在不少议题中对国外的经验证据做出了综合阐述,国际国内的对比使得研究更为全面、系统;三是关注现实与长远,不仅对养老全生命周期的各项议题,如退休选择、养老财富储备、养老消费等问题的现实情况进行了全面分析和研究,同时又依据不同的假设条件对未来可能出现的情况进行模型推演和模拟,从长远的视角对养老相关的政策调整做出了系统性预判,使得研究更具有延展性。

第三,研究内容丰富。养老问题涉及的范畴十分广泛,不仅包括衣食住行等基础性需求,还涉及医疗健康、家庭、就业等诸多层面。现有大多数养老研究都是从某一特定领域出发,挖掘其背后面临的问题及其解决方案,具有研究深入、细致的优势,但对于系统性、全方位的养老研究还有所不足。本书则从更广阔的视野研究养老问题,内容涉及整个老年生命周期,既有老年的经济保障问题,也有老年服务保障问题;既涵盖了老年人初期的退休决策,也包括退休后的就业选择,同时还对老年人的健康问题、生活质量问题以及代际关系问题有较为深入的分析,可以帮助读者从更宏观的视角看到养老问题的核心。

第四,研究方法系统。学术研究,尤其是社会科学研究的一个重要衡量标准就是论证过程充分,有理有据,方法得当。总体来看,本书的研究观点明确,较好地运用了计量经济学、统计学等学科前沿、系统的研究方法,同时综合运用宏观与微观的数据进行了分析论证,使得论据更为充分有效,论点更具可信度。

综上所述,本书作为一部涉及养老生命周期全过程研究的著作,记录了阳义南博士长期研究养老问题的核心发现。对从事或关注养老领域问题的研究者、养老政策的制定者,甚至每一位关心养老问题的普通读者,都具有很高的参考价值,是养老领域研究的一本有分量的著作。这让我看到了新一代年轻研究者的研究态度与研究实力,也让我更有信心相信未来中国的养老研究一定会越来越深入。

总之，应对人口老龄化，构建覆盖全民、公平共享、管理科学、内容全面、水平适度、责任共担、多元参与、可持续发展的老年保障体系，既是持续让老年人受益的过程，也是不断开创社会发展新局面的过程。在这个意义上，满足老年人多层次、多样化的养老服务需求，做好应对人口老龄化的研究，为养老事业发展提供智力支持，是时代赋予每位从事和关注养老研究者的使命，也是一道发展考题。同时，我也呼吁更多的有识之士关注养老问题，共同为中国养老问题的解决增砖添瓦，做出自己的贡献。

最后，我想以中国老龄事业规划目标中的一句话作为结尾，愿每一位读者将来都老有所养，老有所依，老有所为，老有所乐！

是为序！

董克用

2020年5月于北京

前　言

　　人口老龄化是公共卫生和社会经济发展成功的结果，是人类最伟大的成就之一，但也是21世纪面临的最严峻挑战。1865年，法国进入老龄化社会，是全球第一个进入老龄化的国家，1890年的瑞典是第二个。之后，各个工业发达国家都陆续进入了老龄化社会。20世纪30年代，一些人口学家和经济学家开始注意到继而考虑人口老龄化的经济后果。到20世纪七八十年代，随着工业国家人口老龄化加剧，给社会保障制度、劳动力市场、医疗卫生、公共财政、代际关系等都带来了前所未有的影响和挑战，促使老年经济学和老龄化经济学的研究迅速发展。

　　1960年，美国老龄问题之父克拉克·蒂比茨主编了《老年学手册：社会经济诸方面》一书，被认为是具有开创性的老年经济学著作。1976年，舒尔茨出版了《老龄经济学》一书。1980年，克拉克和斯彭格勒合著《个体老化和人口老龄化经济学》，该书被学界认为标志着老年经济学和老龄化经济学的真正确立。老年经济学是以老年经济问题作为研究对象的一门新兴学科，偏重于考察老年人的微观经济决策和经济行为，一些著述有时也称其为老龄经济学、老化经济学。其中，老龄化经济学则偏重于考察人口老龄化的宏观经济影响。二者中，老年经济学为老龄化经济学奠定了微观基础，而老龄化经济学则为老年经济学研究提供了宏观背景。

　　人口老龄化催生了老年经济学，而并不是一有老年人、一存在老年经济问题就会出现所谓的老年经济学（田雪原等，2007）。当一国人口年龄结构进入顶部老龄化进程以后，老年人在收入、消费、储蓄等方面行为特殊性的潜在经济影响，由于老年人口规模的增长而被释放和放大，才产生了老年经济学研究的现实需要（李建民，2001）。但老年人的经济行为、经济决策有其特殊性。经典经济学在分析人类经济行为时往往基于"理性人""利己主义"等假定。但当一个人进入老年生命期之后，其决策能力会随着年龄增长而趋于下降，甚至完全丧失（如失能、失智）。因此，关于老年经济学的研究须以有限理性和代理决策为前提。而贝克尔（2008）认为老年人的利他主义动机要强于年轻后代的利己主义。这是老年人经济行为和决策两个非常明显的特征。

在中国，直至20世纪80年代，关于老年人口和人口老龄化的经济学研究基本上还是空白。90年代末，随着中国老年人口增长和人口老龄化进程加速，才开始出现相关著述（李建民，2001）。有意思的是，1986年中国老年学学会成立时就把老年经济学当作老年学的六大分支学科之一，相应最先研究老年经济学的是老年学学者。系统研究老年经济学的代表性著作有复旦大学王爱珠教授1996年所著的《老年经济学》、田雪原研究员2007年主编的《中国老年人口（经济）》、中国社科院熊必俊研究员2009年著述的《老龄经济学》。三位前辈立志于创建我国的老年经济学理论体系，都偏向教材式专著。这些研究的核心内容还是老年人问题，而不是经济问题本身，经济学只是作为研究的手段（李军，2014）。

中国于1999年进入了老龄社会。近10年来，老年人口比重在以每年0.3%、0.4%、0.6%的速度增加。2019年年底，我国60岁以上人口已有2.54亿人，65岁以上人口有1.76亿，各占总人口的18.9%和12.6%。到21世纪中叶，老年人口预计将达到4.37亿人，超过总人口的1/3。在人口老龄化不断加深的背景下，未来经济将是老龄经济，而老年经济学显然会是经济学发展的一个重要方向（李军，2014）。但整体上看，经济学研究大大落后于其他学科（李军和刘生龙，2019）。例如，老年医学、老年生物学、老年心理学、老年社会学等。这与我国加速、深度老龄化的基本国情是不相称的，远不能满足社会经济发展和政府决策的需要。

笔者从2003年开始关注并研究我国老年问题。早年侧重于养老问题的人口学分析及养老金制度政策研究。2010年入职中山大学岭南学院之后，研究兴趣开始转向对我国老年、养老经济问题的思考和探索。本书收录了笔者在2011—2020年这十年间和团队研究老年经济问题的15篇论文。

在内容安排上，第一部分首先讨论老人的退休决策。因为只有退休了，一个人的社会角色才由生产者和消费者的统一体转向了纯粹的消费者，他也才会真正被社会认为是"老人"。该部分主要研究我国职工退休决策的影响因素、提前退休诱导，并集中探讨了当前热点的延迟退休问题。第二部分报告了老人退休后的收入和养老财富积累、支出及其经济状况、生活满意度和美好生活水平。第三部分则检验老人的收入和财富用于养老、医疗、照护等服务支出的经济绩效及进一步的健康绩效。第四部分探讨老年人就业，既能增加老人收入、改善经济状况和财务自主，也可以提升老人生命价值、社会贡献。第五部分则进一步扩展到探讨老年人经济行为相关的代际关系，包括对代际经济交换、青年人就业等的影响。

本书的特色在于，基于 CLHLS、CLASS、CGSS、CLDS、中国城乡老年人生活状况调查，中国养老金融调查等微观调查数据，运用精算模型、计量模型、结构方程模型、潜变量模型等多种定量方法进行协同研究。通过抓取、洞察中国人口老龄化过程中的重要老年经济问题，进而运用经济学理论和方法研究和阐释这些问题，来透视中国的老龄化进程。我们寄希望于通过本书的系统性梳理，帮助我们在未来的研究工作中进一步思考、探索、挖掘，同时也希望能为我国老年经济学研究起到一点铺路之石、引玉之砖的作用。

在本书长达 10 余年的研究、写作、投稿审稿、发表过程中，得到了很多同行、同事、审稿人、编辑老师的认真指导和宝贵意见。在此非常感谢他们的辛勤劳动和热心帮助。借此书也非常感谢曾指导、引领我走上学术道路，给我传道授业解惑的恩师们：武汉大学邓大松教授、中国人民大学李绍光教授、中国人民大学董克用教授、中国人民大学李珍教授、美国波士顿学院 John B. Williamson 教授、中山大学申曙光教授，以及曾给过我无私帮助和指导的前辈、师友们。

值得庆幸的是，本书有幸入选了光明日报出版社的《博士生导师学术文库》，得到了光明日报出版社的大力支持，在此表示衷心的感谢！

由于水平有限，如果书中有遗漏或错误之处，敬请批评指正。恳请将您的真知灼见发到我的邮箱：yangynan@ scut. edu. cn。

笔者 2020 年于广州

目 录
CONTENTS

第一部分　退休决策 ……………………………………………………… 1
 导　读 …………………………………………………………………… 3
 第一章　我国职工退休年龄影响因素实证研究 ……………………… 7
  第一节　文献综述 …………………………………………………… 10
  第二节　数据、变量与描述性统计 ………………………………… 14
  第三节　实证结果分析 ……………………………………………… 17
  第四节　结论 ………………………………………………………… 22
 第二章　基本养老保险制度激励提前退休实证研究 ………………… 24
  第一节　文献综述 …………………………………………………… 24
  第二节　样本及其描述性统计 ……………………………………… 26
  第三节　假设、模型与实证结果 …………………………………… 29
  第四节　结论与政策建议 …………………………………………… 34
 第三章　延迟退休年龄可行吗？
    ——基于预期退休年龄的 Ordinal Logit 模型 …………… 35
  第一节　文献综述 …………………………………………………… 36
  第二节　数据、变量与描述性统计 ………………………………… 37
  第三节　假设、模型与实证结果 …………………………………… 41
  第四节　结论 ………………………………………………………… 49
 第四章　职工都反对延迟退休吗？
    ——来自潜类别模型的经验证据 ………………………… 51
  第一节　文献回顾 …………………………………………………… 53
  第二节　研究设计 …………………………………………………… 55
  第三节　实证结果分析 ……………………………………………… 58

　　　　第四节　结论与政策建议 ································· 63
　第五章　推迟退休会减少职工个人养老金财富吗?
　　　　——基于期望现值精算模型 ····························· 65
　　　　第一节　文献回顾 ··· 66
　　　　第二节　理论模型 ··· 68
　　　　第三节　数值模拟结果 ····································· 71
　　　　第四节　进一步讨论 ······································· 77
　　　　第五节　结论与政策建议 ··································· 79

第二部分　老年经济状况与生活质量 ································· 81
　导　读 ··· 83
　第六章　我国老年人经济状况与养老财富储备 ······················· 86
　　　　第一节　老年人经济收入与养老财富积累 ····················· 87
　　　　第二节　老年支出与总体经济状况 ··························· 95
　第七章　我国老年人生活满意度
　　　　——基于路径模型 ··· 101
　　　　第一节　研究设计 ··· 101
　　　　第二节　实证结果分析 ····································· 103
　第八章　老年人"美好生活"水平测度与政策洞见
　　　　——基于主成分分析的三指数模型 ··························· 108
　　　　第一节　文献回顾 ··· 109
　　　　第二节　数据、变量与模型 ································· 112
　　　　第三节　实证结果分析 ····································· 115
　　　　第四节　结论与政策建议 ··································· 121

第三部分　养老支出健康绩效 ······································· 123
　导　读 ··· 125
　第九章　照护还是医疗:老年人健康支出产出效率比较
　　　　——基于结构方程模型 ····································· 126
　　　　第一节　文献回顾 ··· 127
　　　　第二节　研究设计 ··· 129
　　　　第三节　实证结果分析 ····································· 134
　　　　第四节　结论与政策建议 ··································· 143

第十章 "以医促养"还是"以养促养":养老金与医疗保险的健康绩效比较
　　　　——基于 MIMIC 模型 ………………………………… 144
　第一节　文献回顾 ………………………………………… 145
　第二节　数据与模型 ……………………………………… 148
　第三节　实证结果分析 …………………………………… 151
　第四节　结论与政策建议 ………………………………… 161
第十一章 养老金与照护支出"以养节医"经济绩效研究
　　　　——基于路径模型 ………………………………… 163
　第一节　文献回顾 ………………………………………… 164
　第二节　数据与模型 ……………………………………… 166
　第三节　实证结果分析 …………………………………… 170
　第四节　结论与政策建议 ………………………………… 175

第四部分　老年人就业 …………………………………………… 177

导　读 ………………………………………………………… 179
第十二章 退休职工再就业决策实证研究
　　　　——基于 Logit 模型 ………………………………… 181
　第一节　文献综述 ………………………………………… 182
　第二节　样本、变量与描述性统计 ……………………… 184
　第三节　实证结果分析 …………………………………… 186
　第四节　结论与政策建议 ………………………………… 190
第十三章 留住老年职工:延迟退休、养老金激励与鼓励就业 … 192
　第一节　老年职工就业的理论依据 ……………………… 193
　第二节　世界主要国家的政策与经验 …………………… 194
　第三节　效果评估与经验总结 …………………………… 203
　第四节　对中国的启示与政策建议 ……………………… 209

第五部分　代际经济关系 ………………………………………… 211

导　读 ………………………………………………………… 213
第十四章 老年人就业对青年失业率的影响
　　　　——来自 OECD 国家的经验证据 ………………… 215
　第一节　文献回顾 ………………………………………… 216
　第二节　研究设计 ………………………………………… 218

第三节　实证分析 ·· 223
　　第四节　结论 ·· 230
第十五章　老年人养老金不平等对代际经济交换的影响
　　　　　——基于联立方程模型 ·································· 232
　　第一节　文献回顾 ·· 233
　　第二节　研究设计 ·· 235
　　第三节　实证结果分析 ·· 238
　　第四节　结论 ·· 245

主要结论与研究展望 ·· 247

参考文献 ·· 259

第一部分 01

退休决策

导 读

退休是现代工业社会的现象。先前农业社会中的老年人并不是退休人员，当时也不存在退休者这一角色（Donahue, Orbach and Pollak, 1960）。不退休也有社会、文化方面的原因。例如，在美国，新教运动的清教徒赋予勤奋工作的美德以宗教色彩，社会将不劳动视为行为不轨。只有身患严重疾病或年届高龄不得已才停止工作，这种退休才会被社会认可（布兰克，1982）①。在1890年，美国10个65岁以上老人中有7个仍在就业（莫里森，1982）。

工业文明使现代成年人的劳动生活模式发生了巨大改变，在生命周期中增加了退休这一个新阶段。然而，在1900年尽管有1/3的65岁及以上男性老人由于健康问题而"退休"了，但由于没有稳定的养老金收入、养老财富也较少，往往无法过上体面的"退休"生活（Schulz, 2000）。"大部分老年人都是工作能干多久就干多久，退休仅仅是因为他们不得不这样做（被解雇或健康状况恶化）……只有很小一部分人退休是为了更好地享受生活。"（Quinn, Burkhauser and Myers, 1990）

工业化、科技革命促使国民产出大幅度增长，创造了充足的国民财富，在提高人们生活水平的同时，也扩大了人们享受更多闲暇的需求。同时，科技革命、技术进步也要求生产率下降，不能适应新技术、新生产方式的年老职工尽早离开工作岗位，以便为年轻人创造工作岗位。此外，不时爆发的经济危机中，老年人往往是最先失业、最晚返工的群体，并且毕生的积蓄很可能化为乌有或所剩无几。这也使得建立全国性的老年经济保障制度成为风险应对机制。在这些因素影响下，1875年美国运通公司（American Express）举办了第一个私人部门的职业养老金计划，1889年德国建立了世界上第一个公共养老金计划，即老年与残障养老金制度（Old-age and invalidity insurance）。这些公私养老金计划

---

① 布兰克. 变化中的劳动生活与退休模式：历史的回顾与前瞻 [M] //莫里森. 老龄经济学：退休的前景. 张家钢，等译. 北京：华夏出版社，1988：2.

的出现，能为退休的老年职工提供比较稳定的收入来源，使得真正意义上的"退休"成为可能。20世纪初，1/3的人可以退休，到1965年，65岁以上男性退休的超过1/2，到1990年，只有16%的男性仍在工作或在积极地寻找工作（Aaron，1999）。退休制度的普遍建立也是由家庭养老过渡到社会养老的标志性事件，从"多生一个孩子多抓几把米"的"养儿防老"，到通过在职时缴纳社会保险金和强制性储蓄，使绝大多数人在退休后能获得维持基本生活的经济保障（王爱珠，1996）。

最初工业国家实行的是强制退休，并与养老金的领取资格捆绑在一起。职工领取养老金的前提是必须退出工作岗位，即选择退休。早期，工业国家还通过优厚的养老金给付来鼓励职工提前退休，以便为年轻劳动力腾出工作岗位，缓解就业压力。这导致了职工退休越来越早的现象。36个OECD国家男职工的5年移动平均实际退休年龄从1965—1970年间的68.8岁一直下降到1999—2004年间的63.1岁，而女职工则从1965—1970年间的66.5岁一直下降到1996—2001年间的61岁。

到20世纪90年代，由于人口出生率下降、老龄化带来的劳动力供给压力，工业国家逐渐废除了强制退休制度，改而实行弹性退休制度。同时又通过给予更慷慨的养老金给付的奖励办法来鼓励职工延迟退休，并废除限制老年职工就业的歧视性政策。在弹性退休制度下，不退休也可以领取养老金（最早可在62岁领取，相当于65岁退休全额养老金的80%），并且还可以继续工作；退休后也可以一边领养老金，一边继续工作。这就相当于给职工一段时期的退休时间窗口（retirement windows）来给他们选择。故而，选择何时退休就成为职工整个生命周期中非常重要的一个决策行为。何时开始领取养老金？到达法定退休年龄是否要继续工作？何时完全退出劳动力市场？

目前中国仍在实行强制退休。尽管法定退休年龄一直是男60岁，女干部55岁，女工人50岁，但实际退休年龄的波动一直较大。1978年开始经济体制改革时，为了缓解年轻劳动力的就业压力，国发〔1978〕104号文存在明显的鼓励早退休倾向。退休所要求的最低工作年限降低到了10年，提高了替代率，并且退休职工可以有一个"子女顶替"。这使得退休人数从1978年到1985年增加了4倍（世界银行，1998）。20世纪90年代国有企业脱困改革，也采取过"买断工龄"等办法，让一些职工离开工作岗位。即使在当前的劳动力市场，也依然存在"病退""内退""特殊工种"等允许提前退休的通道。而机关事业单位的干部上了一定级别、职称之后，也允许延迟退休。此外，很多退休职工仍可以通过多种途径（如"返聘"、非正规就业）继续工作，"退而不休"，实际上并未真正退出劳动力市场。这些情形意味着，即使在实行强制退休制度的国家，何时退休、何时完全退出劳动力市场同样也是职工的一个重要决策。

据2015年第四次我国城乡老年人生活状况调查数据，在被调查的220726个60岁以上老人中，办理了退休手续的占27.9%（占应办理退休手续的74.2%），还没有办理的占9.7%，而从未有过正式工作（不需要办理退休手续）的占62.4%。男性（实际）平均退休年龄为58.71岁，女性平均退休年龄为52.87岁。其中，85岁以上（调查时被访者的年龄）的平均退休年龄为58.26岁，80—84岁的平均退休年龄为56.82岁，75—79岁的平均退休年龄为56.44岁，70—74岁的平均退休年龄为56.2岁，65—69岁的平均退休年龄为55.67岁，而60—65岁被访者的实际平均退休年龄为55.17岁。这说明我国职工的（实际）退休年龄存在比较明显的下降趋势。实际平均退休年龄降低的现象在发达国家也同样存在。

退休经济学就是主要研究人们在逐渐衰老和接近退休年龄时取代工作的经济出路（莫里森，1982）。从职工个人来看，需要考虑继续就业所能得到的经济福利与退休享受闲暇的价值效用之间的权衡得失。很多劳动者的退休时间将比他们的工作期还要长（Aaron，1999）。退休后个人有哪些可以获得的经济收入来源？老年人越来越多、退休越来越早，对社会保障（养老金）制度的财务稳健性提出了严峻挑战（Gruber and Wise，2010）。对社会而言，需要考虑如何为退休者提供养老经费，以及雇主对雇员的养老金负债如何兑现偿还。

老年经济学中的"老年人"并不强调与日历年龄的必然联系，而是强调老年人的经济特征，注重是否具有劳动能力这一重要的经济学指标。事实上，日历年龄被认为是最不恰当的老年人界定方式。因为老年人的多样性、异质性比任何一个年龄群体都要更大（Schulz，2000；WHO，2016）。在理论上，只要不退休就仍属于劳动力人口，对应属于劳动经济学的研究对象，而不完全是老年经济学的研究对象。随着他最终失去劳动能力或不再具有劳动就业意愿，社会角色也由生产者和消费者的统一体转向了纯粹的消费者（李俊江等，2017）。主要收入来源也将由劳动报酬工资转为依靠养老金、反储蓄、财产、代际转移等其他渠道。此时他才会真正被社会、家庭认为是一个"老人"。可见，退休不仅是经济行为，也具有社会意义。

按照上述逻辑，作为一个分水岭，本书第一部分先讨论我国职工的退休决策。据在我国调查的CLASS2014年数据，在7400个被访老人中，觉得自己60岁"算老"的只占29.43%，不足1/3；觉得65岁"算老"的占36.27%，超过1/3；而觉得70岁"算老"的占66.03%，超过了2/3。可见，70岁是绝大多数被访老人在心里觉得"老"的年限,而不是法定退休年龄60岁。很显然,"觉得老了"是一个人失去劳动或就业意愿的强烈心理暗示,是一个职工真正完全退出的更准确"信号"。对应的,60—70岁可能长达10年的退休决策时间窗口是研究我国老年经济问题的序曲。该部分主要讨论了我国职工实际退休年龄的影响因素、提前退休、预期退休、延迟退休以及从养老金财富的角度分析延迟退休的可行性。

第一章

我国职工退休年龄影响因素实证研究[①]

退休年龄既关系到职工退出劳动力市场的时间，也会影响我国劳动力供给的数量和结构，还会影响职工就业、提前退休、弹性退休、退休职工再就业、养老保险基金、医疗照护体系，等等。因此，研究退休的决定因素具有特别重要的意义。当前我国的法定退休年龄是男职工60岁、女干部55岁、女工人50岁。据2010年第六次全国人口普查数据，60岁及以上人口为17765万人，占13.26%。相比2000年的第五次全国人口普查，60岁及以上人口的比重上升了2.93个百分点[②]。而到2019年年底，我国60岁以上人口已占18.1%[③]。

一直以来，关于我国法定退休年龄过低的问题都被普遍关注和争论。绝大部分学者认为由于人口预期寿命提高、人口老龄化给养老保险基金带来的支出压力，应该延长我国的法定退休年龄（李珍，1997；柳瑞清、苗红军，2004；孙玄，2005；朱楠，2009）。但也有学者对此论据提出了质疑，如姜向群、陈艳（2004）指出，我国人口预期寿命提高并不表明老年人口的余命也有很大幅度的提高，相反老年人口预期寿命提高的幅度很小，加之我国人口的健康预期寿命也比较低，提高退休年龄的这方面根据不足。事实上，过去100年全球平均期望寿命的提高主要归因于年轻人死亡率的下降（死亡模式由早夭变为成年后死亡），只有一小部分归因于老年人生存率的提高（WHO，2016）。而如果考虑到青年就业压力问题，也不宜采取延迟退休年龄的办法来缓解养老压力（蒲晓红，2001）。

我国不仅法定退休年龄过低，而且还存在较为严重的提前退休现象（职工在法定退休年龄之前就退休了）。据2006年下半年原劳动保障部在全国29个省（市、区）开展的企业退休人员基本情况调查数据，被调查的1756万退休人员

[①] 原文发表于《保险研究》2011年第11期。此处略有修改。
[②] 数据来源：2010年第六次全国人口普查主要数据公报（第1号）。
[③] 数据来源：国家统计局，《2019年国民经济和社会发展统计公报》。

中有997万人属于提前退休，占56.8%。提前退休人员退休时平均年龄为50.3岁，其中男性53.3岁，女性47.4岁①。大量职工提前退休浪费了宝贵的人力资源，进一步加剧我国劳动力供给的紧张局面，也会给基本养老保险基金带来更重的支付压力。

二者共同造成职工的实际退休年龄过低，即低龄退休的问题。2015年我国男职工平均退休年龄58.71岁，女职工平均退休年龄52.87岁②。由于此次数据调查于2015年，可以推知，2019年我国男女职工的实际退休年龄还会更低。这远低于OECD（经合组织）国家的男性65.4岁、女性63.7岁，也低于其他"金砖国家"。2018年，巴西男性平均退休年龄为66.6岁、女性63.3岁，印度男性69.8岁、女性62.3岁，俄罗斯男性63.2岁、女性60.2岁，南非男性63.1岁、女性61.7岁③。相比可知，我国是世界上实际退休年龄最低的国家。

我国不仅职工的实际退休年龄过低，并且还呈现逐年降低的走势。据第四次我国城乡老年人生活状况调查的220726个60岁以上老人中，85岁以上（调查时被访者的年龄）的平均退休年龄为58.26岁，80—84岁的平均退休年龄为56.82岁，75—79岁的平均退休年龄为56.44岁，70—74岁的平均退休年龄为56.2岁，65—69岁的平均退休年龄为55.67岁，而60—65岁被访者的实际平均退休年龄为55.17岁④。如图1-1所示。

当前我国实行的是强制退休制度。绝大部分职工达到法定退休年龄时，就会被强制要求退出原工作岗位。不少学者对这种强制统一退休政策提出了质疑和批评，指出它缺乏内在的合理性，会导致有意愿和能力的老年人的人力资源浪费，使经济发展损失大量的熟练劳动力，甚至可能导致退休制度运行效率低下，形成事实上的社会利益与分配不公（黎文武、唐代盛，2004）。事实上，由于每个职工的健康状况、教育年限、家庭结构、养育负担、工作岗位、就业意愿等基本情况都会存在较大差异，因而各个职工基于个人终生效用最大化而做出的最优退休决策也会存在很大的差别。有的职工由于健康、家庭因素会选择尽早退休，而有的职工却会选择工作更久。可见，简单地延长退休年龄缺少足够的合理性。一个更优的选择是采用弹性退休制度，允许职工根据自身的基本

---

① 数据来源：中国社会保障网。
② 全国老龄办. 第四次中国城乡老年人生活状况抽样调查总数据集［M］. 北京：华龄出版社，2018：250.
③ 数据来源：OECD数据库。
④ 全国老龄办. 第四次中国城乡老年人生活状况抽样调查总数据集［M］. 北京：华龄出版社，2018：250.

因素自主选择退休年龄，以满足不同人群对劳动与退休的需要（张乐川，2010）。上海从2010年10月1日起开始实施"人才"柔性退休政策，允许男职工延迟退休年龄到不超过65周岁，女性不超过60周岁。然而，对能否在全国实行弹性退休制度，甚至对弹性退休制度本身是否合理，目前仍存在很大的争议和疑问。

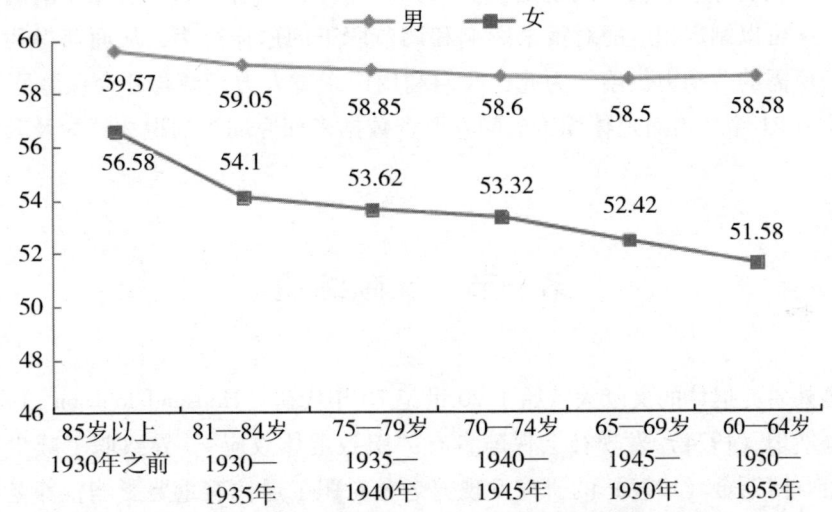

图1-1　2015年我国不同年代职工的实际平均退休年龄

数据来源：全国老龄工作委员会办公室编．第四次中国城乡老年人生活状况抽样调查总数据集［M］．北京：华龄出版社，2018．

与退休年龄相关的另一个问题是退休职工的再就业问题。由于预期寿命提高、大量职工提前退休、养老金待遇偏低、家庭养老功能退化、社会需要等原因，我国退休职工再就业的现象也比较普遍。据2005年抽样调查数据显示，60岁以上老年人中近28%主要依靠自己的劳动收入生活，而且老年人对劳动收入的依赖趋势由东部到西部逐步加剧（张文娟，2008）。梁宏（2011）对广州市老年人生活状况的调查发现，城市老年人有劳动收入的占7.88%。钱雪飞（2011）对江苏南通的调查发现，城市老年人排前三位的收入来源是自己的离退休金（61.21%）、劳动所得（18.18%）和子女补贴（16.97%）。然而，对退休职工再就业的问题，目前也存在很大争议，主要是担心会挤出年轻劳动力就业。

需要指出的是，虽然当前对是否应该推迟退休年龄、是否应该实行弹性退休制度、退休职工是否应该再就业等问题的争议颇为激烈，但对职工退休行为的决策机理，特别是职工退休年龄的主要影响因素，却还没有给予足够的重视，缺乏最为基础的经验证据的支撑。

在未来几十年的人口条件下，如何确保经济发展所需的劳动力，是一个重要命题。在当前我国劳动力逐渐短缺的市场条件下，职工对退休年龄的决策直接关系到我国劳动力供给的数量和结构。因此，对职工的退休行为及其影响因素进行实证研究，有助于廓清对延迟退休年龄、弹性退休制度、提前退休、退休职工再就业等争议较大问题的基本认知。此外，明晰了职工退休年龄的影响因素，又可以制定相应的对策来影响和调节职工的退休行为，从而获得我国经济增长所需的劳动力供给。为此，我们利用广东省人力资源与社会保障厅2011年在本省21个地市对退休职工的问卷调查数据来探究职工的退休行为及其影响因素。

第一节　文献综述

国外研究退休的文献大致始于20世纪70年代初（Hall and Johnson，1980）。费尔德斯坦（1974）发现社会保障具有"引致退休效应"，导致职工减少劳动力供给。博斯金（1977）的研究发现养老金对职工退休有重要影响，养老金和工资越高，职工退休的可能性越大。昆（1977）发现，职工个人与经济特征、本地劳动力市场条件、工作特征等因素都会影响到职工退休决策，身体较差的职工更有可能受到养老金的影响而选择尽早退休。科特里科夫（1979）的研究发现，私人企业有职业养老金的职工大概会提早退休1.2年，而政府提供职业养老金将导致其雇员提早退休1.8年。

米切尔和费尔兹（1981）运用生命周期模型分析指出，职工各个时期的劳动力供给和退休决策都会不同程度地受到劳动收入、养老金缴费和养老金水平的影响。后来的研究也发现，职工的退休决策受到养老金与社会保障制度的有关规定、财产、工作特征、健康保险、社会规范等因素的影响（Fields & Mitchell，1984；Hurd，1997）。阿伦（1982）指出，职工的劳动力供给行为取决于当前的净工资、工作特征、财产、尚未获得的收入，以及个人特征。米切尔和费尔兹（1984）发现影响职工退休决策的因素主要有老年职工的工作和退休模式、法定退休年龄、健康状况、社会保障、养老金以及财产。贝特莱斯和莫菲特（1985）发现社会保障同时影响到职工的退休年龄与退休后的再就业时间，较差的健康、教育年数少、退休前高工资将导致职工更早地退休。寿惠喜（1989）运用一个多重风险模型对退休决策的影响因素进行分析，主要包括经济变量和非经济变量两大类，其中非经济变量包括家庭成员数量、教育年限、健康状况、配偶现状、种族、职业以及法定退休年龄等，经济变量主要指工资、财产、养老金和其他社会福利。

莱斯特和菲兰（1997）假设在一个不完善的资本市场，劳动者的退休金只包括养老保险，在考虑了不确定性和退休决策连续性的基础上研究了HRS数据中收入低于中等水平的男性职工，结果说明在影响退休的各种因素中（如遗产、储蓄、健康状况和残疾保险等），养老金对职工的劳动力供给有重要的负向作用，直接导致美国职工在62岁、65岁出现退休峰值。

昆（1998）的研究发现健康状况决定着职工的工作类型及工作量，而性别对退休决策的影响很小。比较而言，女性职工更有可能提前退休。自我雇佣者比一般雇员更愿意工作更久。此外，兼职工作者比全职工作者更容易选择尽早退休。

庞、沃肖斯基和韦策（2008）通过对美国 *Health and Retirement Study*（1992—2004）数据的分析，发现各种经济财富（包括养老金、房产和其他金融财富）的增加导致职工提前退休，而较好的收入预期则会促使职工继续工作。此外，养老金计划的类型也会对职工退休决策产生重要影响：参加规定给付制（DB）养老金计划的劳动者更倾向于提早退休，而参加规定缴费制（DC）的则会出现明显的推迟退休现象。

关于家庭结构对职工退休年龄的影响，荷沃和约翰逊（1980）的研究发现男性户主往往会计划更早地退休，而女性户主并没有类似的显著效应。他们的研究还发现，工资高的职工往往选择更早地退休，家庭财产对职工预期退休年龄的影响很小。配偶在职会导致男性职工更晚地退休，但仅对选择62—65岁退休的那组人群有显著影响。对男女职工，健康状况比同龄人差的都往往倾向于更早地退休。此外，受教育年数多的职工往往退休得更晚，处于农村地区的男性职工会选择更早退休。盖斯特曼和斯坦因迈尔（2004）的研究发现，家庭中夫妇双方的退休决策是相互影响的，而这又取决于一方有多看重选择退休在家与另一方待在一起。配偶处于退休状态对丈夫的影响要比对妻子的影响更大。

蒙塔尔托、俞和汉纳（2000）从继续从事全职工作的概率、计划退休年龄两个角度考察了职工的退休打算。教育年数越多、工龄越长的职工继续从事全职工作的概率越大，年龄的影响为负；独居的未婚职工、未婚的女性职工继续从事当前全职工作的概率更低，健康状况差的职工从事全职工作的概率也会更低；金融资产、非金融资产以及其他私人养老金会显著降低职工的预期退休年龄；能获得规定给付制养老金（DB）的职工显著降低了预期退休年龄，职工拥有 DB 型养老金的预期退休年龄要比没有的低 0.76 年。从事低技能职业（服务业、修理工、工艺品制造业等）职工的预期退休年龄要比从事管理、专业技能职业的职工低 1.5 年。预期退休年龄随着非投资收入、预期寿命、年龄、教育水平的增加而增加。受过高等教育职工的预期退休年龄比没有受过高等教育的职工要高 1.7 年。芒奈尔、特利斯特、杰文（2004）的研究也发现养老金会降低职工的预期退休年龄，而且规定给付制（DB）养老金比规定供款型（DC）养老金的影响更大。

以前的研究更多地关注了职工的经济因素、个人特征、养老金、家庭因素等对其退休行为的影响，但对职工的职业特征以及环境因素则关注得较少，而这些因素对理解职工退休行为也具有重要作用（Beehr, 1986; Talaga & Beehr, 1989）。之后的研究发现，与工作相关的一些变量，如工作满意度（Hanisch & Hulin, 1991; Taylor & Shore, 1995）、组织承诺（Taylor & Shore, 1995）也与职工的退休决策相关。哈尼斯和胡林（1990）的研究认为退休行为可以被看成是职工自己执行的一种有组织的自愿退出，以"避免工作环境的不满意"。亚当斯（1999）的研究发现职业满意度对职工预期退休年龄的影响显著为正，对职业满意度高的职工更晚地退休；职业目标实现度（occupational goal attainment）的影响显著为负，那些已经实现其职业目标的职工更有可能尽早退休。

职工对自身退休年龄的预期与计划也会影响到其最终的实际退休年龄。关于二者之间的关系，荷沃和约翰逊（1980）指出预期退休年龄与实际退休年龄之间会存在偏差。例如，一些不确定事件将导致职工随后修改其退休计划，进而会改变其实际退休年龄。戴蒙德和豪斯曼（1984）指出预期退休年龄会不断变化，它对实际退休年龄只有部分的预测作用，并不能解释实际退休年龄的大部分变化。与他们不同，霍尼格（1996）的研究发现预期退休年龄与实际退休年龄之间非常接近，职工的退休预期能精确地预测其最终的退休行为。蒙塔尔托、俞和汉纳（2000）的实证研究发现预期退休年龄处于不断变化之中，其原因有可能是积累的财富不足以供退休使用，也有可能是不同代际人口的退休预期会不同。

昆、贝克豪斯、梅尔斯（1990）的研究发现，许多美国职工在离开原来的全职工作之后，并不会同时退出劳动力市场，有超过 1/4 的工薪职工通过从事非全职工作或自雇继续就业。事实上，职工退休行为并不是一次性完成的，而是逐渐退出劳动力市场的一个"过程"。职工在完全退出之前一般会继续从事一段时间的其他工作，这种工作一般被称为"过渡工作（bridge job）"（Cahill, Giandrea and Quinn, 2011）。美国 1992—2002 年间，大概有 60% 的职工在完全退出劳动力市场之前从事"过渡工作"（Cahill, Giandrea and Quinn, 2006）。

正是由于就业形式日益灵活多样，以及非正规劳动力市场的发展，导致对退休的定义也发生了更宽泛的变化。它可以是完全退出劳动力市场，或只是从事一定时间的工作活动（Hansson, DeKoekkoek, Neece and Patterson, 1997）。费尔德曼（Feldman, 1994）提供了三种定义的"退休"，将退休当作"从一个组织职位或职业生涯退出，此后从事工作的心理意愿会逐渐降低"。事实上，已有文献对退休的定义并没有达成一致（Gustman, Mitchell and Steinmeier, 1995）。经济学家、社会学家使用了多种多样的退休定义：职工自己认为自己退休、终止工作或寻找工作、终止全职工作、工作时间少于一定数量、离开他们当前的雇主、接受养老金或社会保障，等等（Montalto, Yuh and Hanna, 2000）。其中，最常使用的概念是"职工停止全职工作"（Diamond and Hausman, 1984; Sickles and Taubman, 1986）。

关于男女职工在退休行为上的差异，努恩、阿尔帕斯、史蒂芬斯（2010）的研究发现，女性越来越重视退休以及为退休的准备，而不是传统观点认为的女性职工对退休不关心。与男性职工相比，除了在为退休进行的财富积累上境况较差之外，其他方面并没有表现出更差。

在国内，汪泽英（2004）认为当前基本养老保险制度的计发办法不能激发职工多缴费的积极性，反而会诱使职工按法定年龄退休，在条件允许时他们更趋向于提前退休。梁玉成（2007）的研究发现中国仍然存在福利供给和劳动力价格上的体制内外的二元差异：体制外的劳动力价格低于体制内的，体制外的劳动力福利供给低于体制内的。这导致体制外劳动力的平均退休时间早于体制内劳动力7~9年。林忠晶、龚六堂（2007）采用有限生命预期的连续时间状态代际交叠模型为基本框架，用数值模拟得出结论：当养老金缴费率增加时，退休年龄增加；当个体消费者预期寿命不变时，养老金替代率增加时退休年龄增加；当个体消费者预期寿命增加时，退休年龄也会增加。

总的来看，当时国内文献主要集中在争论是否应该推迟退休年龄，及其对就业、养老保险基金等的影响，争论弹性退休制度是否合理、是否可行等问题上，而对职工退休行为的决策机理，特别是职工退休年龄的主要影响因素及影响效应，却还没有给予足够的重视，还缺乏最为基础的实证研究及其经验证据。

第二节 数据、变量与描述性统计

本节使用的数据为广东省人力资源与社会保障厅 2011 年在本省 21 个地市对退休职工的问卷调查数据。此次调查共获得有效样本 10000 份,其中男性退休职工 5248 人,女性退休职工 4752 人。调查对象包括企业、机关和事业单位的退休职工。

一、职工退休年龄的分布

由于我国男职工法定退休年龄为 60 岁,我们将其分为 60 岁以下、60 岁、60 岁以上三组。由于我国女工人的法定退休年龄为 50 岁,女干部的法定退休年龄为 55 岁,我们将女性职工的退休年龄分为 50 岁以下、50 岁、51—54 岁、55 岁、55 岁以上共 5 组。男女职工退休年龄的频数分布如表 1-1 和表 1-2。

表 1-1 男职工的退休年龄分布

退休年龄分组	频数	有效百分比
60 岁以下	1185	23.3
60 岁	3608	71.0
60 岁以上	286	5.7

表 1-2 女职工的退休年龄分布

退休年龄分组	指标	企业	机关事业单位	其他
50 岁以下	频数	273	11	16
	占该类单位的百分比	7.4%	2.9%	5.9%
	占女性退休职工的百分比	6.3%	0.3%	0.4%
50 岁	频数	2754	211	154
	占该类单位的百分比	74.8%	56.3%	56.6%

续表

退休年龄分组	指标	企业	机关事业单位	其他
50 岁	占女性退休职工的百分比	63.6%	4.9%	3.6%
51—54 岁	频数	303	17	16
	占该类单位的百分比	8.2%	4.5%	5.9%
	占女性退休职工的百分比	7.0%	0.4%	0.4%
55 岁	频数	240	124	58
	占该类单位的百分比	6.5%	33.1%	21.3%
	占女性退休职工的百分比	5.5%	2.9%	1.3%
55 岁以上	频数	111	12	28
	占该类单位的百分比	3.0%	3.2%	10.3%
	占女性退休职工的百分比	2.6%	0.3%	0.6%

根据表1-1的数据，男职工在60岁以前退休的占23.3%，属于提前退休（一部分属于特殊工种的合法提前退休）。在60岁退休的占71%，60岁以上退休的占5.7%。根据表1-2的数据，企业女职工50岁以前退休的占7.4%，属于提前退休，在50岁退休的占74.8%，50岁以上退休的占17.8%。机关事业单位女职工50岁以前退休的占2.9%，50岁退休的占56.3%，51—54岁退休的占4.5%，55岁退休的占33.1%，55岁以上退休的占3.2%。由于企业女职工也有可能属于干部身份（如央企、地方国企），而机关事业单位女职工也有可能属于工人身份（无编制），因此很难以50岁或55岁作为划分女职工提前退休的标准，但至少可以肯定的是，在50岁之前退休的女职工一定是提前退休。在本次调查中，女性职工在50岁之前退休的合计占7%。

二、主要变量

本节的因变量为"退休年龄"，为数值型变量。自变量包括：退休前月工资、工龄、过去三年月平均养老金、机关事业单位职工（哑变量，是为"1"，否为"0"）、教育年数、家庭财产（分类变量：10万元以下、10—20万、21—40万、41—80万、80万以上，共五类）、健康状况（哑变量，与同龄人相比较差为"0"，未婚为"1"）、婚姻状况（哑变量，"已婚"为"1"，未婚为"0"）、配偶在职（哑变量，是为"1"，否为"0"）、配偶退休（哑变量，是为"1"，否为"0"）、退休前为本单位初级职务（哑变量，是为"1"，否为"0"）、退休前为本单位高级职务（哑变量，是为"1"，否为"0"）。

三、描述性统计

表1-3 定量变量的描述性统计

定量变量	男职工		女职工	
	均值	标准差	均值	标准差
退休年龄（岁）	58.93	2.83	50.67	2.58
退休工资（元/月）	1293.16	1245.11	1092.75	1106.73
工龄（年）	34.21	7.70	28.0	32.14
教育年数（年）	9.26	2.74	9.23	2.65
养老金（元/月）	1162.49	761.87	1047.35	612.21

根据表1-3的数据，男职工的平均退休年龄为58.93岁，女职工的平均退休年龄为50.67岁。据2015年第四次我国城乡老年人生活状况调查，在220726个60岁以上老人中，男性的（实际）平均退休年龄为58.71岁，女性平均退休年龄为52.87岁。这两种数据得到的结果基本接近。男职工的退休工资、工龄、教育年数、养老金水平均要高于女性职工。男职工的教育年数为9.26年，女职工的教育年数为9.23年，对应于初中教育水平。

表1-4 定性自变量的描述性统计

定性自变量		男		女	
		频数	有效百分比（%）	频数	有效百分比（%）
健康		3373	65.6	3414	73.8
已婚		4613	93.5	4136	89.3
配偶在职		163	4.1	849	22.7
配偶退休		2941	73.3	2318	62.1
机关事业单位职工		441	9.2	383	8.7
初级职务		3236	77.3	3416	89.1
高级职务		127	3.0	63	1.6
家庭财产	10万以下	2658	69.4	2664	72.7
	10—20万	636	16.6	565	15.4
	21—40万	297	7.8	250	6.8
	41—80万	170	4.4	141	3.8

续表

定性自变量	男		女	
	频数	有效百分比（%）	频数	有效百分比（%）
家庭财产 80万以上		1.9	44	1.2

从表1-4的数据可知，女职工的健康状况要好于男职工，女性健康的占比73.8%，而男性为65.6%。女性职工的配偶在职率为22.7%，高于男职工的4.1%。女职工退休时在本单位为初级职务的比率为89.1%，高于男职工的77.3%，女职工退休时为高级职务的比率为1.6%，而男职工的该比率为3.0%。这说明与男职工相比，女职工在职业生涯中更难达到单位的高级职务。从家庭财产指标来看，男退休职工的经济状况要好于女性。这与努恩、阿尔帕斯、史蒂芬斯（2010）的研究结论是一致的。他们发现与男职工相比，女职工在为退休进行的财富积累上境况较差。

第三节　实证结果分析

由于因变量为职工的实际退休年龄，属于定量变量，我们采用线性回归模型来对自变量进行回归分析。模型方程如下：

$$RAGE_i = \beta_0 + \beta_1 lnW_i + \beta_2 T_i + \beta_3 lnP_i + \beta_4 E_i + \beta_5 G_i + \beta_6 A_i + \beta_7 H_i + \beta_8 M_i + \beta_9 SJ_i + \beta_{10} SR_i + \beta_{11} LP_i + \beta_{12} HP_i + \varepsilon_i \quad (1-1)$$

其中，β_0、β_1、$\cdots$、β_{12}为模型的回归系数。$RAGE_i$为职工的实际退休年龄，lnW_i为退休工资的自然对数，T_i为工龄，lnP_i为退休职工养老金均值的自然对数，E_i为受教育年数，G_i为机关事业单位职工，A_i为家庭财产，H_i为健康状况，M_i为婚姻状况，SJ_i为配偶在职，SR_i为配偶退休，LP_i是退休前为初级职务，HP_i是退休前为高级职务。

我们运用Stata软件分别对男、女职工实际退休年龄进行回归分析。估计结果如表1-5和表1-6所示。

表1-5 男职工的回归分析结果

解释变量	(1)	(2)	(3)	(4)	(5)
退休工资	0.342***	0.342***	0.342***	0.341***	0.349***
	(4.325)	(4.327)	(4.324)	(4.323)	(4.427)
工龄	0.083***	0.084***	0.084***	0.081***	0.081***
	(9.061)	(9.077)	(9.038)	(8.705)	(8.764)
养老金	-0.400**	-0.403**	-0.403**	-0.448***	-0.470***
	(-2.398)	(-2.417)	(-2.411)	(-2.665)	(-2.802)
机关事业单位	0.440**	0.442**	0.442**	0.444**	0.462**
	(1.998)	(2.009)	(2.001)	(2.015)	(2.098)
教育年限	-0.013	-0.013	-0.013	-0.030	-0.044
	(-0.509)	(-0.519)	(-0.509)	(-1.131)	(-1.631)
家庭财产	-0.006	-0.008	-0.008	-0.024	-0.053
	(-0.080)	(-0.094)	(-0.095)	(-0.303)	(-0.654)
健康	-0.143	-0.148	-0.147	-0.155	-0.147
	(-0.986)	(-1.014)	(-1.010)	(-1.064)	(-1.014)
已婚	-0.310	-0.317	-0.313	-0.267	-0.245
	(-1.283)	(-1.310)	(-1.204)	(-1.027)	(-0.942)
配偶在职		0.216	0.211	0.186	0.212
		(0.573)	(0.535)	(0.473)	(0.538)
配偶退休			-0.006	-0.022	-0.032
			(-0.041)	(-0.145)	(-0.209)
低级职务				-0.346**	-0.263*
				(-2.302)	(-1.729)
高级职务					1.281***
					(3.205)
常数	52.662***	52.685***	52.676***	53.251***	53.491***
	(18.060)	(18.063)	(18.003)	(18.154)	(18.274)
ll	-4621.33	-4621.16	-4621.16	-4618.47	-4613.27
ll_0	-4751.49	-4751.49	-4751.49	-4751.49	-4751.49
N	1926	1926	1926	1926	1926

注：小括号内为t统计量，***、**、*分别表示在1%、5%、10%的水平上显著。ll表示回归模型的对数似然值，ll_0表示回归模型仅有截距项时的对数似然值。下同。

表1-6 女职工的回归分析结果

解释变量	(1)	(2)	(3)	(4)	(5)
退休工资	0.261***	0.288***	0.301***	0.298***	0.284***
	(3.813)	(4.189)	(4.372)	(4.346)	(4.146)
工龄	0.037***	0.036***	0.035***	0.034***	0.033***
	(5.960)	(5.780)	(5.648)	(5.483)	(5.371)
养老金	0.311**	0.234	0.224	0.162	0.150
	(2.066)	(1.542)	(1.482)	(1.073)	(0.996)
机关事业单位	0.905***	0.929***	0.900***	0.924***	0.901***
	(4.416)	(4.543)	(4.398)	(4.536)	(4.431)
教育年限	0.057**	0.062**	0.060**	0.043*	0.040
	(2.278)	(2.484)	(2.410)	(1.706)	(1.577)
家庭财产	0.093	0.106	0.100	0.085	0.075
	(1.281)	(1.455)	(1.377)	(1.176)	(1.037)
健康	-0.387***	-0.347**	-0.341**	-0.345**	-0.328**
	(-2.848)	(-2.556)	(-2.516)	(-2.560)	(-2.431)
已婚	-0.650***	-0.570***	-0.816***	-0.816***	-0.807***
	(-3.480)	(-3.037)	(-3.755)	(-3.776)	(-3.742)
配偶在职		-0.543***	-0.292	-0.235	-0.244
		(-3.540)	(-1.541)	(-1.241)	(-1.292)
配偶退休			0.341**	0.375**	0.355**
			(2.239)	(2.469)	(2.341)
低级职务				-0.670***	-0.583***
				(-4.515)	(-3.869)
高级职务					1.693***
					(3.012)
常数	46.690***	46.911***	46.932***	47.993***	48.168***
	(40.936)	(41.195)	(41.256)	(41.522)	(41.711)
ll	-4352.03	-4345.70	-4343.15	-4332.86	-4328.25

续表

解释变量	(1)	(2)	(3)	(4)	(5)
ll_0	-4492.17	-4492.17	-4492.17	-4492.17	-4492.17
N	1895	1895	1895	1895	1895

根据经典的劳动经济学理论（Ehrenberg and Smith, 2006），工资对劳动力供给会同时产生替代效应和收入效应。工资越高，意味着闲暇变得相对昂贵，替代效应促使职工增加劳动力供给，推迟退休年龄；而工资越高又意味着职工的终生收入越高，从而使职工有能力支付更多的闲暇，收入效应促使职工减少劳动力供给，选择更早退休。这两种效应的净效应在理论上无法预先确定，故而需要实证数据的检验。根据我们模型的估计结果，在5个方程中，工资对男女职工退休年龄的影响都在1%水平上显著为正。这说明在我国，工资对职工劳动力供给的替代效应要大于收入效应，高工资使得职工选择更晚退休。这与国外的研究结论恰好相反，他们的研究发现高工资导致职工更早地退休。

一方面，工龄长的职工由于积累了更多的财富，消耗了更多的健康资本，可能会选择尽早退休；但另一方面，工龄长的职工积累了更丰富的工作经验、社会网络、岗位福利和职位尊敬，这又有可能导致职工选择工作更长的时间。我们的实证研究结果表明，工龄对男女职工退休年龄的影响都在1%水平上显著为正。这说明工龄越长的职工会选择更晚退休。这与蒙塔尔托、俞和汉纳（2000）的研究发现是一致的。

养老金是影响职工退休年龄的重要因素。本节的研究结果显示，养老金水平对男职工退休年龄的影响在5%水平上显著为负，说明养老金水平越高，男职工的退休年龄越早。这与经济学家对工业国家养老金制度的研究发现是一致的。他们几乎一致性地发现养老金越高，职工越倾向于尽早退休。值得注意的是，在方程（1）中，养老金水平对女职工退休年龄的影响在5%水平上显著为正，但结果并不稳健。这与养老金导致职工尽早退休的一般结论不同。我们认为，我国女职工的退休年龄过低（女工人50岁、女干部55岁），而女性的预期寿命普遍高于男性，只要可能女职工会尽可能晚地退休。女职工的养老金水平普遍低于男职工，而女职工在为退休进行的财富积累上比男职工的境况要差（Noone, Alpass and Stephens, 2010），女性老年人的贫困率远远高于男性（Rupp, Strand and Davis, 2003）。另外，女职工退休后再就业的可能性要低于男职工。这些因素都有可能致使女职工尽可能晚地退休，以获得更多的养老金。

我国机关事业单位和企业在工资、就业、社会保障、福利、收入分配等方面仍存在较大的差异，形成了典型的体制内外"二元制"（杨宜勇，2007）。与体制外职工（集体、私营个体企业、三资企业、合同工）相比，体制内职工能获得更高的工资、福利、稳定和舒适的工作环境以及职业发展机会。梁玉成（2007）的研究发现，由于中国体制内福利供给多于体制外，因此体制内劳动力寿命要比体制外长7—9年，即体制内职工比体制外职工要更晚退休。我们的研究发现，"机关事业单位职工"对男职工退休年龄的影响在5%水平上显著为正，对女职工退休年龄的影响在1%水平上也是显著为正。这与梁玉成（2007）的研究发现是一致的，即体制内职工退休得更晚。

教育年限、家庭财产、健康对男职工退休年龄的影响系数均为负，但都不显著。教育年限对女职工退休年龄的影响是显著为正的，说明受教育年限越多的女职工，退休年龄越晚。这与荷沃和约翰逊（1980）、贝特莱斯和莫菲特（1985）、蒙塔尔托、俞和汉纳（2000）等的研究发现是吻合的。一般认为，职工的教育年限越长，进入劳动力市场的时间越晚，这样职工往往倾向于推迟退休，以尽可能回收教育投资的成本，并获得人力资本投资的收益。一般认为，健康的职工会退休得更晚（Hall and Johnson, 1980; Burtless and Moffitt, 1985），即健康与退休年龄之间一般是正向的关系。但我们的实证结果显示，健康对女职工退休年龄的影响在1%的水平上均是显著为负。我们认为之所以出现这种结果，是因为我国女职工的退休年龄偏低，而女性的预期寿命与健康状况普遍高于男性，因此才会出现女职工退休年龄与健康状况之间的负相关性。真实情况是，女职工退休得很早，而且退休时的健康状况也较好。

婚姻状况、配偶的就业状况也是影响职工退休决策的重要变量。盖斯特曼和斯坦因迈尔（2004）的研究发现，家庭中夫妇双方的退休决策是相互影响的，而这又取决于一方有多看重选择退休在家与另一方待在一起。配偶处于退休状态对丈夫的影响要比对妻子的影响更大。本节的结果显示，已婚、配偶退休、配偶在职对男职工退休年龄的影响都不显著。已婚对女职工退休年龄的影响在1%的水平上都是显著为负的，说明已婚女职工倾向于尽早退休。在方程（1）中，当配偶在职时，影响系数显著为负，说明女职工会倾向于尽早退休。而当配偶退休时，对女职工退休年龄的影响在5%的水平上显著为正，说明当其配偶退休时女职工会倾向于更晚退休。这与盖斯特曼和斯坦因迈尔（2004）的研究结论会有差异，但与中国文化的内涵是一致的。已婚女性更多地关注家庭，当配偶在职时会选择尽早退休，而当配偶已经退休时，会通过继续就业来分担一部分经济责任。

退休前在本单位的职务也可能影响到职工的退休年龄。职务高的职工意味着能获得更高的工资、福利、社会资本、职业尊敬以及职业发展机会，这些因素都可能使他们退休得更晚。一些职务高的职工还可以通过合法的途径延迟退休年龄。如一些副高级专家可以延长到65岁退休，高级专家可以延长到70岁，高级职称女专家和处级及以上女干部可以与男性同龄退休，等等（金刚，2010）。本节的研究结果显示，初级职务对男女职工退休年龄的影响都是显著为负，而高级职务对男女职工退休年龄的影响都是显著为正。这意味着退休前在本单位为初级职务的职工退休年龄更早，而退休前在本单位为高级职务的职工退休年龄更晚。

第四节 结论

实证研究发现，退休前工资对男女职工退休年龄的影响显著为正，高工资职工的退休年龄更晚；工龄对男女职工退休年龄的影响也是显著为正，工龄长的职工会退休得更晚；养老金对男职工退休年龄的影响显著为负，养老金水平越高，男职工的退休年龄越早。我国体制内外的福利差异也会影响到职工的退休年龄。机关事业单位的职工对退休年龄的影响显著为正，即机关事业单位职工的退休年龄更晚。教育年限对女职工退休年龄的影响显著为正，受教育越多的女职工，退休得越晚。已婚对女职工退休年龄的影响显著为负，已婚女性的退休年龄更早；当配偶在职时，女职工的退休年龄更早；当配偶退休时，女职工的退休年龄更晚。健康对女职工退休年龄的影响显著为负，这与一般认为健康与退休年龄正相关的结论不同。我们认为，这是因为我国女职工的退休年龄过低，而女职工的健康状况普遍较好。退休前在本单位为初级职务的职工，其退休年龄更低，而为高级职务的职工退休年龄会更高。

上述退休前工资、养老金、家庭财产等经济因素，工龄、单位属性、职务、教育年限等职工特征，以及婚姻、配偶就业等家庭特征，对职工退休年龄具有显著性的影响。显然，每个职工的经济、个人、家庭、职业等特征都会有差异，因而其预期退休年龄也会存在显著的差异。这就验证了实行弹性退休制度的合理性。这种制度允许职工根据自身的基本因素自主选择退休年龄。

本研究还发现，男职工的平均退休年龄为58.93岁，女职工的平均退休年龄为50.67岁。男职工在60岁以前提前退休的占23.3%，女职工在50岁以前退休的占7%、在55岁之前退休的占86.9%。显然，当前退休职工中存在较高比例的提前退休现象，男女职工的退休年龄过低。大量在职职工选择提前退休，会使我国经济损失更多的熟练劳动力，加剧我国劳动力供给的紧张局面。此外，还会大幅增加养老保险基金的支出，加重企业和当前在职职工的缴费负担。缴费负担越重，会诱使越来越多的职工选择尽早退休。企业也可能会减少对劳动力的需求，或者用资本替代劳动力，甚至转移到非正规部门以躲避缴费负担。其后果就是会减少政府的财政收入，降低整个社会的劳动生产率，并最终会减少国民产出（World Bank，1994）。

第二章

基本养老保险制度激励提前退休实证研究[①]

每个国家都规定了法定退休年龄。发达国家目前大多设定为 65 岁。我国目前是男职工 60 岁、女干部 55 岁、女职工 50 岁。职工在考虑退休年龄时,一般会以法定退休年龄为参照,根据基本养老保险制度的计发公式,计算比较提前、按时、推迟退休三种情形下的不同养老金资产,进而决定何时退休更优。相应地,职工的实际退休年龄与法定退休年龄之间会产生较大的偏差。当其他条件不变时,如果提前退休后每月的基本养老金更高,就会产生诱致职工选择提前退休或尽早退休的收益激励。实际上,我国基本养老保险制度从建立初始采用的计发公式就存在激励职工尽早退休的影响,曾引发了多次提前退休潮(赵耀辉、徐建国,2001)。1997 年基本养老保险制度改革之后仍然存在对提前退休的收益激励(汪泽英、曾湘泉,2004)。2005 年我国基本养老保险制度改革后实行了新的计发公式,改革之后是否仍存在对提前退休的收益激励,目前还缺乏基于真实微观调查数据的实证检验。而这又关系到推迟退休年龄、延迟领取养老金年龄是否可行。

为此,本章使用 2011 年在广东省 21 个地市对 10000 名退休职工的问卷调查数据,实证检验基本养老保险制度是否存在对提前退休的显著收益激励。

第一节 文献综述

劳动力进入现代工业企业之后,退休决策就不再完全由个人决定,而受制于工业社会基于生理年龄的正规退休制度(Slavick, 1966),以及教育制度、职业结构和持续经济增长对劳动力需求结构的影响(Pampel and Weiss, 1983)。工业经济偏好教育水平高、拥有最新知识和技能的年轻劳动力,使得年长职工在

---

① 原文发表于《财贸研究》2013 年第 3 期。此处略有修改。

竞争中处于劣势（Clark, et al, 1978）。寻找新工作的困难，长期失业的"沮丧效应"，迫使年长职工离开劳动力市场（Quinn, 1977；Graebner, 1980）。20 世纪初以来，工业国家年长男性职工的劳动参与率就不断降低，出现了越来越早退出劳动力市场的趋势。该现象被认为是持续工业化和经济增长的必然结果。

潘佩尔和韦斯（1983）指出，在经济发展早期，经济增长、制度变革、技术进步等因素对劳动参与率、职工退休行为的影响很大，但发展到一定阶段之后，养老金等社会保险和福利制度的影响将变得更加重要。怀斯（1985）、昆等（1990）发现养老金计划、社会保障的迅速发展是年长职工劳动参与率下降、退休年龄提前的重要原因。养老金制度的类型、给付水平、工资审查、覆盖面、待遇调整办法等规定，都可能影响到职工的退休行为（Pampel and Weiss, 1983）。例如，参加规定给付制（DB）养老金计划的职工更倾向于提早退休，参加规定缴费制（DC）则会明显地推迟退休（Pang, et al, 2009）。

除了养老金制度外，其他社会保险与福利制度也可能使职工选择提前退休。例如，在没有达到允许提前退休的最低年龄之前（美国为 62 岁），职工可以利用残障保险、失业保险、疾病保险等其他途径作为"过渡"，也能实现提前退休（Börsch-Supan, 1998；Dahl, et al, 2002；Wise, 2004）。一些非现金的福利项目，包括公共住房、食物等，也都可能使整个经济社会环境变得更易于导致提前退休（Pampel and Weiss, 1983）。

荷沃和约翰逊（1980）研究发现，工资高的职工往往选择退休得更早。庞等（2009）发现，各种经济财富（养老金、房产和其他金融财富）的增加导致职工提前退休，而较好的收入预期则会促使职工继续工作。教育年数少的职工退休得更早（Burtless and Moffitt, 1985），而教育年数越多的职工继续全职工作的概率越大（Montalto, et al, 2000）。昆（1977）发现，身体较差的职工更有可能受到养老金的影响而选择尽早退休。健康状况比同龄人差的男女职工都往往倾向于更早地退休（Hall and Johnson, 1980；Quinn, 1998）。亚当斯（1999）发现：职业满意度对职工预期退休年龄的影响显著为正，职业满意度高的职工更晚地退休；职业目标实现度的影响显著为负，已经实现职业目标的职工更有可能尽早退休。

大量研究表明，夫妇双方会互相协调各自的工作与退休决策，但还没有明确的证据表明究竟是谁在引导谁（Dahl, et al, 2002）。由于女性一般会嫁给比自己年长的男性，因而妻子更有可能比丈夫退休得更早（Ruhm, 1996）。利亚（1996）发现，家庭配偶中，有一方退休了，会导致另一方考虑提前退休。家里有孩子对女性的影响较小，但显著降低了男性退出劳动力市场的可能性（Perrachi and Welch, 1994; Reitzes, et al, 1998)。

国内文献中,封进、胡岩(2008)采用中国健康与营养调查数据分析发现,失业可能性增加1%,男性提前退休的概率增加约0.25%,女性约0.32%。健康是女性提前退休的一个动因,但并不是男性的原因。梁玉成(2007)发现,中国体制内外的福利供给和劳动力价格二元差异,导致体制外劳动力的平均退休时间早于体制内劳动力7~9年。就基本养老保险制度对提前退休的影响而言,杨俊、宋媛(2008)发现1997年的基本养老保险制度改革使劳动者选择提前退休的概率降低了7.6%,但汪泽英、曾湘泉(2004)运用"社会养老保险收益激励模型"发现,1997年改革确定的养老保险制度仍然会激励职工按法定年龄退休,而不是推迟退休年龄,在条件允许下更趋向于提前退休。2005年我国又对基本养老保险制度进行了一次重要改革,实行了新的计发公式。廖少宏(2012)的实证研究是基于CGSS2008年数据,他发现有养老保险会降低男职工的提前退休概率,并指出随着中国养老保险的覆盖面不断扩大,男性提前退休的意愿可能会有所削弱。这显然与通常的认识不符。因为一般认为,城市中没有退休金者和农村老年人一样,会"活到老、干到老",应该会更晚地退休,而有养老金的职工相对而言会更早地退休(萧振禹,1996;王红漫,2001)。2005年我国基本养老保险制度改革之后,丁仁船和张薇(2006)等学者们运用精算模型的估计结果证明了该制度仍然可能存在对提前退休的收益激励,但该结论在实际业务中是否真的存在,目前还没有得到实证研究的验证。

本章试图要解答的问题和主要贡献在于,检验在实际业务中基本养老保险制度是否真的会激励提前退休,以便为我国退休制度改革提供相应的经验证据。

第二节 样本及其描述性统计

一、样本

为考察退休职工的基本情况,2011年广东省人力资源社会保障厅在全省21个地市对退休职工进行了问卷调查。调查对象包括企业、机关和事业单位的退休职工。抽样方法为:从全省21个地市的每个市中各抽取3~5个区(县),然后在每个区(县)随机抽取150个退休职工进行问卷调查,最后共获得有效样本10000份,其中男职工5248人、女职工4752人。

此次退休职工问卷调查考察的主要变量有:退休年龄、退休前基本工资、工龄、参加养老保险制度年数、教育程度、家庭财产、健康状况、婚姻状况、单位性质、配偶就业情况、职务等。主要变量的基本情况见表2-1。

表2-1 调查样本的基本情况

变量		男职工		女职工	
		频数	有效百分比（%）	频数	有效百分比（%）
健康		3373	65.6	3414	71.8
企业职工		4160	86.1	3750	85
机关事业单位职工		441	9.2	661	13.9
配偶在职		163	4.1	849	22.7
配偶退休		2941	73.3	2318	62.1
高级职务		127	3.0	64	1.6
初级职务		3236	77.3	3416	89.1
婚姻状况	已婚	4613	93.5	4136	89.3
	未婚	41	0.8	49	1.1
	离婚	73	1.4	101	2.2
	丧偶	206	3.9	342	7.4
退休状态	完全退休	3956	94.3	3713	94.5
	再就业	237	5.6	216	5.5
家庭财产	10万以下	2658	69.4	2664	72.7
	10—20万	636	16.6	565	15.4
	21—40万	297	7.8	250	6.8
	41—80万	170	4.4	141	3.8
	80万以上	71	1.9	44	1.2

表2-2 定量变量的描述性统计

定量变量	男职工		女职工	
	均值	标准差	均值	标准差
教育年数（年）	9.26	2.737	9.23	6.15
退休年龄（岁）	58.93	2.93	50.67	2.58
参加养老保险制度年数（年）	19.6	11.69	17.52	11.04
工龄（年）	33.75	6.85	28.00	32.14

续表

定量变量	男职工		女职工	
	均值	标准差	均值	标准差
退休前工资（元/月）	1293.16	1245.11	1092.75	1106.73
养老金（元/月）	1208.8	746.57	1033.55	611.60

二、调查样本的退休年龄分布

根据表 2-2，在被调查的广东省退休职工中：男职工在 60 岁之前提前退休的占 23.4%，在 60 岁法定退休年龄退休的占 71%，60 岁之后推迟退休的占 5.7%。女职工，根据其单位和身份性质，可知提前退休的比例为 16.1%，在 50 岁、55 岁法定退休年龄退休的分别占 72% 和 9.8%，55 岁之后推迟退休的占 3.6%。在这些提前退休者中，男职工的平均退休年龄为 54.7 岁，女职工的平均退休年龄为 48.3 岁。据 2006 年下半年原劳动保障部在全国 29 个省（市、区）开展的企业退休人员基本情况调查数据，被调查的 1756 万退休人员中有 997 万人属于提前退休，退休时平均年龄为 50.3 岁，其中男性 53.3 岁，女性 47.4 岁[①]。可见，被调查样本中存在较高比例的提前退休，而推迟退休的职工比例较低。由此可知，推迟退休年龄在很大程度上并不契合职工的实际退休行为。

表 2-3 调查样本的退休年龄分布

退休年龄	男职工		女职工	
	频数	有效百分比（%）	频数	有效百分比（%）
50 岁以前	30	0.6	308	6.9
50 岁	99	1.9	3214	72.0
51—54 岁	103	2.0	344	7.7
55 岁	610	12.0	438	9.8
56—59 岁	342	6.7	94	2.1
60 岁	3608	71.0	62	1.4
60 岁以上	287	5.7	4	0.1

---

① 数据来源：中国社会保障网。

第三节 假设、模型与实证结果

一、理论分析与基本假设

为激励员工多缴费、长缴费，国发〔2005〕38号文实行了新的计发办法。其中规定：基础养老金以当地上年度在岗职工平均工资和本人指数化月平均缴费工资为基数，缴费每满1年发给1%。此次改革具有一定的激励作用，但我们认为该制度至少还存在三个方面的设计缺陷，使得仍然可能存在对提前退休的收益激励。

第一，基础养老金的计发公式只与职工的缴费年限和缴费工资、地区平均工资挂钩，而没有与职工的退休年龄挂钩。这意味着对条件完全相同的两个职工，提前退休职工领取养老金的时间更久，缴费期更短，而退休后享受到的养老金调整次数会更多（目前我国基本养老金每年都会定期调增一次）。第二，个人账户积累资金用完后，由社会统筹基金继续支付。由于当前大多数职工的预期寿命都要高于基本养老保险制度规定的计发个人账户的最高年龄70岁，早退休职工得以更早领完个人账户中的积累额，继而由统筹基金继续支付，从而领取更多的养老金总资产。第三，近几年退休职工养老金的年度调整比率都要高于在职职工的工资增长率，使得基本养老金计发出现"倒挂"现象。以广东省为例，2007—2010年企业退休人员月平均养老金年均增幅为13.2%，而全省企业在岗职工月平均工资增长率为9.96%，超过了3.26个百分点①。这意味着同等条件下，早退休比晚退休能获得更多养老金。因此，这三个制度设计缺陷都有可能使当前基本养老保险制度产生对提前退休的收益激励。通俗地说，就是早退休或尽早退休更为有利。

要推迟退休年龄、延迟领取基本养老金年龄，前提条件是现行基本养老保险制度存在对职工参保更长时间、缴费更多年份的收益激励；相反，如果基本养老保险制度存在对提前退休的收益激励，职工考虑到提前退休能获得更多的养老金，就会设法利用特殊工种、退职、病退、因工致残等特殊通道，甚至通过篡改工种、工龄、年龄等违规操作，达到提前退休的目的。为验证基本养老保险制度是否仍然存在对提前退休的收益激励，特提出假设：提前退休与职工

---

① 数据来源：根据广东省统计年鉴（2008—2010）、广东省人力资源与社会保障统计公报计算得出。

的养老金水平正相关。即同等条件下，选择提前退休的养老金水平更高。

二、变量

因变量：养老金水平。根据假设，我们选取职工2011年的每月养老金为因变量。由于职工当前每月的养老金是在退休时根据计发公式计算出初始值，再按照历年的调整比率增长得到的，因而可以反映由于提前退休的退休时间更长、调整次数更多，对其养老金水平和养老金总资产的影响。

自变量：提前退休。虚拟变量，当职工为提前退休时，设为"1"；否设为"0"。如果能验证提前退休对职工养老金水平的影响显著为正，则本节的假设得以成立。

控制变量：由于职工领取的养老金水平是根据职工的工资基数和参保年数确定的，因此我们选择了职工退休前工资、参加养老保险制度年数来作为控制变量。此外，由于职工的工资水平和养老金水平还可能受到教育程度、单位性质（机关事业单位与企业的养老金水平差异较大）和职务的影响，因此，模型中加入教育年数、机关事业单位、职务作为控制变量。

表2-4 变量的定义

变量	简写	定义
养老金	PENSION	定量变量，为2011年的月领养老金额
提前退休	EARLYRETIRE	虚拟变量，当职工为提前退休时，设为"1"；否设为"0"
退休工资	WAGE	定量变量，定义为职工退休时的月工资
参加养老金制度年数	PARTICIPATION	定量变量，定义为职工退休前参加养老金制度的年数
教育年数	EDUYEARS	定量变量，小学及以下=6年，初中=9年，高中=12年，大专=15年，本科=16年，硕士=19年，博士及以上=22年
机关事业单位职工	STATE	虚拟变量，是机关事业单位职工为"1"，否为"0"
高级职务	POSTHIGH	虚拟变量，退休前在本单位是高级职务为"1"，否为"0"
初级职务	POSTLOW	虚拟变量，退休前在本单位是初级职务为"1"，否为"0"

三、模型

根据变量性质,采用线性回归模型对上述自变量进行回归分析,模型如下:

$$\text{lnpension} = \alpha_0 + \beta_1 earlyretire + \beta_2 \text{lnwage} + \beta_3 participation + \beta_4 eduyears + \beta_5 state + \beta_7 posthigh + \beta_8 postlow + \varepsilon_i \tag{2-1}$$

其中,$\beta_1\beta_7$ 为自变量的回归系数,β_2、…、β_8 为控制变量的回归系数,并对养老金、退休时工资取自然对数。为了分别反映各个自变量和控制变量的影响,我们共设计了6个模型进行分步检验:模型1只包括自变量"提前退休";模型2加入了职工退休前的工资;模型3加入了职工参加养老保险制度年数;模型4加入了职工的教育年数;模型5加入了机关事业单位的虚拟变量,反映单位性质代表的体制性因素对职工养老金水平的影响;模型6加入了职务的虚拟变量,反映职务高低的影响。

四、实证结果

由于我国男女职工的法定退休年龄不同,故分别对男女职工进行分析,回归结果见表2-5和表2-6。

表2-5 男职工的回归分析结果

自变量	方程1	方程2	方程3	方程4	方程5	方程6
提前退休	0.033**	0.052***	0.081***	0.088***	0.054***	0.052***
	(2.271)	(3.365)	(5.278)	(5.532)	(3.272)	(3.154)
退休前工资		0.115***	0.106***	0.092***	0.096***	0.094***
		(12.190)	(11.345)	(9.384)	(10.095)	(10.063)
参加制度年数			0.010***	0.011***	0.009***	0.009***
			(10.799)	(11.348)	(10.144)	(9.723)
教育年数				0.013***	0.014***	0.008***
				(4.026)	(4.393)	(2.618)
机关事业单位					0.194***	0.191***
					(12.231)	(12.203)
高级职务						0.142**
						(2.430)
初级职务						-0.075***
						(-4.531)

续表

自变量	方程1	方程2	方程3	方程4	方程5	方程6
常数	6.515***	5.857***	5.547***	5.594***	5.547***	5.682***
	(223.502)	(85.406)	(71.492)	(63.601)	(64.483)	(65.501)
R^2	0.486	0.542	0.558	0.564	0.592	0.600
R_a^2	0.482	0.538	0.555	0.561	0.588	0.596
N	3056	2807	2767	2648	2648	2648

注：括号内为t值；***、**、*分别表示在1%、5%、10%的水平上显著。R^2为模型的拟合优度系数，R_a^2为调整后的拟合优度系数，N为样本数。下同。

表2-6 女职工的回归分析结果

自变量	方程1	方程2	方程3	方程4	方程5	方程6
提前退休	0.068***	0.082***	0.083***	0.085***	0.077***	0.081***
	(3.095)	(3.624)	(3.683)	(3.584)	(3.252)	(3.430)
退休前工资		0.061***	0.057***	0.040***	0.043***	0.042***
		(6.641)	(6.129)	(3.898)	(4.181)	(4.113)
参加制度年数			0.002*	0.002*	0.002**	0.002**
			(1.891)	(1.852)	(1.971)	(1.990)
教育年数				0.019***	0.018***	0.016***
				(5.512)	(5.311)	(4.786)
机关事业单位					0.107***	0.107***
					(6.322)	(6.283)
高级职务						0.009
						(0.107)
初级职务						-0.083***
						(-3.831)
常数	6.631**	6.023**	6.211**	5.934**	5.914**	5.994**
	(198.739)	(54.099)	(78.426)	(49.305)	(48.960)	(48.907)
R^2	0.427	0.451	0.460	0.459	0.468	0.472
R_a^2	0.423	0.446	0.455	0.454	0.462	0.466
N	2809	2519	2476	2323	2323	2323

根据表 2-5、表 2-6 的回归结果，可以得出如下结论。

（1）提前退休对职工养老金水平的影响系数显著为正，表明同等条件下，职工提前退休能获得更高的养老金水平。6 个方程中，提前退休对男女职工养老金水平的影响均显著为正，且回归系数保持了非常稳健的一致性，表明同等条件下，职工选择提前退休能获得更多的养老金。其中，女职工的影响系数大于男职工的回归系数，原因之一是由于女职工的退休年龄更早，因而退休期更长，受到"倒挂"的待遇调整机制的影响更大。这就验证了我国基本养老保险制度对男女职工都存在提前退休的收益激励，也补充了廖少宏的研究发现（他只发现对男职工有显著影响）。可知 2005 年改革并未消除其计发公式设计缺陷对提前退休的收益激励。也意味着，当前制度框架并不足以支撑推迟退休年龄、延迟领取养老金年龄。

（2）退休前工资、参加养老金制度的年数对职工养老金水平的影响显著为正。方程 2-6 的回归系数表明，退休前工资对男女职工养老金水平的影响均在 1% 的水平上显著为正。考虑了退休前工资的影响之后，提前退休男职工的养老金水平将提高 5.2%，女职工将提高 8.2%。方程 3-6 的回归系数表明，参加养老金制度的年数对职工养老金水平的影响也是显著为正。此时，提前退休的回归系数变为男职工的 8.1%，女职工的 8.3%。

（3）教育年数对职工养老金水平的影响在 1% 的水平上显著为正；高级职务对男职工养老金水平的影响显著为正，初级职务对女职工养老金水平的影响显著为负。方程 4-6 的回归系数说明，教育年数对男女职工养老金水平的影响系数均在 1% 的水平上显著为正。此时，提前退休的回归系数变为男职工的 8.8% 和女职工的 8.5%。方程 6 的回归系数说明，退休前为高级职务对男职工养老金水平的影响显著为正，但对女职工的影响不显著（系数为正）；退休前为初级职务对男女职工养老金水平的影响均显著为负，说明退休前为初级职务的职工养老金水平更低。

（4）机关事业单位对男女职工养老金水平的影响均在 1% 的水平上显著为正，说明机关事业单位职工的养老金水平显著高于企业职工。当前，我国机关事业单位和企业在工资、就业、社会保障、福利、收入分配等方面仍存在着较大的差距，形成了典型的体制内外"二元制"（杨宜勇，2007）。机关事业单位职工的养老金水平远高于企业职工的事实引起了社会的广泛争议。从方程 5 开始，增加了"机关事业单位职工"的虚拟变量，来考察体制内外职工的养老金水平是否存在显著差异。回归结果显示，对男女职工的影响系数均在 1% 的水平上显著为正，说明与企业职工相比，机关事业单位职工退休后获得的养老金水平显著更高。

第四节　结论与政策建议

推迟退休年龄、延迟领取基本养老金年龄能否推行的前提条件是，当前基本养老保险制度具有与新政策相匹配的激励机制。本章针对广东省21个地市退休职工的问卷调查数据显示，有23.2%的男职工、16.1%的女职工选择了提前退休。这些提前退休者的平均退休年龄为男54.7岁、女48.3岁；而在法定年龄之后推迟退休的男职工只有5.7%、女职工只有3.6%。这说明推迟退休年龄与职工的实际退休行为并不契合。

回归模型的结果表明，提前退休对男女职工养老金水平的影响显著为正，说明职工选择提前退休能获得更多的养老金，验证了当前我国养老保险制度具有对提前退休的收益激励。这也说明当前的制度框架不能提供推迟退休年龄、延迟领取养老金年龄的激励机制。因此，在推出新政策之前，必须首先对基本养老保险制度进行系统改革，我们认为主要的改革措施应包括以下几个方面。

第一，基础养老金的计发要与职工的退休年龄挂钩。根据精算平衡原则，职工推迟退休则应相应根据精算平衡原则，增加其相应的养老金水平，提前退休则相应削减其养老金水平。第二，如果职工提前退休之后继续就业而获得收入，则在计算其养老金时进行相应的削减抵扣。第三，实行科学合理的养老金年度调整办法，使之低于在职职工的工资增长率及其积累的养老金权益增长率，避免出现基本养老金"倒挂"。第四，对特殊工种、病退、退职等特殊通道进行清理和规范，避免职工利用这些特殊渠道达到提前退休的目的。第五，在上述改革的基础上，逐步取消当前的强制退休制度，改为实行弹性退休制度，允许职工根据自身的教育、健康、家庭、对闲暇的偏好等因素自主选择退休年龄，以满足不同人群对工作与退休的异质性需要。法定退休年龄可以只作为开始可以领取全额养老金的年龄，而不是强制职工退出劳动力市场的年龄。第六，为鼓励职工推迟领取养老金年龄，可以给推迟者给予额外更多养老金的奖励。

为应对未来我国的养老金支付危机，在更宏观的改革措施上，应对当前我国的养老金体系进行结构性调整，包括：第一，进一步扩大基本养老保险制度的覆盖面，增大风险分散的人群基数（贝克俊，2012）；第二，加大做实个人账户的力度，实现个人账户养老金的全民化、制度化和市场化（杨燕绥，2012）；第三，出台针对企业年金、职业年金、个人税收递延型养老保险产品的税收优惠政策，推动补充养老保险发展（刘云龙，2013）。

第三章

延迟退休年龄可行吗？

——基于预期退休年龄的 Ordinal Logit 模型①

近期全社会热烈关注和讨论我国是否要推迟退休年龄。在我国强制退休制度下，这等价于延迟基本养老金领取年龄。这一政策改革的出发点在于增加我国的劳动力供给，延长"人口红利"对国民经济增长的支撑，延缓"银发浪潮"给经济增长带来的负担，以及减轻基本养老保险基金的支付压力。推迟退休年龄、延迟领取养老金年龄从长远、总体上有助于我国国民经济的持续增长和养老保险制度的财务稳健。该项政策改革的主要影响群体是当前的在职职工，但民意调查显示，新政策遭到了绝大部分回应者的反对（主要是网络调查对象）。这就有必要对其深层次原因进行理论探究。

当前我国实行的是基于法定退休年龄的强制退休制度。职工到了法定退休年龄，就必须退出工作岗位，并开始领取养老金。也就是说，职工领取养老金的年龄与法定退休年龄是捆绑在一起的，职工只有退休了才可以开始领取养老金。因此，推迟退休年龄与延迟领取养老金年龄实际上是同步的，推迟法定退休年龄也就相应延迟了职工领取养老金的年龄。由此可知，如果推迟退休年龄并不符合当前在职职工的心理预期，他们相应地也就不会选择延迟领取养老金。在这种情况下，如果基本养老保险制度内含激励职工延迟领取养老金的收益结构，则职工仍有可能愿意接受延迟领取养老金；如果基本养老保险制度内在的收益结构会激励职工选择尽早或提前退休，则推迟退休年龄、延迟领取基本养老金年龄的政策改革就会很难实现。

可见，在新政策出台之前必须对两个关键问题进行探察：第一，推迟退休年龄是否符合当前在职职工的主观预期；第二，当前基本养老保险制度是否能激励职工推迟退休、延迟领取养老金年龄。因此，必须基于经验数据考察在职职工的预期退休年龄，分析当前基本养老保险制度对职工预期退休年龄的激励效应。然而，我国对职工预期退休年龄长期缺乏最起码的理论探讨和实证研究，

---

① 原文发表于《财贸经济》2012 年第 10 期。此处略有修改。

使得出台新政策仍然缺乏最为基础的理论支撑和定量证据。为此，本章从在职职工预期退休年龄的视角，基于问卷调查数据，考察在职职工的预期退休年龄是否与推迟退休年龄相符，并使用 Ordinal Logit 模型和 Binary Logistic 模型分别实证检验基本养老保险制度是否能激励职工推迟退休年龄、延迟领取养老金，并提出改革政策建议，从而为我国的退休制度改革奠定科学的决策基础。

第一节　文献综述

国外研究退休始于 20 世纪 60 年代末、70 年代初，但绝大多数都是研究职工的实际退休年龄，而较少研究预期退休年龄。最早研究职工预期退休年龄的是巴菲尔德和摩根（1969），他们设置了"是否计划在 65 岁之前退休"的虚拟变量，运用 Binary Logistic 模型分析发现预期退休收入是最主要的影响因素。之后，荷沃和约翰逊（1980）将预期退休年龄划分为四组供在职职工选择，即 62 岁之前、62—65 岁、65 岁以上、一直不退休，使用 Multinomial Logistic 模型分析发现能获得社会保障给付往往导致职工计划尽早退休；职业养老金越高，职工尽早退休的可能性越大，而且政府部门职业养老金比私人部门的影响更大；男性户主往往会计划退休得更早，而女性户主并没有类似的显著效应；工资高的职工往往选择退休得更早，家庭财产对职工预期退休年龄的影响很小；配偶在职会导致男职工退休得更晚（仅对选择 62—65 岁退休的那组人群有显著影响）；健康状况比同龄人差的男女职工都往往倾向于更早地退休；受教育年数多的职工往往退休得更晚，处于农村地区的男职工会选择更早退休。

蒙塔托等（2000）从继续从事全职工作的可能性、计划退休年龄两个角度来考察职工的预期退休行为。教育年数越多、工龄越长的职工继续从事全职工作的概率越大，年龄的影响为负；独居的未婚男职工、未婚女职工继续从事当前全职工作的概率更低，健康状况差的职工从事全职工作的概率也会更低；金融资产、非金融资产以及其他私人养老金会显著降低职工的预期退休年龄；能获得规定给付型（DB）养老金的职工显著降低了预期退休年龄 0.76 年。职工从事低技能职业的预期退休年龄要比从事管理、专业技能职业的低 1.5 年。预期退休年龄随着非投资收入、预期寿命、年龄、教育水平的增加而增加。受过高等教育职工的预期退休年龄比没有受过高等教育的职工要高 1.7 年。芒奈尔等（2004）也发现养老金会降低职工的预期退休年龄，而且规定给付型养老金比规定供款型养老金的影响更大。

职业特征、工作环境等因素也会影响到职工的预期退休行为（Beehr，1986；Talaga 和 Beehr，1989）。例如，工作满意度（Hanisch 和 Hulin，1991；Taylor 和 Shore，1995）、组织承诺（Taylor 和 Shore，1995）。哈尼斯和胡林（1990）认为可以将退休行为看成是职工自愿执行的一种有计划退出，以"避免工作环境的不满意"。亚当斯（1999）发现职业满意度对职工预期退休年龄的影响显著为正，职业满意度高的职工退休得更晚；职业目标实现程度的影响显著为负，那些已经实现其职业目标的职工更有可能尽早退休。

实际上，职工在考虑预期退休年龄时一般会参考各国的法定退休年龄，或养老保险制度对领取全额养老金的最低年龄、提前退休的最低年龄等规定。另外，当今年长职工（55—64岁）在从原先的全职工作离职之后，经常也会继续从事其他兼职工作，而不是完全退出劳动力市场。因此，即使领取全额养老金的法定年龄为65岁，但大部分职工并不会打算到了65岁就完全退休，这使得职工预期退休年龄的变化范围更宽了（Montalto 等，2000）。

国内已有文献都是在研究职工的实际退休年龄，而没有研究在职职工的预期退休年龄，特别是基于大样本微观调查数据的实证研究。实际上，我国基本养老保险制度从建立初始就具有激励职工尽早退休的效应，曾引发了多次提前退休潮（赵耀辉、徐建国，2001）。1997年基本养老保险制度改革引入了职工缴费的个人账户，改革之后劳动者的提前退休概率降低了7.6%（杨俊、宋媛，2008）。然而，汪泽英、曾湘泉（2004）运用"社会养老保险收益激励模型"发现，该制度的计发公式在精算条件下仍是不公平的，会激励职工按法定年龄退休，在条件允许下更趋向于提前退休。为了鼓励职工多缴费、长缴费，2005年我国基本养老保险制度采用了新的计发公式。此次改革之后是否仍然存在对提前退休的收益激励，是否能激励职工推迟退休，对在职职工的预期退休年龄产生了怎样的影响，至今也没有基于实证研究的经验证据。这是当前本问题研究的主要不足之处，也是本章的创新之处。

第二节　数据、变量与描述性统计

一、数据

2011年广东省人力资源与社会保障厅在本省21个地市对在职职工进行了一次问卷调查，其中包括了对在职职工参加社会养老保险制度和预期退休年龄的调查。抽样方法为：从全省21个地市的每个市中各抽取3~5个区（县），然后在每个区（县）随机抽取150个在职职工进行问卷调查。此次调查共回收有效问卷10023份，其中男职工5294份、女职工4729份。被调查的男职工年龄为18—70岁，平均年龄为40岁；女职工年龄为19—65岁，平均年龄为36岁。

二、主要变量说明及其描述性统计分析

此次对在职职工的问卷调查考察的主要变量、各个变量的定义及其说明见表3-1：

表3-1 变量定义

变量	简写	定义
预期退休年龄	ANRE	定序变量，分为：50岁以前、50—55岁、56—60岁、61—65岁、65岁以上，共5个选项。
基本工资	BASICWAGE	定量变量
工龄	TENURE	定量变量
教育年数	EDUYEARS	定量变量，小学及以下=6年，初中=9年，高中=12年，大专=15年，本科=16年，硕士=19年，博士及以上=22年
参加养老金制度年数	PENSION	定量变量
家庭财产	PROPERTY	分类变量，10万元以下、10—20万、21—40万、41—80万、80万以上，共5类
健康程度	FITNESS	虚拟变量，与同龄人相比更差为"0"，否为"1"
广东城镇户籍	GDURBAN	虚拟变量，是为"1"，否为"0"
外省户籍	MIGRANT	虚拟变量，是为"1"，否为"0"
婚姻状况	MARRIAGE	虚拟变量，已婚为"1"，否为"0"
体制内职工	PUBLIC	虚拟变量，机关事业单位、国有企业职工为"1"，否为"0"
配偶在职	SPOUSEWORK	虚拟变量，配偶在职为"1"，否为"0"

续表

变量	简写	定义
配偶退休	SPOUSERETIRE	虚拟变量，配偶退休为"1"，否为"0"
编制内职工	FORMAL	虚拟变量，是为"1"，否为"0"
合同工	CONTRACT	虚拟变量，是为"1"，否为"0"

1. 广东省在职职工的预期退休年龄分布

问卷设计了如下的问题："您希望的退休年龄是?"可选项包括五个：50岁以前、50—55岁、56—60岁、61—65岁、65岁以上。选择结果见表3-2：

表3-2 广东省在职职工的预期退休年龄选择结果

预期退休年龄	男职工			女职工		
	频数	有效百分比	累积百分比	频数	有效百分比	累积百分比
50岁以前	905	17.5	17.5	1889	41.2	41.2
50—55岁	1930	37.4	55.0	2244	48.9	90.1
56—60岁	1936	37.5	92.5	393	8.6	98.7
61—65岁	285	5.5	98.0	38	0.8	99.5
65岁以上	102	2.0	100.0	21	0.5	100.0
样本量	5294			4729		

根据表3-2，被调查的男职工选择在55岁之前退休的占到了55%，在60岁之前的占到了92.5%，而愿意在60岁之后推迟退休的只有7.5%；被调查的女职工选择在50岁之前退休的占到41.2%，55岁之前退休的占到了90.1%，愿意在55岁之后推迟退休的只有9.9%。可见，广东省男女在职职工中存在明显的提前退休倾向，表明虽然国发〔2005〕38号文对基本养老保险制度的计发公式进行了改革，但并没有扭转职工的提前退休预期，意味着推迟退休年龄并不符合当前在职职工的预期退休年龄。

2. 描述性统计

表3-3 定量自变量的描述性统计

定量自变量	男性在职职工				女性在职职工			
	均值	最大值	最小值	标准差	均值	最大值	最小值	标准差
基本工资（元）	1853.8	20000	400	1417.1	1786.4	20000	360	1311.2
工龄（年）	17.6	55	0	11.4	13.6	40	0	9.2
参加养老金制度年数（年）	13.2	44	0	8.7	10.8	38	0	7.8
教育年数（年）	12.8	22	6	2.7	12.9	22	6	2.6

表3-4 定性自变量的描述性统计

定性自变量		男性在职职工		女性在职职工	
		频数	百分比	频数	百分比
健康（=1）		4884	93.6	4406	94.5
配偶在职		2677	66.2	2804	84.7
配偶退休		413	10.2	68	2.1
已婚		4089	80.7	3616	77.5
有编制职工		1929	39.0	1346	30.2
合同工		2626	53.1	2716	61.0
广东省城镇户籍		3893	77.7	3329	71.8
外省户籍		419	8.4	504	11.2
家庭财产	10万以下	3259	69.1	3066	74.3
	10—20万	844	17.9	574	13.9
	20—40万	357	7.6	314	7.6
	40—80万	147	3.1	110	2.7
	80万以上	111	2.4	64	1.6
体制内职工	国有企业	1830	36.3	1325	29.3
	机关	241	4.8	218	4.8
	事业单位	690	13.7	627	13.9
	合计	2761	54.8	2170	48

第三节 假设、模型与实证结果

一、假设

根据表3-2可知,推迟退休年龄并不符合当前绝大多数在职职工的预期。在这种情况下,如果当前基本养老保险制度存在鼓励职工推迟退休、延迟领取养老金的收益激励机制,则新政策仍然可以被在职职工接受。因此,就有必要进一步检验基本养老保险制度对职工推迟退休年龄、延迟领取养老金的影响。如果当前基本养老保险制度能鼓励职工参保更长时间、缴费更多年份,则职工会愿意推迟退休年龄,相应的预期退休年龄会越高,延迟领取养老金的可能性越大。由于在职职工尚未领取养老金,只有参保年数这一个与养老保险制度相关的变量,而参保年数又是决定职工退休后养老金水平的主要因素。因此,我们针对职工参保年数提出两个假设。

假设1(检验推迟退休年龄):参加养老保险制度年数越长,预期退休年龄越晚;假设2(检验延迟领取养老金):参加养老保险制度年数越长,选择提前退休的可能性越小。

假设1从总体上检验当前基本养老保险制度对职工预期退休年龄的影响,从而可以检验职工是否愿意推迟退休年龄。由于当前我国职工领取养老金的起始时间根据法定退休年龄确定,因此我们以法定退休年龄为参照,建立"是否提前退休"二值虚拟变量。由于提前退休是早于法定年龄退休并领取养老金,因此假设2可以检验养老保险制度是否能激励职工延迟领取养老金。

二、模型Ⅰ:在职职工预期退休年龄的 Ordinal – logistic 回归模型

荷沃和约翰逊(1980)研究预期退休年龄时使用的是 Multinomial Logistic 模型,但该模型只能在各个类别之间没有次序关系时使用。本节因变量——预期退休年龄的5个类别之间并不是简单分类,而是存在明显的次序分类,因此必须采取针对定序分类变量的 Ordinal Lgistic 模型。模型如下:

$$ANRE_i = \alpha_0 + \alpha_1 pension_i + \beta_0 \ln basic\_wage_i + \beta_1 eduyears_i + \beta_2 fitness_i + \beta_3 public_i + \beta_4 property_i + \beta_5 spouse\_work_i + \beta_6 spouse\_retire_i + \beta_7 gd\_urban_i + \beta_8 migrant_i + \beta_9 marriage_i + \beta_{10} formal_i + \beta_{11} contract_i + \varepsilon_i \tag{3-1}$$

$ANRE$ 为因变量在职职工预期退休年龄,$ANRE\_n$($n=1、2、3、4、5$)表示预期退休年龄等于各个选项。自变量为参加养老金制度年数,其他控制变量

的含义参见表 3-1，并对基本工资取自然对数。α_1 为自变量的回归系数，β_0、β_1、…、β_{11} 为控制变量的回归系数。实证结果如表 3-5、3-6 所示。

表 3-5 男职工预期退休年龄的 Ordinal Logistic 回归结果

自变量	方程1	方程2	方程3	方程4	方程5
参加养老金制度年数	-0.011*	-0.011*	-0.011*	-0.011*	-0.011*
	(-1.770)	(-1.773)	(-1.830)	(-1.769)	(-1.804)
基本工资	0.166**	0.166**	0.151**	0.153**	0.154**
	(2.558)	(2.560)	(2.319)	(2.348)	(2.353)
教育年数	0.058***	0.058***	0.056***	0.057***	0.056***
	(4.257)	(4.159)	(4.044)	(4.091)	(4.034)
家庭财产	0.270***	0.270***	0.266***	0.267***	0.267***
	(7.284)	(7.260)	(7.127)	(7.147)	(7.159)
广东城镇户籍	-0.201**	-0.201**	-0.219***	-0.216***	-0.170*
	(-2.492)	(-2.489)	(-2.693)	(-2.650)	(-1.701)
健康	0.314**	0.314**	0.308**	0.313**	0.314**
	(2.419)	(2.421)	(2.368)	(2.407)	(2.413)
配偶在职	0.064	0.064	0.063	0.064	0.065
	(0.910)	(0.909)	(0.902)	(0.914)	(0.930)
配偶退休	0.321**	0.321**	0.313**	0.314**	0.315**
	(2.452)	(2.454)	(2.386)	(2.395)	(2.402)
已婚	0.075	0.075	0.083	0.083	0.084
	(0.833)	(0.835)	(0.924)	(0.922)	(0.940)
体制内职工		0.007	-0.022	-0.025	-0.023
		(0.101)	(-0.311)	(-0.352)	(-0.335)
编制内职工			0.157**	0.082	0.071
			(2.220)	(0.615)	(0.532)
合同工				-0.083	-0.091
				(-0.664)	(-0.732)
外省户籍					0.097
					(0.789)

续表

自变量	方程1	方程2	方程3	方程4	方程5
c_1	1.096**	1.096**	0.999**	0.968**	0.996**
	(2.264)	(2.264)	(2.054)	(1.981)	(2.033)
c_2	2.998***	2.998***	2.903***	2.872***	2.901***
	(6.172)	(6.172)	(5.951)	(5.862)	(5.904)
c_3	5.584***	5.584***	5.490***	5.459***	5.488***
	(11.340)	(11.341)	(11.106)	(10.997)	(11.026)
c_4	6.955***	6.955***	6.861***	6.830***	6.859***
	(13.836)	(13.836)	(13.597)	(13.483)	(13.505)
ll	-4677.76	-4677.75	-4675.29	-4675.07	-4674.76
ll_0	-4947.804	-4947.804	-4947.804	-4947.804	-4947.804
N	3881	3881	3881	3881	3881

注：小括号内为z统计量，***、**、*分别表示在1%、5%、10%的水平上显著。ll表示回归模型的似然值，ll_0表示回归模型仅有常数项时的似然值。下同。

表3-6 女职工预期退休年龄的Ordinal Logistic回归结果

自变量	方程1	方程2	方程3	方程4	方程5
参加养老金制度年数	-0.048***	-0.048***	-0.048***	-0.048***	-0.048***
	(-5.479)	(-5.483)	(-5.457)	(-5.385)	(-5.347)
基本工资	0.286***	0.286***	0.286***	0.276***	0.279***
	(3.815)	(3.817)	(3.813)	(3.649)	(3.684)
教育年数	0.051***	0.050***	0.049***	0.049***	0.049***
	(3.240)	(3.218)	(3.099)	(3.079)	(3.095)
家庭财产	0.264***	0.264***	0.263***	0.263***	0.263***
	(6.081)	(6.086)	(6.064)	(6.047)	(6.046)
广东城镇户籍	0.303***	0.303***	0.301***	0.267***	0.266***
	(3.999)	(4.003)	(3.982)	(3.410)	(3.403)
健康	-0.179**	-0.179**	-0.181**	-0.180**	-0.227**
	(-2.140)	(-2.143)	(-2.162)	(-2.153)	(-2.237)
配偶在职	-0.145*	-0.145*	-0.238**	-0.232**	-0.237**
	(-1.654)	(-1.654)	(-2.076)	(-2.025)	(-2.064)

续表

自变量	方程1	方程2	方程3	方程4	方程5
配偶退休	0.262*	0.258*	0.247	0.248	0.249
	(1.737)	(1.703)	(1.628)	(1.634)	(1.643)
已婚		−0.081	0.000	−0.008	−0.006
		(−0.263)	(0.001)	(−0.026)	(−0.018)
体制内职工			0.119	0.126	0.126
			(1.259)	(1.328)	(1.327)
编制内职工				−0.026	−0.019
				(−0.189)	(−0.135)
合同工				−0.159	−0.151
				(−1.275)	(−1.208)
外省户籍					−0.101
					(−0.813)
c_1	2.466***	2.461***	2.419***	2.252***	2.249***
	(4.609)	(4.598)	(4.507)	(4.146)	(4.140)
c_2	5.168***	5.163***	5.122***	4.956***	4.954***
	(9.553)	(9.539)	(9.437)	(9.034)	(9.028)
c_3	7.454***	7.449***	7.408***	7.242***	7.240***
	(13.303)	(13.288)	(13.179)	(12.755)	(12.749)
c_4	8.453***	8.448***	8.406***	8.241***	8.238***
	(14.221)	(14.207)	(14.104)	(13.702)	(13.696)
ll	−3366.67	−3366.64	−3365.85	−3364.00	−3363.67
ll_0	−3551.839	−3551.839	−3551.839	−3551.839	−3551.839
N	3561	3561	3561	3561	3561

从表3-5、3-6的回归结果可以得到如下结论。

（1）参加养老金制度年数对男、女职工预期退休年龄的影响系数显著为负，表明职工参加养老金制度的年数越久，预期退休年龄越早，即越倾向于更早退休。模型Ⅰ中方程1-5的实证结果否定了假设1的推断。这说明，当前基本养老保险制度在总体上并不能激励职工推迟退休年龄。相反，职工参加养老保险制度的年数越久，越希望退休得更早。之所以出现这种原因，是由当前基本养老保险制度内在的收益激励结构造成的，我们将在后面进行解释。

（2）工资、家庭财产对男、女职工预期退休年龄的影响显著为正，说明在职职工的工资越高、家庭财产越多，越倾向于晚退休。工资对劳动力供给同时产生替代效应和收入效应，替代效应促使职工增加劳动力供给，推迟退休年龄，收入效应促使职工减少劳动力供给，选择更早退休（Ehrenberg and Smith, 2006）。根据本节实证结果，基本工资的回归系数均显著为正，说明在我国工资对职工劳动力供给的替代效应大于收入效应，使得在职工资越高的预期退休年龄越晚。对工业国家的绝大多数研究都表明，家庭财产越多的职工往往选择尽早退休（Fields and Mitchell, 1984; Hurd, 1997; Montalto et al., 2000），但在我国职工的家庭财富越多，往往具有更高的教育水平、工资收入、社会网络以及更高的职务，可能会诱使职工工作得更久。本节实证结果显示，家庭财产对男女职工预期退休年龄的影响都在1%的水平上显著为正，表明家庭财产越多的职工希望退休得越晚。

（3）教育年限的回归系数显著为正，说明教育水平越高，越倾向于晚退休。一般认为，教育年限越长，职工进入劳动力市场的时间越晚，往往倾向于推迟退休，以尽可能回收教育投资的成本，并获得人力资本投资收益。根据我们的实证结果，教育年限对男女职工预期退休年龄的影响都在1%的水平上显著为正，表明教育年限越长的职工越倾向于推迟退休。这与荷沃和约翰逊（1980）、贝特莱斯和莫菲特（1985）、蒙塔尔托等（2000）的研究发现是吻合的。

（4）健康对男女职工预期退休年龄的影响不同，健康的男职工，预期退休年龄越晚，而健康的女职工，预期退休年龄越早。配偶退休对男职工预期退休年龄的影响显著为正，对女性职工的影响并不显著。配偶在职对女职工预期退休年龄的影响系数显著为负，对男职工的影响不显著。这些结果表明，我国的家庭文化及其支配的家庭内部分工有着鲜明特征，特别是在男性户主家庭，男职工承担着主要的家庭经济收入来源，而女职工更多地承担照顾家庭责任，特别是在年老时期。

（5）男职工为广东省城镇户籍的预期退休年龄更早，而女职工的预期退休年龄更晚。外省户籍对在职职工预期退休的影响不显著。户籍在我国含有特殊的福利、就业、教育、社会保障含义（苏志霞，2006；杜鑫，2011）。为此，我们设计了广东省城镇户籍、外省户籍两个指标来检验户籍对职工预期退休年龄是否存在显著的差异影响。实证研究表明，广东省城镇户籍对男职工预期退休年龄的影响显著为负，而对女职工的影响却显著为正，表明广东省城镇户籍男职工倾向于较早地退休，女职工选择更晚退休。外省户籍对职工预期退休年龄的影响均不显著。

三、模型Ⅱ：在职职工提前退休的 Binary Logistic 模型

为了检验假设2，我们对职工预期退休年龄进行重新分组，建立虚拟变量"提前退休"。将男职工选择"50岁以前""50—55岁"的定义为提前退休，设为"1"，选择其他三项则为"0"；女职工选择"50岁以前"的定义为提前退休，设为"1"，选择其他四项的为"0"。由于"提前退休"是0—1的虚拟变量，故采用 Binary Logistic 模型进行回归分析，模型如下：

$$EPRE = \alpha_1 PENSION + \beta_0 \ln BASICWAGE + \beta_1 EDUYEARS + \beta_2 FITNESS + \beta_3 PUBLIC + \beta_4 PROERTY + \beta_5 SPOUSEWORK + \beta_6 SPOUSERETIRE + \beta_7 GDURBAN + \beta_8 MIGRANT + \beta_9 MARRIAGE + \beta_{10} FORMAL + \beta_{11} CONTRACT + \varepsilon_t \quad (3-2)$$

模型中 EPRE 为因变量"在职职工是否选择提前退休"，$n=1$ 表示提前退休。自变量为参加养老金制度年数。β_0、β_1、…、β_{11} 为控制变量的回归系数。各个变量的含义见表3-1，并对基本工资取自然对数。实证研究结果如表3-7、表3-8所示。

表3-7 男职工预期提前退休的 Binary Logistic 回归结果

自变量	方程1	方程2	方程3	方程4	方程5	方程6
参加养老金制度年数	0.014**	0.014**	0.013*	0.013*	0.013*	0.013*
	(2.030)	(2.047)	(1.856)	(1.856)	(1.907)	(1.896)
基本工资	-0.084	-0.082	-0.082	-0.082	-0.070	-0.071
	(-1.187)	(-1.168)	(-1.162)	(-1.162)	(-0.991)	(-0.994)
教育年数	-0.064***	-0.064***	-0.062***	-0.062***	-0.060***	-0.061***
	(-4.302)	(-4.233)	(-4.125)	(-4.125)	(-3.978)	(-3.982)
家庭财产	-0.252***	-0.252***	-0.251***	-0.251***	-0.245***	-0.245***
	(-6.368)	(-6.362)	(-6.327)	(-6.327)	(-6.169)	(-6.163)
体制内职工	0.023	0.024	0.019	0.019	0.051	0.051
	(0.311)	(0.318)	(0.253)	(0.253)	(0.658)	(0.663)
广东城镇户籍	0.146*	0.147*	0.154*	0.154*	0.170*	0.182*
	(1.679)	(1.690)	(1.777)	(1.777)	(1.951)	(1.690)
婚姻状况	-0.078	-0.059	-0.038	-0.038	-0.048	-0.047
	(-0.872)	(-0.613)	(-0.389)	(-0.389)	(-0.498)	(-0.489)
配偶在职		-0.037	-0.106	-0.106	-0.102	-0.102
		(-0.514)	(-1.370)	(-1.370)	(-1.324)	(-1.322)

续表

自变量	方程1	方程2	方程3	方程4	方程5	方程6
配偶退休			-0.407***	-0.407***	-0.398***	-0.398***
			(-2.687)	(-2.687)	(-2.626)	(-2.623)
编制内职工					-0.135	-0.138
					(-0.958)	(-0.971)
合同工					0.027	0.025
					(0.203)	(0.188)
外省户籍						0.024
						(0.182)
常数	1.983***	1.970***	1.907***	1.907***	1.813***	1.808***
	(3.854)	(3.825)	(3.696)	(3.696)	(3.485)	(3.470)
ll	-2643.54	-2643.41	-2639.77	-2639.77	-2637.62	-2637.61
ll_0	-2888.052	-2888.052	-2888.052	-2888.052	-2888.052	-2888.052
N	4181	4181	4181	4181	4181	4181

注：小括号内为z统计量，***、**、*分别表示在1%、5%、10%的水平上显著。ll表示回归模型的似然值，ll_0表示回归模型仅有常数项时的似然值。下同。

表3-8　女职工预期提前退休的Binary Logistic回归结果

自变量	方程1	方程2	方程3	方程4	方程5	方程6
参加养老金制度年数	0.049***	0.049***	0.050***	0.052***	0.050***	0.050***
	(5.079)	(5.092)	(5.129)	(5.296)	(5.085)	(5.059)
基本工资	-0.327***	-0.326***	-0.327***	-0.307***	-0.314***	-0.316***
	(-4.069)	(-4.052)		(-3.793)	(-3.873)	(-3.897)
教育年数	-0.050***	-0.047***	-0.046***	-0.044***	-0.045***	-0.046***
	(-2.964)	(-2.792)	(-2.753)	(-2.612)	(-2.692)	(-2.710)
家庭财产	-0.246***	-0.245***	-0.247***	-0.244***	-0.245***	-0.245***
	(-4.972)	(-4.952)	(-4.980)	(-4.923)	(-4.935)	(-4.934)
体制内职工	-0.334***	-0.333***	-0.335***	-0.291***	-0.281***	-0.281***
	(-4.057)	(-4.043)	(-4.066)	(-3.434)	(-3.306)	(-3.303)
广东城镇户籍	0.171*	0.173*	0.174*	0.181*	0.174*	0.214*
	(1.845)	(1.871)	(1.885)	(1.960)	(1.878)	(1.898)

续表

自变量	方程1	方程2	方程3	方程4	方程5	方程6
婚姻状况	0.188**	0.310**	0.297**	0.290**	0.288**	0.291**
	(1.964)	(2.489)	(2.367)	(2.309)	(2.293)	(2.314)
健康程度	-0.456***	-0.435***	-0.424***	-0.426***	-0.426***	-0.425***
	(-2.891)	(-2.740)	(-2.659)	(-2.668)	(-2.668)	(-2.665)
配偶在职		-0.154	-0.138	-0.139	-0.149	-0.148
		(-1.531)	(-1.345)	(-1.347)	(-1.442)	(-1.434)
配偶退休			0.263	0.254	0.259	0.256
			(0.762)	(0.734)	(0.749)	(0.741)
编制内职工				-0.195**	0.001	-0.006
				(-2.214)	(0.005)	(-0.038)
合同工					0.218	0.210
					(1.576)	(1.516)
外省户籍						0.085
						(0.627)
常数	2.773***	2.697***	2.688***	2.550***	2.458***	2.455***
	(4.763)	(4.614)	(4.598)	(4.343)	(4.163)	(4.157)
ll	-2207.33	-2206.16	-2205.87	-2203.42	-2202.16	-2201.96
ll_0	-2379.607	-2379.607	-2379.607	-2379.607	-2379.607	-2379.607
N	3526	3526	3526	3526	3526	3526

根据表3-7、表3-8的实证结果，参加养老金制度年数对男女在职职工是否选择提前退休的影响均显著为正，即参加养老金制度的年数越多，提前退休的可能性越大。这实际上是否定了假设2的推断，表明当前基本养老保险制度并不具备激励职工延迟领取养老金年龄的内在收益机制。相反，参加养老金制度年数越久，对提前退休的激励作用越大。这与前文Ordinal-Logistic模型的结论实际上是一致的，也可以说明模型Ⅰ的结论是稳健的。

四、理论解释

根据模型Ⅰ、Ⅱ的实证结果，当前基本养老保险制度既不能激励职工推迟退休，也不能激励职工延迟领取养老金年龄。我们认为，其原因是2005年改革之后实行的新计发办法仍然没有做到完全的精算平衡，至少在两个方面会激励职工提前退休。

第一，计发基础养老金初始值的时候没有根据退休年龄进行精算调整。国发〔2005〕38号文规定，在计算退休时基础养老金的初始值时，以当地在岗职工月平均工资和职工指数化缴费工资的平均值为基数，缴费每满1年发给1%。它并没有根据职工的退休年龄进行调整，而退休年龄关系到领取养老金的时间长短。职工多工作1年，基础养老金增加1%，但要多缴费1年，且少领1年养老金；而提前退休1年，虽然基础养老金减少1%，但少缴费1年，且多领1年养老金。虽然由于工资增长，推迟退休1年用来计算基础养老金的工资基数增加了，但如果工资增长率低于退休后基本养老金的调整比率，则推迟退休就会损失一定的养老金资产。

第二，退休后基本养老金的调整比率高于在职职工的工资增长率。提前退休1年职工的养老金将在第二年按照养老金调整比率进行增长。如果调整比率高于工资增长率，则早退休职工的基本养老金经过次年调整之后，将超过推迟退休职工的基本养老金（二者的基本养老金在第三年将按相同的调整比率进行调整）。自2007年以来，国务院每年都发文要求按人均基本养老金的10%左右确定调整比例，使得很多省（市）的养老金调整比率都要高于在职职工的工资增长率。例如，2007—2010年广东省企业退休人员月平均养老金年均增幅为13.2%，而全省企业在岗职工月平均工资增长率为9.96%，超过了3.26个百分点①。其结果，在同等条件下，出现了晚退休职工的养老金反而少于早退休职工养老金的基本养老金"倒挂"现象。

第四节 结论

推迟退休年龄、延迟领取基本养老金年龄的主要影响群体是在职职工，本节使用2011年在广东省21个地市对在职职工的问卷调查数据，研究了在职职工的预期退休行为。问卷调查数据显示，男职工选择在55岁之前退休的占到55%，女职工选择在50岁之前退休的占到41.2%。这说明，在职职工选择提前退休的倾向非常明显，推迟退休年龄并不符合他们的期望。Ordinal Logistic模型的实证结果表明，参加养老金制度年数对男女职工预期退休年龄的影响都是显

---

① 数据来源：根据广东省统计年鉴（2008—2010）、广东省人力资源与社会保障统计公报计算得出。

著为负，即参加养老金制度的年份越久，预期退休年龄越早。另外，Binary Logistic 模型的实证结果也证实了参加基本养老保险制度的年数越久，提前退休的概率越高。两个模型的结果表明，当前基本养老保险制度也不能激励职工推迟退休、延迟领取养老金年龄。

随着我国人口老龄化程度的不断加深，给基本养老保险基金带来了沉重的支付压力，缺口日益加大。同时，随着人口出生率的下降，劳动力供给不足也日显端倪。因此，推迟退休年龄、延迟领取基本养老金年龄是必行之策，且宜早不宜迟。然而，本章的实证结果表明，推迟退休并不符合当前在职职工的预期，且现行基本养老保险制度也不能激励职工推迟领取养老金年龄。因此，贸然推出新政策，将很难收到实效。要推迟退休年龄、延迟领取养老金年龄，就必须首先对当前基本养老保险制度进行深刻的改革和调整。我们认为必须要采取的关键措施包括：第一，基础养老金的计发公式必须与职工的退休年龄挂钩，基于精算平衡原则，推迟退休则增加养老金给付，提前退休则相应削减养老金；第二，实行科学的养老金年度调整办法，使之低于在职职工的工资增长率以及基本养老金增长率，消除基本养老金的"倒挂"现象；第三，建立工资审查办法，根据职工退休后再就业收入对其领取的养老金进行相应削减；第四，为鼓励职工延迟领取养老金年龄，可以为推迟者再给予额外更多养老金的奖励。

第四章

职工都反对延迟退休吗？

——来自潜类别模型的经验证据①

何时退休是每个参保人或劳动者都要面对的：达到法定年龄正常退休，或提前退休，或延迟退休。退休也对一个国家的基本养老保险、劳动就业等制度影响重大。当前我国退休制度最热议的是"延迟退休"改革。然而，在劳动者退休之前，我们并不知道真实的偏好及最终的抉择。甚至在很多时候，职工自己也并不清楚自身的退休倾向。

2012年6月人民网开展了"人社部拟适时建议弹性延迟领养老金年龄，咋看？"的调查，共有227.6万网民参与，其中反对的比例高达96.7%。2013年8月《中国青年报》社会调查中心对25311人进行"你对延迟退休持什么态度"的调查显示，94.5%的受访者明确表示反对延迟退休，仅3.2%的受访者表示支持②。2015年两会期间，人社部提出将推行渐进式延迟退休政策，大粤网等就此联合推出"渐进式延迟退休民意大调查"，共计有869名受访者参与，其中95.74%的受访者不支持渐进式延迟退休③。同样，2016年3月《中国青年报》社会调查中心联合搜狐民调，对169063人进行的一项调查显示，91.1%的受访者坦言不愿意延迟退休④。由于网民对延迟退休年龄不看好、不向往、不满情绪强烈，迫于社会舆论压力，人社部表示暂时搁置延迟退休的思路，仅仅进行学术研究探讨⑤。事实上，学者基于相关研究不赞成或反对延迟退休的也不在少数，如潘锦堂（2002）、姜向群和陈艳（2004）、张车伟和蔡翼飞（2012）、杨翠迎和金昊（2014）、王天宇和邱牧远等（2016）、罗哲和张俊锋（2018），等等。在这种背景下，民众对延迟退休往往"谈虎色变"，推迟退休年龄改革似乎成了"千夫所指"，不但引发了广泛的社会关注和强烈的民众情绪，也加大了

---

① 原文发表于《保险研究》2018年第11期。此处略有修改。
② 万人民调：94.5%受访者反对延迟退休［N］．中国青年报，2013-08-29．
③ 渐进式延迟退休，技能人才不乐意［EB/OL］．搜狐网，2015-03-27．
④ 超九成受访者不愿延迟退休，七成赞成弹性退休［N］．中国青年报，2016-03-04．
⑤ 人社部延迟退休计划或已搁置［EB/OL］．新华网，2013-06-23．

政策运行成本（林毓铭、刘冀楠，2016）。

不同的意见认为这些网络调查结果未必完全反映了民意。"上网者中以年轻人居多，愁于找工作的他们自然希望退休的人越多越好，退休时间越早越好"。一项对53人的现场、网络和电话调查结果显示在19名小于40岁的调查者中，16人明确反对"延迟退休"，他们也普遍期盼"父母不要晚退休"；但在40岁以上的34人中，8人反对"延迟退休"，17人认为"无所谓，早退晚退都可以"，9个人希望"能晚退休"（有8个人担任"一定职务"）①。这说明职工的退休意愿具有时变性，会随着年龄增长、职务提升等因素的变化而发生改变，并非一成不变的。搜狐网300份问卷调查结果则显示，有64.44%的被访者反对延迟退休，而有24.65%的同意延迟退休②。2013年人民网联合专业第三方调研机构——清研咨询、优数咨询所做的一项问卷调查显示，受访的1062人中反对延迟退休的占68.6%，无所谓的占4.4%，而支持的占27%③。可见，相比网络调查，问卷调查中被访者反对延迟退休的比例要小很多。

从这些数据来看，网络调查是非随机样本，存在较大的选择性偏误；而其他几项社会调查也属于方便样本，又都是小样本，代表性不足。这会导致无法确知样本统计量的先验分布函数，进而对总体参数进行推断就会产生相应的估计误差（贾俊平等，2015）。基于这些数据的统计结果或推断结论并不能准确反映我国职工退休意愿或行为的真实情况。

从文献检索的结果来看，目前学者们都是在研究被访者延迟退休的意愿（是否愿意或意愿的强弱），以及影响这种意愿的因素。测量方法及采用的指标变量主要是在调查问卷中询问："对渐进式延迟退休年龄政策的接受意愿"，取值为0/1或Likert1-5刻度（田立法等，2017）。这些研究的不足主要包括：第一，劳动者的退休选择事先是很难直接观测的，所对应的变量本质上应属于潜变量。但已有研究在操作上往往选择一个显变量（0/1或有序分类）作为代理变量来进行研究。这是一种间接测量的办法。加之所使用的都是单一指标，只能测量"退休"的某一个方面，会产生相应的测量误差，也存在"挂一漏万"的片面性（邱皓政，2008）。第二，事实上，劳动者在退休选择上可以分为提前、正常、延迟退休等有本质区别的异质型群体（Beehr, 1986）。已有研究使

---

① 延迟退休调查：赞成者大多"有一定职务"[EB/OL]. 搜狐网，2013-11-20.
② 中国延迟退休调查报告——延迟退休，你准备好了吗？[EB/OL]. 搜狐网，2018-05-10.
③ 人民网. 近七成受访者反对延迟退休，73.5%支持弹性退休[EB/OL]. 人民网，2013-11-01.

用传统的 Logit 或 Ordered Logit 模型考察被访者延迟退休的主观意愿。这些模型实际上假设被访者是同一类型的群体（同方差假设），只是在意愿的强弱上有差别（质相同、量有别）。这些研究实际上并没有甄别出谁是延迟退休、正常退休或提前退休者。这使得至今我们都无法预知劳动者的真实退休期望，不清楚究竟有多大比例的劳动者接受或反对延迟退休，从而难以供决策者参考借鉴。

本章基于 CLDS2014 年全国大样本调查数据，根据"退休"的异质性将其设为分类型潜变量，并使用 2 个显变量作为其测量指标，进而使用潜类别模型（Latent Class Model，LCM）的贝叶斯后验概率对被访者进行识别，归入延迟退休、非延迟退休两种类型。边际贡献在于提高了测量指标的代表性、减少了测量误差，并提供了一种区分劳动者退休行为的预先识别机制，从而能更准确地计算出赞成或反对延迟退休的实际比例。这些改进有助于进一步提升退休及相关研究工作，并为我国延迟退休改革提供定量经验证据以供决策参考。

第一节　文献回顾

网民对延迟退休的态度趋势呈现出持续性一边倒的特征，并且是"持久反对倾向"，"网友态度并未发生明显改变"（徐自强、李增元，2017）。但这里面也夹杂着很多"非理性反对质疑"的政策情绪。网络公众在延迟退休问题中的多数认知定式其实是缺乏准确判断的，不难看出，他们并不是真正地在反对延迟退休政策，而是在反对与延迟退休有切肤相关的"养老金出现缺口、入不敷出""延迟退休会产生就业挤出效应""个人养老金财富受损"等问题（林毓铭和刘冀楠，2016）。故此，关于劳动者的真实退休意愿和倾向，不仅已有调查数据或是网络调查的非随机样本，存在较大的样本选择偏误，或都是小样本，代表性不足，并且民众存在判断非理性、认知不对焦等模糊决策。而已有的关于退休的理论或实证模型主要集中在退休的影响因素模型、退休过程模型和退休结果模型（戴月娥等，2017），而没有退休的预识别机制模型。

现有的实证研究都是在考察或检验被访者延迟退休的意愿（想法），以及影响这种意愿的因素，包括人口统计特征变量、家庭特征变量、工作特征变量等。阳义南（2011）以广东省为例研究发现，工资高、工龄长、机关事业单位任职、职务高的劳动者更倾向于接受延迟退休年龄政策。张乐川（2013）以上海市为例，工作单位性质是影响劳动者延迟退休年龄意愿的主因，机关事业单位劳动者更倾向于接受渐进式延迟退休年龄政策。廖楚晖和刘千亦（2015）发现，"自愿退休年龄"、工龄、升职空间和继续工作意愿对职工接受渐进式延迟退休年龄政策意愿有显著影响。任兰兰和崔红威（2015）以唐山市为例，发现受教育程度、工龄、工作单位性质、收入是影响不同群体接受渐进式延迟退休年龄政策意愿的主因。于翠婷和喻继银（2013）对成都九所高校教师研究后发现，男性、年龄越大、收入越高、身体状况越好的教师越赞同延迟退休。李琴和彭浩然（2015）对城镇中老年人延迟退休意愿的影响因素研究后发现，受教育水平越高越不愿意延迟退休、女性比男性更愿意延迟退休、具有高级技术职称的人更倾向于延迟退休，健康状况对延迟退休意愿影响不显著。董娜和江蓓（2015）以苏州市为例研究，健康状况、婚姻状况、工作岗位和月收入是影响女性劳动者延迟退休意愿的主因，文化程度、年龄、工作年限和工作单位不是影响女性劳动者延迟退休意愿的主因。陈鹏军和张寒（2015）证实，女性职工、有配偶职工、企事业单位职工、体力劳动者及非管理岗位职工对渐进式延迟退休年龄政策的抵触态度较为强烈，身体健康状况越好、家庭需要抚养的人口数越少、收入水平越高以及感受工作强度与压力越小、对工作或岗位越喜欢、对工作环境与工作待遇越满意的职工越易于接受渐进式延迟退休年龄政策。而田立法等（2017）对天津市的研究发现，年龄越大、受教育程度越高、身体越健康、收入越高的居民更易于接受渐进式延迟退休年龄政策；身处管理岗的居民要比非管理岗的居民更易于接受该政策；与民营、私营企业职员相比，政府机关、事业单位、国企、外企单位的职员更易于接受该政策。

在被解释变量的测量及其计量模型的选择上，田立法等（2017）是向天津市居民询问"对渐进式延迟退休年龄政策的接受意愿"，取值为0/1；王军和王广州（2016）是利用CLDS2014年数据，一个被解释变量为"是否具有延迟退休意愿（取值0/1）"，并使用Logit模型估计，另一个是"意愿延迟退休年龄（理想退休年龄—法定退休年龄）"，使用OLS回归模型。即用了两个不同模型，分别对两个被解释变量进行回归估计。李琴、彭浩然（2015）是基于CHARLS数据的提问："您计划在多大年龄停止工作，即停止一切以挣钱为目的的活动，将来也不打算从事比消遣性工作更劳累的工作？"并将延迟退休定义为：如果男性预期停止工作年龄超过60岁，或者女性预期停止工作年龄超过55岁，就认为该个体愿意延迟退休。使用的模型是Probit回归模型。路征等（2018）利用CHIP2013年数据，被解释变量为"达到退休年龄后是否继续工作"，取值也为0/1，使用了OLS、Logit和Probit模型进行估计。还有一些学者则从预期退休年龄的角度对延迟退休的意愿进行了探讨，包括阳义南和才国伟（2012）、钱锡红和申曙光（2012）、李琴和彭浩然（2015）。

不难看出，已有文献只是研究了被访者延迟退休的意愿。但由于退休时间的选择与退休意愿的动态不一致性，使得难以确切地证实延迟法定退休年龄能否得到参保人的一致认可；并且被访人也不一定在调查问卷中表达了其真实的退休意愿，从而存在相应的测量误差（瞿婷婷和易沛，2015）。更重要的是，学者们使用传统的 Logit 或 Ordered Logit 模型考察被访者延迟退休的主观意愿。这些模型实际上假设被访者是同一类型的群体（同方差假设），只是在意愿的强弱上有差别。由于缺乏有效的退休预识别机制模型，已有研究并未甄别出谁是延迟退休或非延迟退休者。这使得我们无法预知劳动者的真实退休方式，不清楚究竟有多大比例的劳动者接受或反对延迟退休。这正是目前我国延迟退休改革所急需的定量经验证据。

第二节 研究设计

一、数据与变量

本节主要使用 2014 年中国劳动力动态调查数据。该调查是由中山大学社会科学调查中心组织实施的一项全国追踪调查，调查内容涵盖城乡劳动力的教育、工作、迁移等众多研究议题。CLDS2014 年调查数据中测量延迟退休意愿的问题共有 3 个，包括"按照现在的退休制度，您应该在什么年龄退休""您认为您的理想退休年龄应该是多少岁"。我们将被访者的理想退休年龄减去法定退休年龄。如果理想退休年龄小于法定退休年龄则视为"提前退休"，理想退休年龄等于法定退休年龄视为"正常退休"，理想退休年龄大于法定退休年龄视为"延迟退休"。由此，得到第 1 个测量指标变量——退休类型（delay_type），取值 1、2、3，为分类变量，分别对应提前、正常和延迟退休。另有"您是否赞同延迟退休年龄政策"，回答选项包括"非常赞同""比较赞同""无所谓""比较不赞同"和"非常不赞同"。由此得到第 2 个测量指标——退休意愿（delay_yes），取值 1—5，是有序分类变量。

二、模型

已有研究使用的线性回归、logit 回归或 ordered logit 回归模型，实际上是假设样本观测值都属于同质的群体（homogenous group），具有相似特征。但这种假设并不符合现实，观测值实际上具有很强的异质性（Ding，2006）。这种异质性一直没有得到很好的测量和研究分析。事实上，个体的差异不仅仅是水平上的差异，还可能存在结构上的差异（Marsh, Ludtke, Trautwein and Morin, 2009）。

潜类别模型（LCM）①将样本观测值视为异质性的不同群体，使用分类型潜变量作为被解释变量，是一种研究异质性群体特征或行为的恰当工具。LCM 的原理就是根据被访者个体在观测指标上的反应模式（联合概率）来进行参数估计，进而再根据被访者在每一个问题上的回答结果所对应的潜类别的条件概率进行归类（王孟成、毕向阳，2018）。相比以往的实证研究，使用潜变量并采用多个指标进行测量，能减少测量误差，提高了类别变量的分析质量和价值，因此更能揭示现象本身的关系，挖掘出潜类别背后隐藏的实证意义（邱皓政，2008；张岩波，2009；王孟成，2014）。

本节的被解释变量"退休"在样本观测值个体具有不同的异质性，表现为正常退休、提前退休、延迟退休等有本质差异的不同类型。由于"退休"不能直接测量，属于分类型的潜变量。我们使用两个指标变量 delay_type、delay_yes 来测量该分类型潜变量。这两个测量指标各种取值的概率分布可由潜类别变量"退休"来解释，而每种类别对各个指标变量的取值选择都呈现特定的倾向性（邱皓政，2008；Collins and Lanza，2010）。鉴于本节的研究目的是为了识别出延迟退休者，故使用两个分类的潜类别模型（two-latent-class model）。这两个分类为延迟退休者、非延迟退休者。本节 LCM 的方程式如下：

$$\pi_{ij}^{ABX} = \sum_{t=1}^{T} \pi_t^X \pi_{it}^{\bar{A}|X} \pi_{jt}^{\bar{B}|X} \quad (4-1)$$

π_{ij}^{ABX} 表示一个潜类别模型的联合概率。π_t^X 表示观察数据归属于某一个潜变量 X 的特定潜类别的概率，即 P（X = t），t = 1，2，…，T。$\pi_{it}^{\bar{B}|X}$ 则表示属于第 t 个潜类别的被访者对第 A 个测量指标上第 i 种反应的条件概率。即 P（A = i | X = t），I = 1，2，…，I，以此类推。基于式（4-1）的潜类别模型，使用极大似然估计法。极大似然估计函数如下：

$$\hat{\pi}_{ijt}^{ABX} = \hat{\pi}_t^X \hat{\pi}_{it}^{\bar{A}} \hat{\pi}_{jt}^{\bar{B}} \quad (4-2)$$

进行迭代求解出模型的两个主要参数：潜类别概率、每一个潜类别内的个体在各个指标变量的条件概率。

之后，再进一步将所有的观测值归类到对应的潜类别当中。根据每一个被访者的回答结果，在 LCM 拟合后估计出来，其值表示个体属于某一类别的概率。分类的依据是贝叶斯后验概率理论，根据个体后验概率的最大值将其归入某一个类别。依次类推，完成所有观察值的分类。即将每一个被访者归入提前

---

① 回归模型的被解释变量是连续型或分类型的显变量，而 SEM/GSEM 的被解释变量是连续型的潜变量，都不适用于被解释变量属于分类型潜变量的情形。

退休、正常退休、延迟退休，从而完成对他们退休行为（类型）的识别和归类工作。计算公式如下：

$$\hat{\pi}_{tij}^{\bar{X}AB} = \frac{\hat{\pi}_{ijt}^{ABX}}{\sum_{t=1}^{T} \hat{\pi}_{ijt}^{ABX}} \quad (4-3)$$

三、描述性统计结果

表4-1给出了被解释潜变量的两个指标变量退休类型（delay_type）与退休意愿（delay_yes）的列联表。从列的退休意愿来看，选取1—5（非常不赞同、较不赞同、无所谓、较赞同、非常赞同）的分别为1991、1466、1405、970和280人，其边际概率分别为32.58%、23.99%、22.99%、15.87%和4.58%，较赞同和非常赞同延迟退休的两项合计有20.45%。从行的边际概率来看，在退休类型中，取值为1（提前退休）的有2793，占45.7%；取值为2（正常退休）的有2729人，占44.65%；取值为3（延迟退休）的有590人，占9.65%。两个指标反映延迟退休的比例分别为20.45%和9.65%，都要高于网络调查的结果，但两者并不相等。这说明当研究者使用不同的测量指标去作为延迟退休的代理变量时，会存在测量误差（有时差别很大）。这就是为什么要使用多个指标（显变量）来测量潜变量（限于问卷变量，本节模型使用2个），再使用潜变量去进行研究。因为使用潜变量可以减少测量误差，并能从更多不同的侧面（维度）去反映被研究对象的内涵和全貌。

表4-1 退休类型与延迟意愿的列联表

退休类型 delay_type		退休意愿 delay_yes					合计
		1	2	3	4	5	
1	频数	1238	754	451	271	79	2793
	行概率	44.33	27.00	16.15	9.70	2.83	45.70
	列概率	62.18	51.43	32.10	27.94	28.21	
	单元格概率	20.26	12.34	7.38	4.43	1.29	45.70
2	频数	703	646	767	513	100	2729
	行概率	25.76	23.67	28.11	18.80	3.66	44.65
	列概率	35.31	44.07	54.59	52.89	35.71	
	单元格概率	11.50	10.57	12.55	8.39	1.64	44.65

续表

退休类型 delay_type		退休意愿 delay_yes					合计
		1	2	3	4	5	
3	频数	50	66	187	186	101	590
	行概率	8.47	11.19	31.69	31.53	17.12	9.65
	列概率	2.51	4.50	13.31	19.18	36.07	
	单元格概率	0.82	1.08	3.06	3.04	1.65	9.65
合计		1991	1466	1405	970	280	6112
列边际概率		32.58	23.99	22.99	15.87	4.58	100.00

注：Pearson χ^2 (8) = 819.814, Pr = 0.000; likelihood-ratio χ^2 (8) = 776.213, Pr = 0.000, Cramér's V = 0.259; gamma = 0.412; ASE = 0.015; Kendall's tau-b = 0.285, ASE = 0.011。

表4-1还对两个指标的相关性进行了检验。Pearson χ^2 和似然比 χ^2 都在0.1%显著，故而无法拒绝两个指标变量彼此相互独立的原假设。这说明退休类型（delay_type）和退休意愿（delay_yes）之间是显著正相关的。这种关联性能否被某一个内在的潜类别变量所解释，使得在经过该潜变量的估计之后能够实现其局部独立性，就是潜类别分析（邱皓政，2008）。潜类别分析使得我们可以挖掘出相关的指标变量背后共同的本质属性，在本节就是难以直接观察的被访者的潜在退休偏好。

第三节 实证结果分析

一、条件概率和潜类别概率估计结果

LCM的估计结果主要是两种参数：潜类别概率（latent class probabilities）和条件概率（邱皓政，2008）。使用STATA15.0对该LCM模型估计之后得到的条件概率和潜类别概率如表4-2所示：

表4-2 潜类别模型参数估计结果：条件概率与潜类别概率（N=6112）

显变量	数值	潜变量	
		t = 1	t = 2
A ($\pi_{it}^{\bar{A}X}$)	i = 1	0.641	0.198
	i = 2	0.358	0.571
	i = 3	0.001	0.232
B ($\pi_{jt}^{\bar{B}X}$)	j = 1	0.505	0.073
	j = 2	0.316	0.133
	j = 3	0.123	0.381
	j = 4	0.049	0.313
	j = 5	0.007	0.101
π_t^X		0.585	0.415

表4-2报告了各个指标的条件概率。条件概率指的是在LCM的潜类别中，随机抽取1人，在显变量上作答的概率。本节共有A、B两个提问（delay_type、delay_yes），在潜变量X（退休行为）的2组分类下，对应的条件概率分别为：$\pi_{it}^{\bar{A}X}$、$\pi_{jt}^{\bar{B}X}$。这些条件概率类似于因子分析的因子载荷系数（factor loading），用于说明各潜类别与显变量题目之间的关系。较大的条件概率值表示潜变量对该显变量的影响较强，比重较大。

在X的t=1这一类（非延迟退休者）中，A条件概率最高的是i=1，其次为i=2，分别对应提前退休、正常退休，两项合计达99.9%；而B条件概率最高的j=1和j=2，分别对应"非常不赞同、较不赞同"，两项合计达82.1%。而在X的t=2这一类（延迟退休者）中，A条件概率最高的是i=2，对应正常退休，其次为i=3，对应延迟退休，占23.2%；而B条件概率最高的j=3，对应"无所谓"，而j=4和j=5分别对应"较赞同、非常赞同"，分别占31.3%、10.1%，合计为41.4%。从这些条件概率可以看出，"非延迟退休"显然是被访者最主要的选择，而"延迟退休"在t=1这一类的A只有0.1%（i=3）和B的5.6%（j=4和j=5），而在t=2这一类的A只有23.2%（i=3）和在B的41.4%（j=4和j=5）。我们也可以将这些条件概率值转换为表2中单元格的联合概率①，得到在所有回答A的被访者中，选择i=3的共占9.66%，而在所有

---

① 计算公式为P（A∩B）=P（A|B）*P（B）=P（B|A）*P（A）。

回答 B 的被访者中,选择 j=4 和 j=5 的共占 20.5%。

表 4-2 还报告了两个潜类别的概率。它代表了各个潜类别的相对大小,规模越大的潜类别代表在潜变量中具有较重要的地位,类似于因素分析中的方差解释百分比(邱皓政,2008)。表 4-2 中,t=1 占 58.5%、t=2 占 41.5%,代表了各自解释 2 个指标变异量(方差)的比重。t=1 这一类解释了超过 50% 的方差,但 t=2 的解释力也超过了 40%。这说明采用分类型潜变量是有必要的,而不能像传统回归分析那样假设被访者属于同质的群体。

图 4-1 还将表 4-2 的条件概率用折线图的方式进行了展示,可以看出两类群体在各个指标的回答结果上的差异是比较分明的,而不能混为一体。图 4-2 还展示了两类潜类别的正态概率图。传统的回归分析假定样本观测值的同质性(homogeneity),即同方差假设,认为被访者个体在指标变量上的反应类型具有一致性。但潜分类分析认为观测值之间具有异质性(heterogeneity)。一般使用潜类别间隔来反映潜类别间的差异大小(Collins and Lanza,2010;王孟成、毕向阳,2018)。从图 4-2 可知,非延迟退休者的 $\mu_1=0.415$,而延迟退休者的 $\mu_2=0.585$,二者之间的区别较为明显。这也说明采用基于异质型群体假设的潜类别模型是合理的,可以提高类别变量的分析质量和价值,能更好地揭示出退休现象本身的关系,挖掘出退休潜类别背后隐藏的实证意义(邱皓政,2008;张岩波,2009;王孟成,2014)。

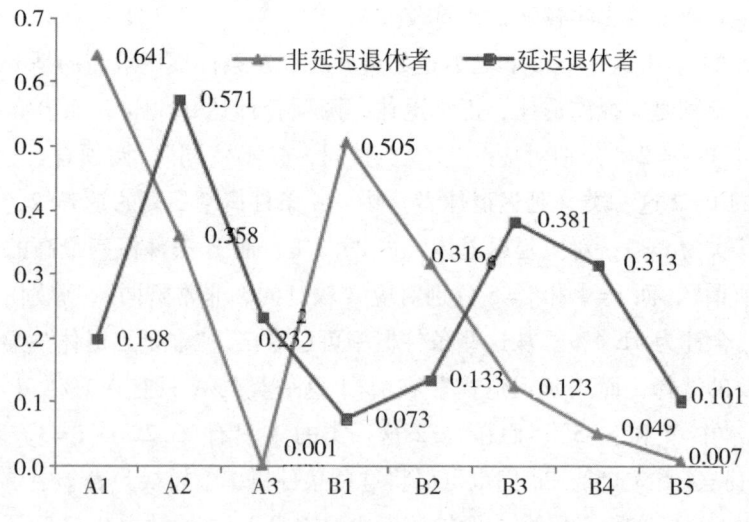

图 4-1 退休潜类别的条件概率折线图

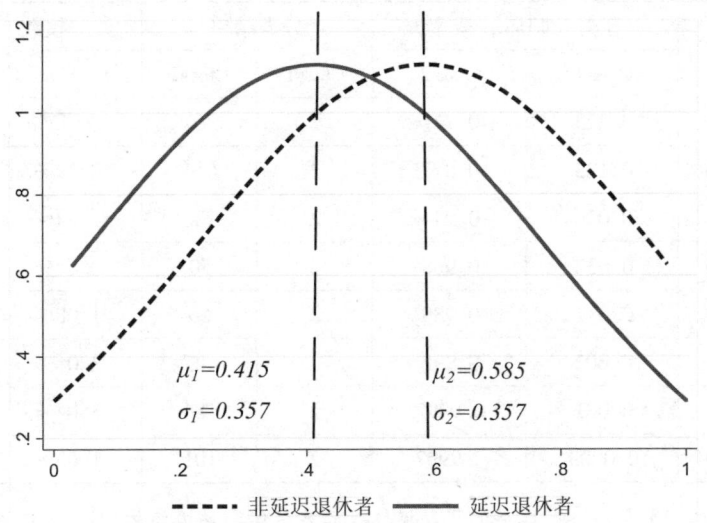

图 4-2 潜类别正态概率的间隔示意图

二、观测值的潜类别归类结果

潜类别模型估计出来之后,下一步的工作就是将所有的观测值个体归入适当的潜类别之中,来说明观测值的后验类别属性,即识别出非延迟退休者、延迟退休者。根据之前模型的极大似然迭代估计结果,算出每一个单元格的后验概率,看被访者在哪一组的后验概率最高,来确定其归类,直至完成所有观测值的分类(邱皓政,2008;王孟成、毕向阳,2018)。结果如表 4-3 所示:

表 4-3 被访者在 2 个测量指标上的作答后验概率与分类结果(N=6112)

指标组合	分类(归属)概率		分类结果		频数	频率
	Class1	Class2	Class1	Class2		
(A1,B1)	0.969	0.031	1		1238	20.26%
(A1,B2)	0.916	0.084	1		754	12.34%
(A1,B3)	0.597	0.403	1		451	7.38%
(A1,B4)	0.420	0.580		2	271	4.43%
(A1,B5)	0.234	0.766		2	79	1.29%
(A2,B1)	0.860	0.140	1		703	11.50%
(A2,B2)	0.678	0.322	1		646	10.57%

续表

指标组合	分类（归属）概率		分类结果		频数	频率
	Class1	Class2	Class1	Class2		
（A2，B3）	0.223	0.777		2	767	12.55%
（A2，B4）	0.123	0.877		2	513	8.39%
（A2，B5）	0.056	0.944		2	100	1.64%
（A3，B1）	0.032	0.968		2	50	0.82%
（A3，B2）	0.011	0.989		2	66	1.08%
（A3，B3）	0.002	0.998		2	187	3.06%
（A3，B4）	0.001	0.9993		2	186	3.04%
（A3，B5）	0.0003	0.9997		2	101	1.65%

注：A1 – A3 是 delay_type 的提前退休、正常退休和延迟退休；B1 – B5 是 delay_yes 的非常不赞同、较不赞同、无所谓、较赞同、非常赞同。

具体而言，如果在某一类的后验概率大于 0.5，就将该观测值归入某类别 (Stata, 2017)。本节的指标变量 A 共有 3 个选项，指标 B 共有 5 个选项，故二者的组合一共有 15 种选择。表 4 – 3 中，被访者回答结果是（A1，B1），属于第 1 类的后验概率为 0.969，属于第 2 类的后验概率为 0.031，故而回答结果是这个组合的被访者会被归入第 1 类，即非延迟退休者，共有 1238 人，占全部观测值的 20.26%。以此类推，最后被归入第 1 类非延迟退休者的组合有（A1，B1）、（A1，B2）、（A1，B3）、（A2，B1）、（A2，B2）。也就是说，凡是被访者对两个问题的作答结果属于这 5 类的都会被归入非延迟退休者。表 4 – 3 中共有 3792 人，占全部观测值的 62.04%。而回答结果是（A1，B4）、（A1，B5）、（A2，B3）、（A2，B4）、（A2，B5）、（A3，B1）、（A3，B2）、（A3，B3）、（A3，B4）、（A3，B5）这 10 种的则被归入第 2 类，即延迟退休者。表 4 – 3 中共有 2320 人，占 37.95%。也就是说，根据后验概率，被访者属于非延迟退休者（提前或正常）有 62.04%，属于第 2 类延迟退休的占 37.95%。可见，赞成或选择延迟退休的比例要远高于人民网、《中国青年报》等媒体的网络调查结果，甚至高于搜狐网的问卷调查结果（同意 24.65%）。这说明网络调查的结果是严重有偏差的。延迟退休年龄的改革并非"千夫所指"，而有超过 1/3 的被调查者是潜在的延迟退休者。在劳动者中，高学历者受教育时间长、进入劳动力市场的时间短，推迟退休的意愿相应会比较强烈，过早退休会浪费高质量的人力资源。另外，职务较高、收入高、家庭经济负担重等职工也有很大一部分是潜在的延迟退休者。

图4-3的气泡图进一步展示了基于潜类别模型的观测值的作答指标组合及其各自的频数。频数的大小由气泡的面积大小来反映。当被访者在第一个项目（退休类型，delay_type）选择1时，如果他在第二个问题（退休意愿，delay_yes）上选1、2、3，则被归入第1类非延迟退休者；当被访者在第一个问题选择2时，如果他在第二个问题上选1、2，则也会被归入非延迟退休者。而另外剩下的其他10种作答组合，则被归入第2类，即延迟退休者。由此可知，潜类别模型在遵从样本观测值异质性这个客观事实的基础上，为判断观测值的分类提供了一种有效的预先识别机制。即选择合适的测量指标A、B、C……根据观测值个体在这些测量指标的作答结果（选项）的组合，在LCM估计出参数结果之后，利用贝叶斯后验概率公式确定每一个体的潜类别属性（王孟成、毕向阳，2018）。

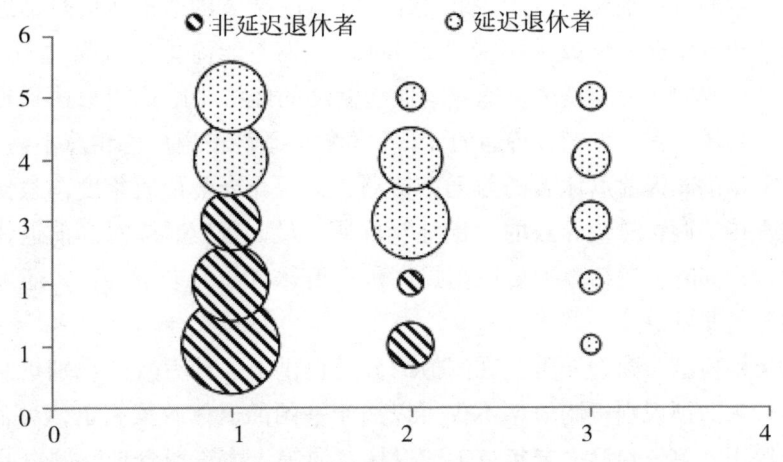

图4-3　潜分类指标组合与作答频数气泡图

第四节　结论与政策建议

延迟退休改革关系到我国的养老保险基金财务平衡、劳动力供给、社会抚养成本等宏观问题，也与劳动者个人的幸福福利、健康生活、养老金财富等密切相关。延迟退休改革牵一发动全身，也引起了全社会劳动者的密切关注。但问题在于，究竟谁是延迟退休者（赞同），而谁会反对延迟退休？在我国的劳动者当中,究竟有多大比例的职工会选择延迟退休? 难道真如人民网等网络调查结果显示的,有96.7%的劳动者反对延迟退休? 由于缺乏一个科学准确的预先识别机制,目前为止已有研究并未甄别出劳动者的退休类型,进而也就不清楚赞同或反对延迟退休的劳动者究竟各占多大的比例。这些关键经验证据的缺失严重影响到我国延迟退休年龄的改革进程。

本章遵从样本观测值异质性的客观事实,使用潜类别模型对被访者进行识别归类。被解释变量"退休"为分类型潜变量,并使用两个显变量指标来对其进行测量,分别为取值1-3的退休类型 delay_type 和取值1-5的退休意愿 delay_yes。对潜类别模型进行估计之后,发现第1类、第2类两种分类可以分别解释变量方差的58.5%和41.5%。之后对各个观测值计算其后验概率来完成每一个观测值的归类。最后发现非延迟退休者(含提前、正常)占62.04%,而赞成延迟退休者占37.95%。这说明网络调查的结果是严重有偏差的。而有超过1/3的被调查者是潜在的延迟退休者。

从本章的潜类别模型估计结果可知,有超过60%的劳动者反对延迟退休年龄。这意味着延迟退休改革不能"一刀切",也不能简单地依靠"行政命令"强制推动。我们认为应通过发挥养老保险制度的经济激励作用来达到延迟退休的目的。具体而言,养老金待遇的计算和发放必须严格遵从"精算平衡"机制,按精算平衡削减提前退休者的养老金待遇,降低养老金待遇年度调整比例,消除养老金待遇调整过快导致的"倒挂"问题,最大程度减除对提前退休者的扭曲性奖励;同时,按精算平衡原则提高延迟退休者的养老金待遇,还可以给予额外的延迟奖励。

潜类别模型为甄别异质型观测值的分类提供了一种有效的识别机制。这种对退休行为的预识别机制模型不仅可以用于一国的退休政策制定,对企业、政府机关等用人单位预测中老年员工的退休意向等人力资源管理问题也同样有价值。然而,由于CLDS2014年问卷调查数据涉及退休的只有3个变量,使得本章只能使用2个指标来测量潜分类变量。在未来的进一步研究工作中,如果能有更多的测量指标,将可以进一步减少测量误差,提高对潜变量进行分类的准确性。此外,还要注意退休决策具有时变性,会随着职工年龄逼近实际退休年龄而发生改变,呈收敛走势。

第五章

推迟退休会减少职工个人养老金财富吗?

——基于期望现值精算模型①

由于我国人口老龄化程度日益严重、人口出生率下降,引起了人们对未来养老金支付危机的担忧。推迟退休年龄被认为是应对的办法之一。人力资源和社会保障部在2012年6月8日表示将适时提出推迟退休年龄和基本养老金领取年龄的政策提议。该意见引起了社会的激烈争论。广大民众认为,推迟退休延长了养老保险费的缴纳时间,缩短了养老金的领取时间,因而领取的养老金财富会减少,从而成为绝大部分回应者反对推迟退休年龄的主要原因之一②。

事实上,推迟退休对个人养老金财富的影响绝非广大职工直观认识的那么简单。退休年龄延长后,虽然缴费期延长了、领取期缩短了,但由于缴费年限增加和工资增长,退休后每月领取的养老金水平也在提高。另外,职工在不同年龄退休最终能获得的养老金财富还要受到其他因素的影响,包括利率、养老金增长率和死亡率分布等,最终结果是不确定的。2012年在我国3.7亿城镇就业人口中,参加基本养老保险制度的职工有2.3亿人③。由于涉及面广,推迟退休年龄必须充分考虑对参保职工养老金财富的影响。因此,非常有必要从理论上深入探究并解答:推迟退休是否必然会减少职工的个人养老金财富呢?是否能够通过适当的政策设计,使得推迟退休不会减少职工的养老金财富,甚至在一定条件下还能提供增加养老金财富的制度激励?这样既保障了民众的养老金财富,又可以确保推迟退休改革顺利推行,从而达到双赢的效果。这正是本章尝试要解答的难题。

本章的主要贡献在于:第一,完善了"养老金财富"的内涵。基于国内外学者对养老金财富的定义,加入了中国基本养老保险制度的特殊规定——职工

---

① 原文发表于《金融研究》2014年第1期。此处略有修改。
② 截至2012年11月2日,"人民网"调查的2276043名受访者中,反对推迟退休的比例达96.7%。
③ 数据来源:《2012年度人力资源和社会保障事业发展统计公报》。

死亡的退保价值。第二，改进了"养老金财富"的理论模型。已有研究使用的是养老金财富的现值模型、期望现值模型或期权价值模型，而本章把死亡率分布直接引入模型中，并假设人口、经济、制度等影响因素为不确定的随机变量，从而构建了养老金财富的期望现值精算模型。基于扩展后的"养老金财富"和新的期望现值精算模型，并运用数值模拟我国基本养老保险制度后发现：个人养老金财富是关于其退休年龄的倒"U"形曲线，推迟退休既可能减少养老金财富，也可能增加（取决于职工的性别和参保年龄），并不完全是民众和已有研究认为的"退休越晚，养老金财富越少"。最后提出政策建议，使之既可以推迟退休年龄，又不会减少甚至可以增加乃至最大化职工个人养老金财富。

本章的结构安排如下：第一部分是文献回顾；第二部分基于扩展后的基本养老金财富内涵，在不确定条件下构建一个养老金财富期望现值精算模型；第三部分是运用数值模拟得到不同退休年龄所对应的个人养老金财富，并分析养老金财富随退休年龄、性别、参保年龄等随机变量的变动规律；第四部分是讨论推迟退休对职工养老金财富的影响，探讨推迟退休是否可行；第五部分为结论与政策建议。

第一节　文献回顾

早在20世纪70年代末，学者们就指出养老金财富是影响劳动力退休行为的一个关键变量（Burkhauser, 1979; Burkhauser and Quinn, 1983; Gustman and Steinmeier, 1986）。职工在决定退休年龄时，往往会比较他个人在退休期领取的养老金总额与工作期的缴费总额，从养老金财富的角度进行权衡（World Bank, 1994; Chan and Stevens, 2004; Giménez, Díaz–Saavedra, 2009）。这些已有研究一般将养老金财富定义为职工领取的养老金减去养老保险缴费（税）的期望净现值。其中，领取的养老金由一国的养老金计发公式决定，而缴费率则由一国法定。

在实证研究中，费尔德斯坦（1974）首先运用养老金财富的现值模型，发现在美国的社会保障制度下，职工退休得越早，获得的养老金财富越多，产生了诱使职工尽早退休的"引致退休效应"。有学者将现值模型改进为期望现值模型（Burkhauser, 1979; Börsch–Supan, 2000）、期权价值模型（Stock and Wise, 1990），也得到了类似结论。出现该现象主要有两个原因。第一，养老金模式的影响。在现收现付制下，当工资增长率与人口增长率之和大于利率时，职工领取的养老金总额将大于缴费总额,能获得数额较大且为正的养老金财富(Munnell,1982;Aaron,1982;Wolff,2007;Hanel and Riphahn,2012)。第二,各国退休政策的影响。在 20 世纪 90 年代中期之前,为解决青年失业问题,工业国家都实施了鼓励提前退休的政策,职工尽早退休,可以获得更多的养老金财富(World Bank,1994;Hernaes,Sollie and Strom,2000)。在这两个因素的影响下,以美国为例,早期几代职工获得的养老金总值是缴费总值的 3~4 倍,20 世纪五六十年代退休职工参加养老金制度的内部收益率达到了 15%,70 年代退休职工的内部收益率也有 8%,远高于其他投资工具的收益率(World Bank,1994)。

20 世纪 90 年代中期之后,面对养老金支付危机,欧美国家纷纷改革养老金计发公式,鼓励职工推迟退休年龄。具体措施包括:按精算平衡原则,削减提前退休者的养老金给付;增加推迟退休者的养老金给付;等等(Sanchez Martin,2010;SSA,2011)。在这种情形下,推迟退休可以获得更多的养老金财富。卡尔斯特罗姆、帕尔梅、斯文森(2004),马斯特罗布尼(2009),维尔(2011),哈内尔和里普汉(2012)等发现,这些改革措施明显延长了职工的就业时间,推迟了退休年龄。

从理论研究以及欧美国家的改革经验可知,养老金财富是影响职工退休年龄的关键变量。在政策上,可以通过修改养老金的计发公式,改变不同退休年龄所对应的养老金财富,来影响职工的退休年龄,实现鼓励职工提前退休或推迟退休的政策目标。

在国内,讨论退休年龄如何影响职工个人养老金财富的文献还比较少。何立新(2007),何立新、封进和佐藤宏(2008)将养老金纯收益界定为个人一生中得到的养老金现值与缴费现值之差,指出我国的养老金计发办法会影响职工一生中的养老金纯收益,并发现 2005 年的养老保险制度改革提高了各代人的养老金纯收益。他们所指的养老金纯收益实际上就是养老金财富,但他们并没有探讨退休年龄与养老金财富的具体关系。汪泽英和曾湘泉(2004)模拟了 1997 年改革后的基本养老保险制度,测算当职工延迟一年退休时的养老金财富变动情况。结果表明它在精算条件下是不公平的,推迟退休所获得的养老金财富更少。丁仁船和张薇(2006)的精算模型测算结果表明,在目前的养老金收支政策下,55 岁是养老金财富最多的退休年龄。55 岁及以上退休的人员,领取的养老金都少于缴纳的费用,60 岁退休的养老金取回率不超过 75%,且随着退休年龄的提高,缴纳的费用超出领取的养老金越来越多。可见,这些学者们的已有研究得出了一个结论:在我国的基本养老保险制度下,推迟退休会减少职工的个人养老金财富,因而不能激励推迟退休,反而会激励提前退休。这与广大民众的直观认识也是一致的。

然而，已有研究存在三个明显不足：第一，对"养老金财富"的定义并不完整。这些学者都将养老金财富定义为职工领取的养老金减去养老保险缴费的期望净现值。他们没有考虑我国基本养老保险制度的特殊规定——如果职工或退休人员死亡，个人账户中的个人缴费部分可以继承。可见，职工死亡的退保价值也是个人养老金财富的重要组成部分，必须纳入养老金财富模型；第二，这些学者都是在期望寿命的基础上展开研究，实际上是以确定性年金为假设前提，但养老金计发本质上属于不确定年金。正确方法应该是把死亡率分布直接引入模型中，才更加符合实际；第三，把影响养老金财富的人口、经济和制度等因素假设为确定变量，但这些变量实际上应是不确定的随机变量。由于这些不足，已有研究很可能并未完整地揭示退休年龄与养老金财富的定量关系，"退休越晚，养老金财富越少"的结论很可能并不全面。这就需要进一步研究。

第二节 理论模型

根据我国基本养老保险制度的规定，我们将职工个人的基本养老金财富（Basic Pension Wealth，BPW）扩展为：领取的基本养老金现值减去养老保险缴费现值，并加上其个人账户的退保价值现值。另外，我们把死亡率分布直接引入模型，并假设影响养老金财富的人口、经济和制度等因素为随机变量，构建了一个代表性参保职工的基本养老金财富期望现值精算模型。模型如式（5-1）所示：

$$E(BPW) = P_b + P_d - C \tag{5-1}$$

其中，$E(BPW)$ 表示期望算值，P_b 表示职工个人在退休期领取的基本养老金期望精算现值，P_d 表示该职工个人账户退保价值的期望精算现值，C 表示该职工在工作期所缴纳保费的期望精算现值。下面进一步推导 BPW 的具体表达式。

本节模型的时间维度以年为单位，并假设该职工的养老保险缴费发生在年末（因为每一年的养老保险缴费要持续到年末），退休后领取养老金发生在年初（因为退休后次年的第一个月就可以领取养老金）。假设该职工的参保年龄为 t 岁，即在 t 岁初（时刻0）参保，在 t 岁末（时刻1，也可看作 $t+1$ 岁初）第一次缴纳养老保险费，并计划 n 年后退休，即在 $t+n$ 岁退休。时刻 T 是可能的最晚死亡时刻。如图 5-1 所示：

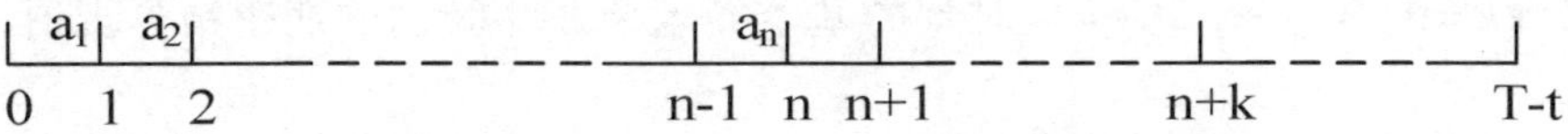

```
| a₁ | a₂ |          | aₙ |         |       |
0   1   2          n-1 n n+1      n+k      T-t
```

图 5-1　代表性参保职工的生命周期示意图

1. 职工个人的基本养老金期望现值：P_b

为得到 BPW，第一步需要计算出 P_b。将该职工退休后第 k 年的基本养老金记为 p_{n+k}（$k=0,1,\cdots,T-n$）。p_{n+k} 是由职工退休后第一年的基本养老金，按照养老金增长率调整 k 次得到（每年调整一次）。要得到 p_{n+k}，就必须首先算出职工退休后第一年的基本养老金。按照现行基本养老保险制度的规定，职工退休后第一年的基本养老金由基础养老金与个人账户养老金两部分构成①。设该职工在参保后第 i 年的缴费工资为 a_i，该年他所在城市的社会平均工资记为 A_i。假设该职工第 $i+1$ 年的缴费工资、所在城市社会平均工资与第 i 年相比，增长率分别为 g_{ia}、g_{iA}，则有：

$$a_{i+1} = a_i(1+g_{ia}) = a_1 \prod_{j=1}^{i}(1+g_{ja}) \quad i=1,2,\cdots,n \quad (5-2)$$

$$A_{i+1} = A_i(1+g_{iA}) = A_1 \prod_{j=1}^{i}(1+g_{jA}) \quad i=1,2,\cdots,n \quad (5-3)$$

按照制度规定，退休后第一年的基础养老金计发公式为：

$$p_1 = \frac{n}{2}\% S_n \left[1 + (a_1/A_1 + a_2/A_2 + \cdots + a_n/A_n)/n\right] \quad (5-4)$$

退休后第一年的个人账户养老金计发公式为：

$$p_2 = \sum_{i=1}^{n} c_i a_i \prod_{j=i+1}^{i1}(1+r_j)/f(t+n)$$
$$= \sum_{i=1}^{n} c_i a_1 \prod_{j=1}^{i1}(1+g_{ja}) \prod_{j=i+1}^{n}(1+r_j)/f(t+n) \quad (5-5)$$

其中 $f(t+n)$ 表示职工在 $t+n$ 岁退休时的个人账户养老金计发年数，c_i 为第 i 年职工的缴费比例（$i=1,2,\cdots,n$），r_i 为第 i 年的利率（$i=1,\cdots,T-t$）。

由此得到该职工退休后第一年领取的基本养老金为 $p_n=p_1+p_2$。若基本养老金的年度增长率为 g_{jp}，t 岁的人在 $t+i$ 岁仍活着的概率为 $_ip_t$，而 $t+i$ 岁的人在一年内死亡的概率为 q_{t+i}。那么，若职工能存活到退休，即 $t+n$ 年，则在 $t+$

---

① 基本养老保险制度的计发办法为：基本养老金由基础养老金和个人账户养老金组成。基础养老金月标准以当地上年度在岗职工月平均工资和本人指数化月平均缴费工资基数的平均值为基数，缴费每满 1 年发给 1%。个人账户养老金月标准为个人账户储存额除以计发月数。

$n+k$ ($k=0,1,\cdots,T-n$) 时刻的基本养老金在 0 时刻的期望精算现值可表示为：

$$p_{n+k} = p_n \prod_{j=1}^{k}(1+g_{jp}) \prod_{j=1}^{n+k}(1+r_j)^{-1}{}_{n+k}p_t \qquad (5-6)$$

其中 $\prod_{j=1}^{0} 0 = 1$。接着计算该职工死亡前领取的所有基本养老金在 0 时刻的期望精算现值，表示为：

$$P_b = \sum_{k=0}^{T-n} p_n \prod_{j=1}^{k}(1+g_{jp}) \prod_{j=1}^{n+k}(1+r_j)^{-1}{}_{n+k}p_t \qquad (5-7)$$

2. 职工个人账户退保价值的期望精算现值：P_d

若职工死亡，个人账户储存额中需要退还部分的期望精算现值为 P_d。若职工在 $(l, l+1)$ 内死亡，其中 $1 \leq l \leq n-1$，则个人账户储存额在 0 时刻的期望精算现值为：

$$p_l = \sum_{i=1}^{l} c_i a_1 \prod_{j=1}^{i-1}(1+g_{ja}) \prod_{j=1}^{i}(1+r_j)^{-1}{}_l p_t q_{t+l} \qquad (5-8)$$

则若职工死亡，个人账户储存额中需要退还部分在 0 时刻的期望精算现值，可表示为：

$$p_d = \sum_{l=1}^{n-1} p_l = \sum_{l=1}^{n-1}\sum_{i=0}^{l} c_i a_1 \prod_{j=1}^{i-1}(1+g_{ja}) \prod_{j=1}^{i}(1+r_j)^{-1}{}_l p_t q_{t+l} \qquad (5-9)$$

3. 职工个人缴费的期望精算现值：C

职工缴纳的全部养老保险费在 0 时刻的期望精算现值，可表示为：

$$C = \sum_{i=1}^{n} c_i a_1 \prod_{j=1}^{i-1}(1+g_{ja}) \prod_{j=1}^{i}(1+r_j)^{-1}{}_i p_t \qquad (5-10)$$

4. 职工个人的基本养老金财富期望精算现值：$E(BPW)$

最后，根据本节对基本养老金财富的定义，对 t 岁参保并计划在 $t+n$ 岁退休的职工，其个人的基本养老金财富在 0 时刻的期望精算现值 $E[BPW_t(n)]$ 可以表示为式 (5-11)。

$$\begin{aligned} E[BPW_t(n)] &= P_b + P_d - C \\ &= \sum_{k=0}^{T-n} p_n \prod_{j=1}^{k}(1+g_{jp}) \sum_{j1}^{n+k}(1+r_j)^{-1}{}_{n+k}p_t \\ &+ \sum_{l=1}^{n-1}\sum_{i=0}^{l} c_i a_1 \prod_{j=1}^{i-1}(1+g_{ja}) \prod_{j=1}^{i}(1+r_j)^{-1}{}_l p_t q_{t+l} \\ &- \sum_{i=1}^{l} c_i a_1 \prod_{j=1}^{i-1}(1+g_{ja}) \prod_{j=1}^{i}(1+r_j)^{-1}{}_i p_t \end{aligned} \qquad (5-11)$$

式 (5-11) 中，c_i、r_j、g_{jp} 分别为缴费率、利率和基本养老金增长率，这些变量都是外生给定的制度变量。${}_{n+k}p_t$、${}_i p_t$、q_{t+i} 中，T 分别为对应年龄的生存率、死亡率和最晚死亡时刻。t 是参保年龄，n 是退休年龄，a_1 是初始缴费工资基数，g_{ja} 是工资增长率。

第三节　数值模拟结果

由于式（5-11）的表达式是关于所包含变量的离散函数，我们无法直接求出解析解。因此，我们将按照基本养老保险制度的规定对这些变量的参数进行设定，采用数值模拟方法来分析它们对基本养老金财富的影响。考虑到我国男女职工的法定退休年龄、生存率、死亡率都不同，我们将按性别分别进行模拟测算。

一、参数设定

本章从现行基本养老保险制度以及诸多现实背景出发，对上述模型的主要参数设定如下。

（1）参保时间（0 时刻）：将职工的参保年份设为 1998 年。因为 2005 年〔38〕号文规定，新计发办法适用于 1997 年〔26〕号文实施后参加工作的职工，即"新人"。因此，本节讨论的是退休年龄对 1998 年参保"新人"养老金财富的影响，并假设该职工没有中途停止缴费。

（2）参保年龄（t）：设为 20—45 岁。由于制度规定，职工必须缴费满 15 年才有资格领取养老金，而男职工的法定退休年龄为 60 岁，因此将最大参保年龄设为 45 岁。

（3）退休年龄（n）：设为 40—70 岁。因为个人账户计发月数表的最低年龄为 40 岁、最高为 70 岁。

（4）社会平均工资（A_1）及其增长率（g_{jA}）：1998—2010 年的全国社会平均工资采用人力资源和社会保障部公布的数据。并假设 2011—2015 年的全国社会平均工资增长率为 8%，2016—2020 年为 7.5%，2021—2025 为 7%，以此类推①。

（5）初始缴费工资基数（a_1）及其增长率（g_{ja}）：假设职工的初始缴费工资基数等于 A_1、A_1 的 60%、A_1 的 300%，分别对应平均收入、低收入和高收入职工。因而，g_{ja} 等于 g_{jA}。选择 60%、300%，是基本养老保险制度对缴费工资基数的上下限规定。

（6）缴费比例（c_i）：根据现行制度规定养老保险的个人缴费率为 8%。

---

① 后文的模拟结果表明，工资水平的改变不影响本节的模拟结果和基本结论。

(7) 基本养老金增长率（g_{jp}）：假设 2011—2015 的基本养老金增长率为 10%，2016—2020 年为 9.5%，2021—2025 为 9%，以此类推。将初始增长率设为 10%，是因为我国在 2008—2012 年间都按上一年人均基本养老金的 10% 左右确定下一年的基本养老金增长率。

(8) 个人账户计发年数 $[f(t+n)]$：设为 4.7—19.4 年。上文将退休年龄设为 40—70 岁，根据制度规定，70 岁退休的计发月数为 56 个月，即 4.7 年，40 岁退休的计发月数为 233 个月，即 19.4 年。

(9) 死亡率：假定 t 岁职工再活 $l+1$ 年便死亡的死亡率（$_{l}p_{t}q_{t+l}$）和 t 岁职工活到 $n+k$ 岁（$k=0, 1, \cdots, T-n$）的生存率（$_{n+k}p_{t}$）服从中国人寿保险业经验生命表中的养老金业务男表、女表（2000—2003）。

(10) 利率（r_{j}）：假定为当前的银行 1 年期定期存款利率 3%（2012 年 7 月 6 号由中国人民银行公布实行）。因为基本养老保险制度规定个人账户储存额每年参考银行同期存款利率计息①。

二、不同退休年龄对应的养老金财富及主要参数的影响

根据式（5-11）和上述的参数假设，我们模拟出不同退休年龄对应的基本养老金财富，并讨论性别、缴费工资基数、参保年龄等参数的影响。

(1) 性别的影响。图 5-2 展示了男女职工基本养老金财富随退休年龄的变化情况（20 岁参保，缴费工资等于社会平均工资），可以发现三个特征。第一，养老金财富是一条关于退休年龄的倒"U"形曲线，基本养老金财富存在一个最大值。其中，女职工的基本养老金财富最大值为 2334431 元，对应的退休年龄为 56 岁；男职工的基本养老金财富最大值为 1890270 元，对应的退休年龄为 55 岁。第二，对于同一退休年龄，女职工的基本养老金财富要大于男职工。这是因为当参保年龄、缴费工资、退休年龄相同时，由于女性退休后的余命要长于男性，使得领取养老金的年限比男性长，因而领取的养老金总额比男性多。关于这一点，郑春荣、杨欣然（2009）也发现，女性一生从养老金体系中领取的养老金与缴付额之比远大于男性。相对于"贡献"，其"收益"大于男性。第三，女职工基本养老金财富取得最大值的退休年龄要晚于男职工，女性为 56 岁，男性为 55 岁。

---

① 人力资源和社会保障部基金监督司司长陈良曾提到，基本养老保险基金的真实投资收益率为 2.18%（第一财经日报，2007 年 8 月 27 日），而我国一年定期存款利率也一直在 3% 左右浮动，因此将利率设为 3% 是合理的。

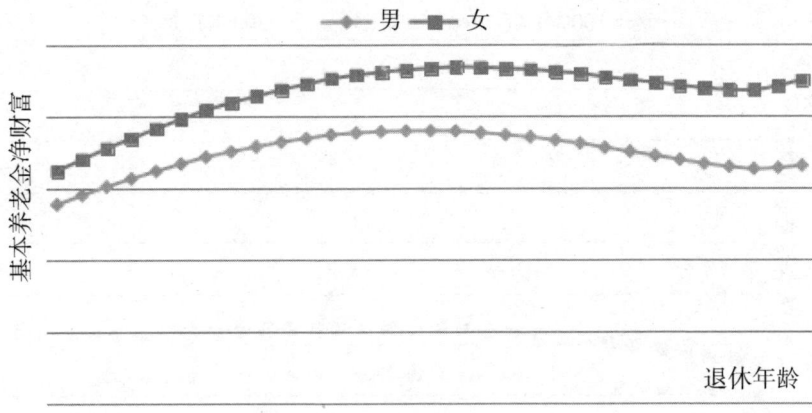

图 5-2 不同性别的基本养老金财富（20 岁参保，社会平均工资）

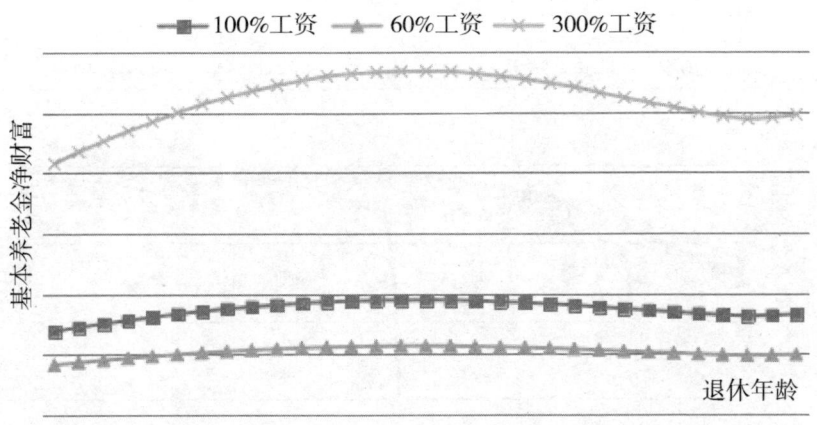

图 5-3 不同工资水平的基本养老金财富（男性，20 岁参保）

（2）缴费工资基数的影响。图 5-3、图 5-4 分别展示了男女职工的基本养老金财富随缴费工资基数的变化情况（20 岁参保），可以发现：第一，不同缴费工资水平对应的养老金财富也是一条关于退休年龄的倒"U"形曲线，养老金财富分别存在一个最大值；第二，缴费工资水平越高，养老金财富越多；第三，基本养老金财富取得最大值的退休年龄并不会随缴费工资基数的改变而发生改变。具体而言，当缴费工资分别等于社会平均工资、60% 社会平均工资、300% 社会平均工资时，20 岁参保男职工基本养老金财富取得最大值的退休年龄始终为 55 岁，女职工则始终为 56 岁。

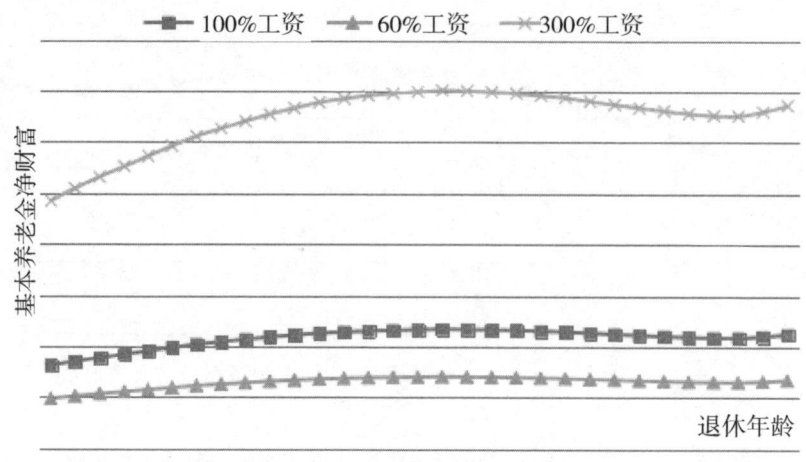

图 5-4 不同工资水平的基本养老金财富（女性，20 岁参保）

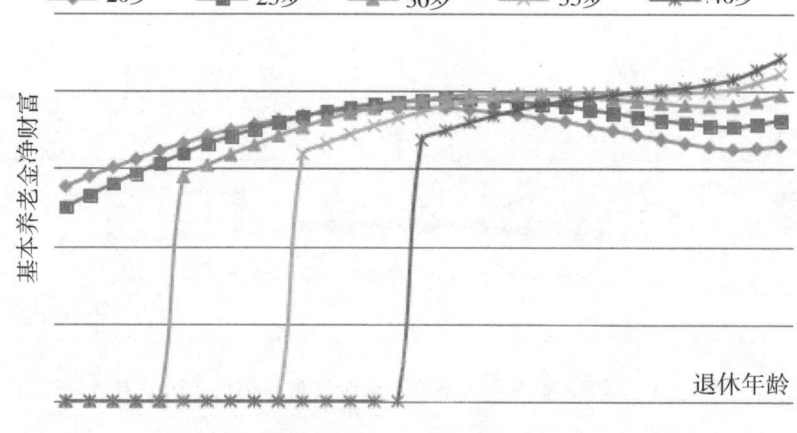

图 5-5 不同参保年龄的基本养老金财富（男性，社会平均工资）

（3）参保年龄的影响。图 5-5、图 5-6 分别展示了当参保年龄变化时，男女职工养老金财富的相应变化情况。可以发现：第一，男女职工的基本养老金财富也是一条随退休年龄而变化的倒"U"形曲线，各自存在一个最大值；第二，参保年龄不同，基本养老金财富取得最大值的退休年龄也不同，参保年龄越早，该退休年龄越小，参保年龄越晚，该退休年龄越大。具体而言，男职工在 20 岁参保，基本养老金财富取得最大值的退休年龄为 55 岁，30 岁参保的为 59 岁；女职工在 20 岁参保，基本养老金财富取得最大值的退休年龄为 56 岁，30 岁参保的则为 61 岁。对于职工的不同参保年龄，养老金财富取得最大值的退休年龄详见表 5-1 所示：

表 5-1 职工基本养老金财富取得最大值的退休年龄

缴费工资基数 参保年龄（岁）	男			女		
	60%社会平均工资	100%社会平均工资	300%社会平均工资	60%社会平均工资	100%社会平均工资	300%社会平均工资
20	55	55	55	56	56	56
21	56	56	56	56	56	56
22	56	56	56	57	57	57
23	56	56	56	57	57	57
24	56	56	56	59	59	59
25	56	56	56	59	59	59
26	56	56	56	59	59	59
27	57	57	57	59	59	59
28	57	57	57	61	61	61
29	59	59	59	61	61	61
30	59	59	59	61	61	61
31	59	59	59	70	70	70
32	61	61	61	70	70	70
33	61	61	61	70	70	70
34	61	61	61	70	70	70
35	61	61	61	70	70	70
36	70	70	70	70	70	70
37	70	70	70	70	70	70
38	70	70	70	70	70	70
39	70	70	70	70	70	70
40	70	70	70	70	70	70

注：利率为3%，后面的最优退休年龄等于70岁是因为模型的退休年龄设定为40—70岁。由于表中40岁之后的最优退休年龄均为70岁，故省略41—45岁的数据。

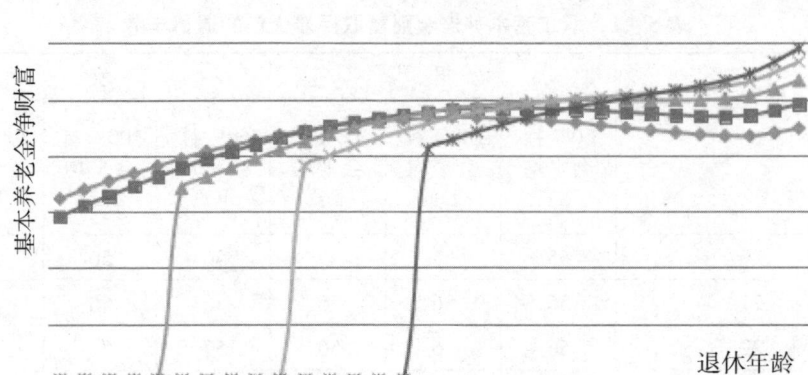

图 5-6　不同参保年龄的基本养老金财富（女性，社会平均工资）

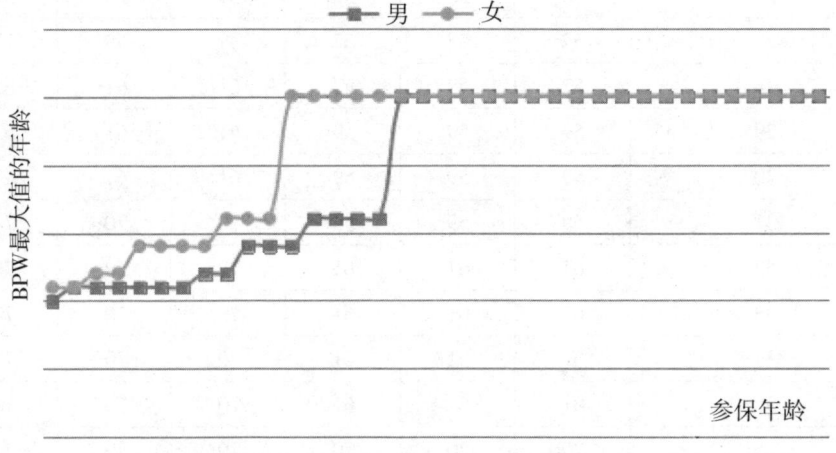

图 5-7　最优退休年龄与法定退休年龄的比较（社会平均工资）

从上述数值模拟结果可以得出以下两个结论。第一，不同性别、缴费工资基数、参保年龄的基本养老金财富均是一条关于退休年龄的倒"U"形曲线。职工个人的基本养老金财富存在着一个最大值。针对其他国家的研究也发现，职工的个人养老金财富会在某一年龄达到最大值，晚于该年龄之后退休的养老金财富往往会下降，也是倒"U"形曲线（Luzadis and Mitchell，1991）。第二，性别、参保年龄既会影响基本养老金财富的取值，也会影响它取得最大值所对应的退休年龄；缴费工资基数只会影响基本养老金财富的取值，不会影响它取得最大值所对应的退休年龄。

第四节 进一步讨论

当退休年龄推迟时，对应的养老金财富变化情况将会影响到职工是否愿意延迟退休。如果推迟退休会减少养老金财富，职工将反对推迟退休；如果可以增加养老金财富，能激励职工推迟退休（Chan and Stevens，2004；Díaz – Giménez and Díaz – Saavedra，2009）。为便于分析，我们将养老金财富取得最大值所对应的退休年龄称为职工的最优退休年龄（Fabel，1994），并假定职工在决定退休年龄时只考虑养老金财富这一个因素。我国实行的是强制退休制度，法定退休年龄为男职工 60 岁、女干部 55 岁、女工人 50 岁。职工到了法定退休年龄，就必须强制退休。推迟退休实际上就是要推迟法定退休年龄。为了判断推迟退休是否可行，我们从表 5 – 1 中提取出不同参保年龄对应的最优退休年龄，并与法定退休年龄进行对比，得到图 5 – 7。根据图 5 – 2、图 5 – 7、表 5 – 1 可知。

职工的最优退休年龄与法定退休年龄并不吻合，存在非常明显的匹配误差。具体来说，对男职工，在 32 岁之前参保的最优退休年龄都要早于法定退休年龄 60 岁，在 32 岁之后参保的最优退休年龄要晚于 60 岁；对女职工，在 20—45 岁间的任何年龄参保，最优退休年龄都要晚于 55 岁。由于在实际业务中，很少有职工会晚于 32 岁参保。因此，按照目前的法定年龄退休，男女职工均未获得最优的养老金财富。例如，20 岁参保男职工获得最优养老金财富的退休年龄应为 55 岁，21 岁参保的为 56 岁，而不是 60 岁；20 岁参保女职工获得最优养老金财富的退休年龄应为 56 岁，22 岁参保的为 57 岁，而不是 55 岁或 50 岁。32 岁之前参保的男职工提前到 60 岁之前退休可以增加养老金财富，而推迟到 60 岁之后退休会减少养老金财富；32 岁之后参保的男职工推迟到 60 岁之后退休，能增加养老金财富。女职工推迟到 55 岁之后退休可以增加各自的养老金财富。

根据上文分析可以得到以下几个结论：第一，民众和已有研究认为"退休越晚，养老金财富越少"的结论并不必然成立。推迟退休既可能减少养老金财富，也可能增加，这取决于性别和参保年龄；第二，对绝大部分男职工而言，推迟到 60 岁之后退休，会减少其养老金财富。显然，他们会反对推迟退休。因此，可以认为推迟男职工的法定退休年龄是不可行的；第三，对女职工，按照目前的法定年龄，推迟退休可以增加其养老金财富，因而推迟退休是可行的。

根据表 5 – 1、图 5 – 7，还需要特别指出两点。第一，推迟女职工退休年龄的空间是有限的。因为当女职工的退休年龄推迟到其最优退休年龄之后时，就会减少养老金财富。例如，20、21岁参保女职工的退休年龄只能推迟到57岁，23、24岁参保的只能推迟到59岁，之后则会减少其养老金财富，从而也会招致她们的反对。第二，推迟女职工退休年龄可行，仅仅是因为女职工的法定退休年龄太低所致。如果女职工的法定退休年龄也是60岁，则情形将变得和男职工一样。女职工在28岁之前参保，推迟退休将不可行，只有对28岁之后参保的才可行。

基于上述结论可以清晰地看出，我国基本养老金计发公式所决定的养老金财富，在总体上是激励职工选择提前退休的，而不是激励推迟退休。因为职工的最优退休年龄要早于法定退休年龄60岁。并且参保年龄越早，最优退休年龄越早于法定退休年龄（见表5-1、图5-7），从而对提前退休的激励效应越强。这说明我国的基本养老金计发公式存在较为严重的精算不平衡，还是一种激励提前退休的制度安排，不符合推迟退休的需要（汪泽英和曾湘泉，2004；张熠，2011）。我们认为至少有三个原因使得该计发公式精算不平衡。

第一，基础养老金计发因子的精算不平衡。目前的计发因子为缴费每满1年发给1%。根据我们的模拟结果，1%要低于按精算平衡原则计算出来的比例。它会导致对推迟退休的奖励不足，对提前退休的惩罚却不够。第二，个人账户只是名义账户。当前的个人账户只是被用来计算退休时的个人账户养老金初始值。之后，职工每月的个人账户养老金并不由个人账户储存额决定，而是在初始值的基础上按照每年的养老金增长率进行增加。这意味着个人账户也不是精算平衡的。第三，"倒挂"的养老金调整机制。2008—2013年，国务院发文要求按上一年人均基本养老金的10%左右确定基本养老金增长率，使得很多省（市）退休职工的养老金增长率都要高于在职职工的工资增长率。如广东省2007—2010年企业退休人员月平均养老金的年均增长率为13.2%，而全省企业在岗职工的月平均工资增长率为9.96%，超过了3.26个百分点[①]。其结果，导致同等条件下晚退休者的养老金反而少于早退休的，出现了"倒挂"。这种基本养老金调整办法具有随意性大、增长过快、缺乏公平性等缺陷（何文炯、洪蕾和陈新彦，2011；丁建定、郭林，2011）。

综合上文分析可知，按照目前基本养老金计发公式所决定的激励机制，推迟男职工法定退休年龄是不可行的。推迟女职工法定退休年龄是可行的，但空

---

① 数据来源：根据广东省统计年鉴（2008—2010）、广东省人力资源与社会保障厅提供的数据计算得出。

间有限。其根本原因在于，基本养老金计发公式的设计缺陷，使得最优退休年龄与法定退休年龄并不匹配。要确保推迟退休可行，就必须对该计发公式进行修改，改变其激励提前退休的基本框架。

第五节 结论与政策建议

推迟退休是应对未来我国养老金支付危机的主要对策，引起了广大民众的热切关注和激烈讨论。广大民众担心推迟退休会减少其个人的养老金财富，因而绝大部分都反对。本章根据我国基本养老保险制度的规定，扩展了养老金财富的内涵，并在不确定条件下构建了职工个人基本养老金财富的期望精算现值模型。基于参数假定的数值模拟结果表明：职工个人的基本养老金财富是关于其退休年龄的倒"U"形曲线。推迟退休既可能减少养老金财富，也可能增加，这取决于性别和参保年龄。推迟退休会减少32岁之前参保男职工的养老金财富，但可以增加32岁之后参保男职工的养老金财富。与男职工不同，推迟退休能增加女职工的养老金财富。民众和已有研究认为"退休越晚，养老金财富越少"的结论并不全面。总的来看，推迟男职工法定退休年龄是不可行的。推迟女职工法定退休年龄是可行的，但空间有限。出现这种困境，主要是因为我国的基本养老金计发公式是精算不平衡的，会激励提前退休。要推迟退休年龄不损害职工的养老金财富，就必须改革现在的基本养老金计发公式。我们建议采取以下措施：第一，根据精算平衡原则，测算出不同退休年龄对应的基础养老金计发因子；第二，根据精算平衡原则计算个人账户的计发月数，且历年的个人账户养老金由个人账户储存额及其投资收益决定①；第三，降低基本养老金增长率，防止出现超过职工工资增长率的"倒挂"。

修正后的计发公式应使得所有参保职工的最优退休年龄都等于或晚于法定退休年龄。具体而言，如果最早参保年龄为20岁，法定退休年龄为60岁，则20岁参保职工的最优退休年龄恰好等于60岁，20岁之后参保的职工，最优退休年龄则相应地晚于60岁。此时，参保职工可以选择按各自的最优退休年龄退休，将获得最大的养老金财富；也可以选择按法定年龄退休，虽然没有获得最优的养老金财富，但其养老金财富是根据精算平衡原则计算出来的，也没有损

---

① 个人账户发完后，基本养老保险制度不再支付，可改由财政负担的其他项目继续支付养老金（如高龄津贴）。

失。其结果，推迟退休就不会损害职工的养老金财富，还给予了其增加或最大化养老金财富的选择权。由于最优退休年龄等于或晚于法定退休年龄，又实现了推迟退休的政策目标。

第二部分 02

老年经济状况与生活质量

导 读

老龄化主要带来两个问题：一个是老年经济问题，一个是老年健康问题（邬沧萍和姜向群，1996）。其中，老年健康问题在本质上属于服务问题，即为老年人提供丰富高质的养老、照护、医疗等服务及产品。这显然又取决于老年人的经济状况和支付能力。可见，老年经济问题是解决其他老龄问题的前提和基础。不解决老年经济问题，其他问题都是纸上谈兵。

然而，在工业革命推进了 200 多年，直到 19 世纪末、20 世纪初，大多数退休职工及其家庭并未分享到生活水平的提高，老年贫困是当时的主导性现实（Schulz，2000）。老年人经济状况的写照就是"活到老，干到老"。尽管该时期老年人的经济保障可以依靠联合家庭、共济组织或其他的非正式机制，但随着工业化、劳动力流动、家庭小型化等，这些非正式经济保障机制逐渐被削弱（World Bank，1994）。自从 1889 年德国建立第一个公共养老金计划，才使职工退休养老在经济上变成了现实。

在整个 20 世纪前半期，主要问题都围绕如何为人们的退休生活提供足够的收入。保障老年人经济收入、防止老年贫困一直成为各国重要的公共政策目标。1991 年，联合国第 46 届大会通过的《联合国老年人原则》指出："老年人应能通过提供收入、家庭和社会资助以及自助，享有足够的食物、水、住房、衣着和保健。"到 20 世纪后期，各国社会保障制度得到了极大完善，老年人得以主要依靠社会保障、养老金生活。金融机构也为养老而储蓄的投资者们提供了种类繁多的养老金融产品。这使得尽管大部分老年人退休之后就不再工作，但在退休期能获得独立的经济保障。

老年人获得经济保障可以带来很多直接或潜在的好处。一国可以最大化老年人诸多贡献的方式来适应人口年龄结构的变化（WHO，2016）。例如，老年人可以成为正式的或非正式的劳动力、税收与消费、将现金和资产转移给下一代，以及对家庭和社会产生大量的无形的好处等方式来做出贡献。事实上，与预期相反，在很多国家现金都是从老年人流向年轻的家庭成员那里，一直到 80

多岁仍是如此（Lee and Mason，2011）。在美国，55 岁以上人口在 2017 年控制了全国 70% 以上的可支配收入。老年人还通过消费为社会做出了巨大的经济贡献。在法国，预计 2015—2030 年间 2/3 的消费增长将由 55 岁以上者承担（Daniels，2007）。对英国的研究表明，用于老年人的财政支出共计 1360 亿英镑，但老年人贡献了 450 亿英镑的税收和 100 亿的其他直接经济贡献，还为国民经济增加了 760 亿的消费，通过提供社会服务和志愿活动增加了 440 亿英镑的明显经济效益，二者相比估计对社会做出了近 400 亿的净贡献。并且这一贡献到 2030 年间增长到 770 亿英镑（Cook，2011）。即使在低收入国家，老年人对保障一国的粮食安全、抚养后代等过程中的作用也不可低估（WHO，2016）。据《中国老龄产业发展报告》，2014—2050 年间我国老年人口的消费潜力将从 4 万亿增长到 106 万亿元左右，占 GDP 的比例将增长至 33%，成为全球老龄产业市场潜力最大的国家①。

在我国，老年人经济状况也是全社会关注的重要问题。"老有所养"一直是老龄事业的首要目标。1983 年国务院批复的全国老龄委《关于我国老龄工作中几个问题的请示》中开始提出"老有所养、老有所为"的两个"老有"。1984 年全国老龄委《关于充实机构增加人员编制的请示》中又提出"老有所养、老有所为、老有所学"，增加到"三有"；同年，卫生部、北京市政府、全国老龄委给国务院《关于在北京建立老年病医院的请示》中首次提出"老有所医"。1984 年第一次全国老龄工作会议完整地提出了"老有所养、老有所医、老有所为、老有所学、老有所乐"的"五有"目标（王爱珠，1996）。2017 年，我国进一步提出了"老有所养、老有所医、老有所乐、老有所为、老有所教、老有所学"的"六有"老龄工作目标。

十九大提出"美好生活"目标之后，实现老年人"美好生活"相应就成为我国对养老保障的新认识、新表述和最高水平、最高目标。这充分表明在进入全面推进社会主义现代化建设的新时代，我国对养老保障的界定已不再满足于"两有""三有""五有""六有"等具体目标或数量指标，而是跨越式地升级到对老年人的"美好生活"进行顶层设计、总体规划，开始对老年人的需求需要进行全面回应、系统供给。我国老年人的经济保障、生活质量开始进入一个新的发展阶段。

然而，与工业发达国家相比，中国是在尚未实现现代化、经济基础不发达的情况下提前进入老龄化的，是"跑步进入老龄化"，仅用了不到 30 年时间就

---

① 数据来源：《国际金融报》2019 年 3 月 11 日。

实现了人口转变，导致"未富先老""未备先老"。截至2018年年末，我国养老金体系的累计结存总计9.53万亿元，分别为：基本养老保险基金5.81万亿元，占比61%；企业年金基金1.48万亿元，占比16%；全国社会保障基金2.24万亿元，占比23%。根据经合组织（OECD）数据，2017年中国的养老金资产占GDP比重1.6%，远低于OECD国家和地区平均数50.7%，也低于非OECD国家及地区的平均数19.7%。

2019年年底，党中央、国务院制定出台了《国家积极应对人口老龄化中长期规划》，部署了五个方面的工作任务。其中第一条就是要通过完善国民收入分配体系，加大财政支持力度，促进企业财富积累与合理分配，鼓励家庭、个人建立养老财富储备。当前及未来一段时期，我国老龄事业的一个重要任务就是要"稳步增加全社会的养老财富储备"。

本部分主要是利用第四次中国城乡老年人生活状况、CLASS、CLHLS、中国养老金融调查等调查数据，报告我国老年人的收入、支出及总体经济状况，并报告了老年人的生活满意度。同时，还利用主成分分析构建三指数模型来测量当前老年人的美好生活水平。

第六章

我国老年人经济状况与养老财富储备

年长职工做出退休决策、退出劳动力市场之后，转而依靠养老金等社会保障收入来源，或其他不定期的收入来源（如就业、代际支持等），或依靠积累的养老财富（房产、储蓄、有价证券等）。其中，老年社会保障体系是当今世界各国老年人的主要收入来源和最可靠的经济保障机制。这些收入的绝大部分将用于支付老年期的养老、医疗、照护等服务费用，提升老年健康水平、保障生活质量，并尽量提高死亡质量。

在我国，截至2018年年底[1]，全国参加城镇职工基本养老保险人数为41902万人，其中参保离退休人员11798万人，全年总支出47550亿元，相当于退休职工人均每年养老金4.03万元。城乡居民基本养老保险参保人数52392万人，实际领取待遇人数15898万人，基金支出2906亿元，相当于人均每年1828元。此外，还有2388万企业职工能在退休后领取到"双份养老金"，即企业年金。而机关事业单位职工也有望在退休后领取一份职业年金。老年人也是全民医保的主要受益群体。第四次中国城乡老年人生活状况调查显示，2015年城乡享有医疗保障的老年人比例分别达到98.9%和98.6%，基本实现了老年人的全覆盖。

2018年，全国还有31个省（市、区）建立了80周岁以上高龄老人津贴制度，享受高龄津贴的老人达2972.3万人。30个省份建立了生活困难老年人养老服务补贴制度，享受老人达521.7万人。29个省份建立了失能老人护理补贴，享受的老年人达74.8万人。享受其他老龄补贴的老人3万人[2]。全国还有31个省份出台了优待老年人政策，给老人交通票价减免、公园门票减免等优待照顾。此外，贫困老人还可以享受"低保"待遇、临时救助。我国还建立了城乡统一的特困人员救助供养制度，将农村"五保"老人和城市"三无"老人全部纳入

---

[1] 数据来源：《2018年度人力资源和社会保障事业发展统计公报》。
[2] 数据来源：《2018年民政事业发展统计公报》。

供养范围，2016 年年底共有 423 万老人享受了特困人员救助供养。

我国社会保险、社会福利、社会救助等老年社会保障体系的全覆盖、日臻完善，为老人提供养老金、医保报销、救助金、福利补贴或津贴，以及实物补贴、优待服务，极大增强了老人的经济安全感和获得感，也极大提升了老年期的幸福感和美好生活程度。

第一节 老年人经济收入与养老财富积累

一、老年人经济收入

中国城乡老年人生活状况调查是我国的一项重要国情调查。第四次调查时点为 2015 年 8 月 1 日 0 时，调查对象为居住在国内的 60 周岁及以上公民，覆盖 31 个省（市、区）和新疆生产建设兵团，样本规模达 22.368 万人，是我国迄今为止规模最大的老年人口抽样调查（全国老龄办，2018）。该数据调查了非常详尽的分性别、分年龄、分城乡的老年人收入、支出等信息。我们将利用该样本数据的信息来报告和分析我国老年人的经济状况。

2014 年，全国城市老年人平均收入为 4.95 万元/年，农村老年人平均收入 2.28 万元/年。城市老年人的年收入是农村老人的 2.2 倍。从收入结构来看，城市老年人的经济收入中，保障性收入占 79.4%，经营性收入占 9.8%，转移性收入占 6.9%，资产性收入只占 3.8%；农村老年人的经济收入中，保障性收入占 36%，经营性收入占 39%，转移性收入占 19%，资产性收入只有 6%。这说明我国城市老人主要依靠社会保障等定期支付的固定收入来源，而农村老人主要是自己从事农林牧副渔等农副业经营收入。从老人收入的年龄分布上，城市是高龄老人的收入最高，即年龄越大收入越高，而农村是低龄老年人的收入最高，即年龄越小收入越高。这是因为养老金等社会保障给付水平是定期调整的（目前是每年调高一次），故而老人的年龄越大，养老金等社会保障给付水平会越高。而农村老人随着年龄增大，身体机能、体能都会随之衰弱，故而从事生产经营活动获取收入的能力随之减弱。

社会保险、社会救助、社会福利等是定期支付的固定收入，为老年人提供了保障经济收入来源的"安全网"。在老人的收入来源中，城镇固定年收入为 22450 元。其中，养老金为 1617 元/月，职业或企业年金为 1539 元/月，商业养老保险金为 720 元/月，高龄津贴为 83 元/月，养老服务补贴为 118 元/月，护理补贴为 310 元/月，遗嘱抚恤金为 632 元/月，最低生活保障金为 232 元/月，五保或三无救助金为 312 元/月，计划生育家庭奖励（特别）扶助金为 218 元/月，其他社保收入为 445 元/月。农村老人的固定收入为 5578 元/年。其中，养老金为 187 元/月，职业或企业年金为 1193 元/月，商业养老保险金为 548 元/月，高龄津贴为 83 元/月，养老服务补贴为 97 元/月，护理补贴为 100 元/月，遗嘱抚恤金为 460 元/月，低保金 141 元/月，五保或三无救助金 282 元，计划生育家庭奖励（特别）扶助金 176 元，其他社保收入为 294 元/月。

图 6-1 显示了不同年龄段老人的平均固定收入。可以看出，城镇老人的收入水平高于农村老人的固定收入水平，甚至城镇女性老人的固定收入都要高于农村男性老人的固定收入。男性老人的年均固定收入要高于女性老人的年均固定收入，并且随着年龄的增长，男女老人之间的收入差距还在扩大。高龄女性老人的收入获取能力在减弱，而高龄男性老人的收入获取能力仍在提升。这种情形对城镇老人、农村老人都是成立的。这说明公共政策更应关注老年女性的经济状况和生活水平，尤其是高龄女性、丧偶女性。据预测 2050 年 60 岁以上丧偶女性将达到 9449 万人（王广州、戈艳霞，2013）。由于女性承担了更多的家庭无酬劳动，在劳动力市场存在劣势，收入和财富都很微薄，丧偶的老年女性更有可能陷入贫困。老年贫困问题甚至已经成为一个"妇女问题"（Schulz，2000）。

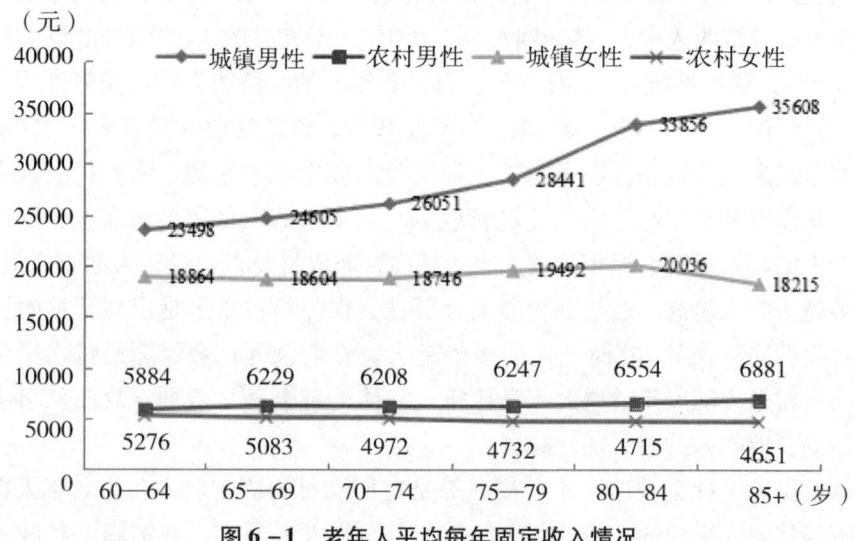

图 6-1 老年人平均每年固定收入情况

数据来源：第四次中国城乡老年人生活状况调查。

除了固定收入之外，被访老年人每年还有房租收入（城镇 12610 元，农村

9070元)、利息收入(城镇2337元/年,农村763元)、原单位福利或集体补贴及分红(城镇3742元,农村1916元)、子女(孙子女)给的钱(城镇3978元,农村2827元)、其他亲戚给的钱(城镇877元,农村620元)等不定期的收入来源。

此外,部分老人继续工作也能获得一部分的收入来源。据第四次中国城乡老年人生活状况调查数据,2015年60岁以上老人从事有收入工作(非农)的占10.2%,而从事农林牧副渔等经济活动的有24.4%,二项合计比例约为30%。就业给老年人带来了收入,2015年平均收入为1355元/月,其中城镇1554元,农村1155元。从事农林牧渔等经济活动的平均纯收入为4920元/年。

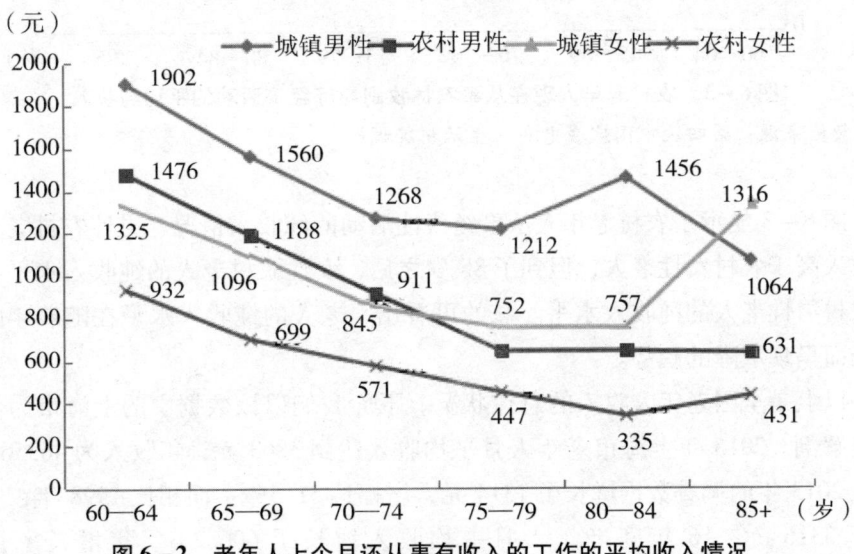

图6-2 老年人上个月还从事有收入的工作的平均收入情况

数据来源:第四次中国城乡老年人生活状况调查。

图6-2显示了老年人从事有收入工作的平均收入来源情况。从该图可以看出,总体上是一个随年龄增长而不断减少的过程。其中,城镇男性老人的就业收入水平最高。农村男性老人在75岁之前的收入获取能力高于城镇女性老人,但超过75岁之后,开始低于城镇女性老人的收入获取能力。这是因为农村男性老人往往从事的是偏向于体力的工作。而农村女性老人的工作收入水平最低。

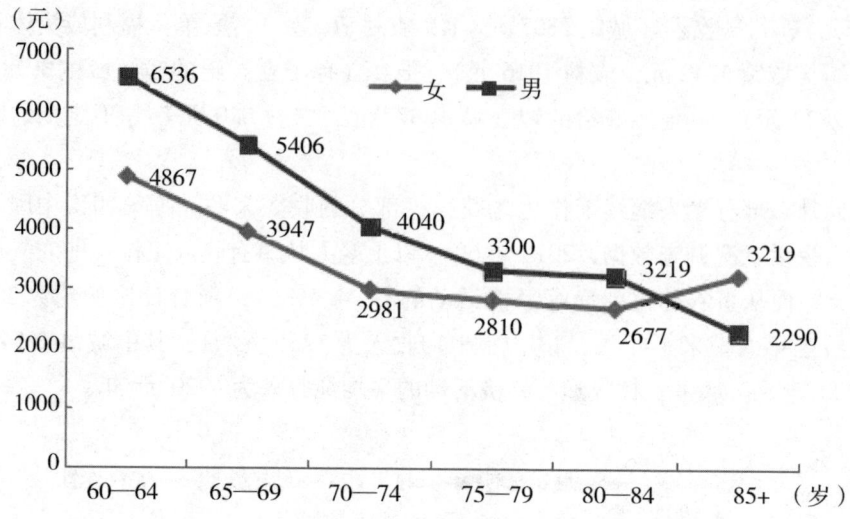

图 6-3 农村老年人现在从事农林牧副渔等经济活动的平均纯收入

数据来源：第四次中国城乡老年人生活状况调查。

图 6-3 显示了农村老年人从事经营性活动的纯收入情况。男性农村老人的纯收入高于农村女性老人，但到了 85 岁之后，女性农村老人的纯收入水平会高于农村男性老人的纯收入水平。总的可看出，老人的纯收入水平在随着年龄的增长而呈现下降的趋势。

以上是全国老年人收入的总体状况。下面我们以该数据中的上海市为例来重点解剖。2015 年上海市老年人月平均收入达到 3863 元，年收入为 46356 元。相较 2013 年的调查数据增长了 1314 元，增幅达 51.5%。而相比 1998 年，则高出了 3316 元，16 年间老年人月平均收入增长了 606.2%，年增长率达到了 112.65%。

从上海市老人的收入来源来看，以养老金为主的保障性收入占总收入的 83.6%，经营性收入、财产性收入、家庭转移性收入等非保障性收入的比例为 16.4%。有 4118 位老年人表示自己每月固定领取养老金，占全部调查人数的 95.7%，这部分被调查的老年人的平均养老金达到 3030 元。此外，受调查老年人中，有 7.3% 仍在从事有收入的工作，这部分老年人平均每人每月能获得 2332 元的收入。受访老年人中，51% 的人表示自己有利息收入，这部分老年人平均每年约能获得 3500 元左右的利息收入；6.5% 的老年人表示自己有房租收入，平均每年可获得约 1 万元左右的收入；9% 的老年人拥有土地出租或承包所带来的收入，每年大概在 2700 元左右；3% 的老年人享有原单位福利或集体补贴及分红带来的收益，每年约为 2100 元。就家庭财产来看，房屋是老年人的主要家庭财产。73.2%的受访老年人表示拥有产权属于自己（或老伴）的住房。其中，拥有一套住房的老年人所占比例达到92.7%，拥有两套住房的老年人占比为6.6%。69.6%的老年人表示，自己和老伴存有一笔钱用于养老，其中，约87.9%在20万元以下，10.1%在20万—50万元，只有2%在50万元以上。近30%的老年人表示，自己和老伴并没有存下一笔养老的钱。从投资理财来看，大部分老年人较为保守，大多选择将自己的钱款存入银行，而非进行高风险高回报的投资理财活动。仅有17.1%的老年人从事投资理财活动。在老年人从事的投资理财活动中，占比最高的是股票，有10%以上的人持有股票。从事国债或债券、基金、外汇、贵金属投资的老年人微乎其微。共有831位老年人给出了自己所拥有金融资产的数额，人均拥有现值约17.3万的金融资产。

此外，由北京大学健康老龄与发展研究中心/国家发展研究院组织的中国老年健康影响因素跟踪调查（CLHLS），覆盖全国23个省区市，调查对象为60岁及以上老年人。据CLHLS2014年数据，有养老金的老人占41.2%，没有养老金的占58.8%。老人领取的月养老金平均值为1340元，其中农民（含居民）的养老金平均为320元，职工的养老金平均为2289元，而机关事业退休金平均为3499元（阳义南等，2019）。

综合而言，从收入的角度来看，我国老人的收入存在几个重要的特点：第一，城镇老人的收入高于农村老人的收入，男性老人的收入高于女性老人的收入；第二，老人的年度收入一般随着年龄的增加而上升，但农村女性老人的收入水平在随着年龄增加而下降；第三，男性老人与女性老人的收入差会随着年龄的增加而不断扩大，男女老人的收入差呈扩张的"喇叭"型走势；第四，老人通过工作获取收入或从事农林牧渔业获得纯收入的能力在随着年龄的增长而逐渐下降。但女性老人通过就业会农业生产获取收入的能力存在一定的"翘尾效应"。从图6-2、图6-3可以看出，城镇女性或农村女性从事有收入工作、农村女性从事农业生产经营都呈现了这种收入来源的"翘尾"现象。我们认为，男女老人收入差距的"喇叭"型走势，以及男性老人固定收入的增长速度快于女性老人，可以在一定程度上解释女性通过从事有经济收入工作或农林牧渔纯收入的"翘尾"现象。

二、养老财富积累

前面我们只考察了中国老年人的货币收入的分布情况。除此之外，老年人所持有的资产的规模、类型和分布情况，以及非货币收入都能影响他们的最终经济状况。这些资产包括现金、储蓄、公司股票、债券等具有流动性的资产，比较容易转化为货币。还有一些是住宅、商业资产等固定资产。这些资产可以被出售（有一定的流动性损失），或产生利息、股息和租金、信托收入、保险金等定期、不定期的货币收入。这些资产可用于防备未来不可预期的经济支出需要。另外，老人的真实经济状况还会受通货膨胀、税收负担等非个人因素的影响。

中国老龄化是在如火如荼的以GDP为纲的大背景下同步出现的，且呈加速度。相比发达国家，中国老龄化的一个典型特征就是"未富先老""未备先老"。这使得给国家、企业、家庭或个人积累养老财富的时间很短。

据中国城乡老年人生活状况第四次调查的2015年数据，老年人中没有存养老钱的比例为67.8%（城镇58.3%，农村84.5%），有存养老钱的占32.2%（城镇41.7%，农村15.5%），而在有存钱的老人中，平均储蓄水平为5.4万元，其中城镇70000元，农村20340元。据该数据，老人有产权房的占65.9%，没有产权房的占34.1%。而只有1套房子的占94.4%，有2套的占4.8%，3套及以上的占0.8%。

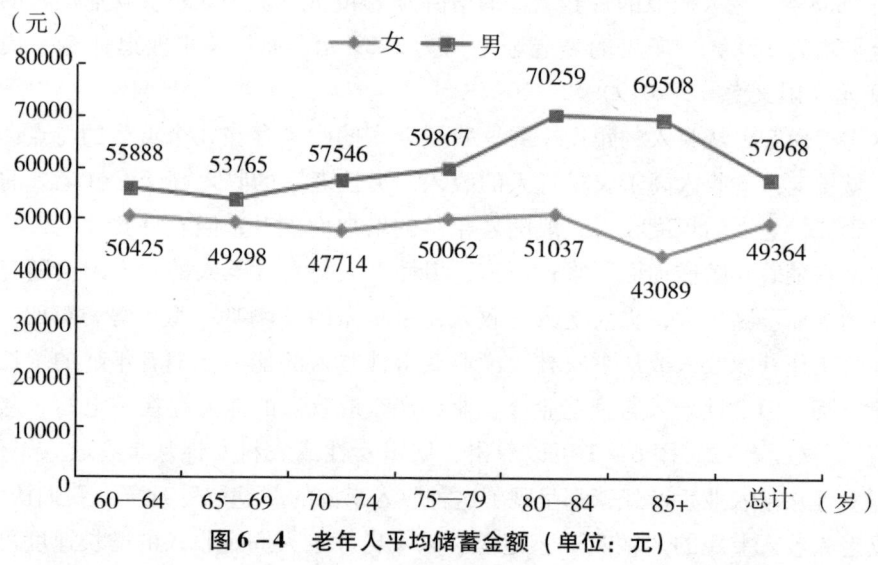

图6-4 老年人平均储蓄金额（单位：元）

数据来源：第四次中国城乡老年人生活状况调查。

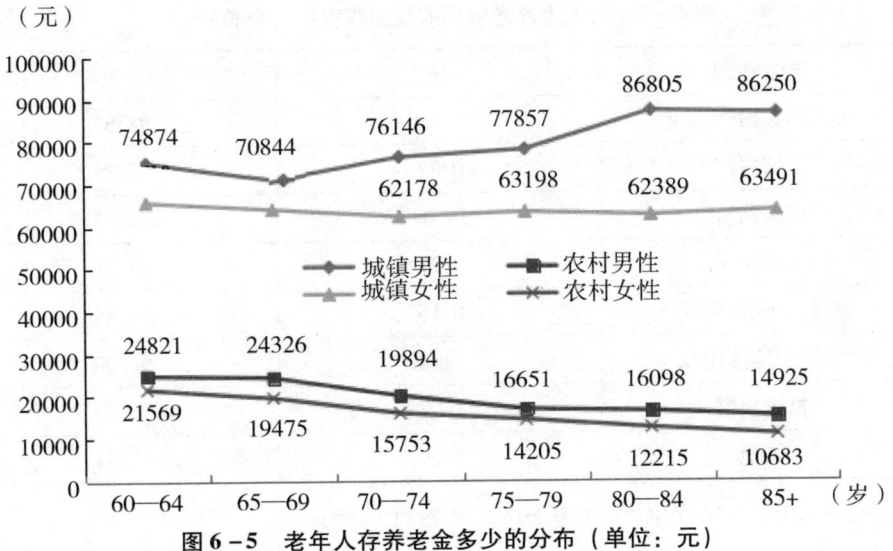

图6-5 老年人存养老金多少的分布（单位：元）

数据来源：第四次中国城乡老年人生活状况调查。

表6-1 老年人投资理财活动的情况（单位:%）

投资规模	男	女
无投资理财活动	61.1	67.8
金融资产现值0—10万	27.7	24.2
金融资产现值10—20万	5.3	4.2
金融资产现值20—50万	4.2	3
金融资产现值50万元及以上	1.7	0.8
合计	100	100

数据来源：第四次中国城乡老年人生活状况调查。

从表6-1知道，男性老人没有投资的占61.1%，女性老人没有投资的占67.8%。投资理财超过10万的，男性老人只有11.2%，女性老人只有6%。此外，据2014年中国老年社会追踪调查（CLASS）数据，被访老人为以后的养老所做的规划或安排及其具体情况如表6-2所示：

表6-2 老人为养老所作的规划或安排（单位:%）

养老规划	是	否
购买房产	1.33	98.67
出售房产	0.27	99.73
现金储蓄	14.07	85.93
购买商业保险	2.27	97.73
购买土地使用权	0.16	99.84
转让土地使用权	1.10	98.90
投资理财	1.77	98.23
其他	2.69	97.31

数据来源：2014年中国老年社会追踪调查（CLASS）。

另据中国养老金融调查2017年数据，60岁以上的被访者中，养老资产储备在10万元以下的占17.4%，10万—30万的占27.9%，30万—50万的占19.3%，50万—70万的占12.6%，70万—100万的占10%，100万以上的占12.8%。

表6-3 不同年龄段人群目前的养老资产储备情况

年龄分组	29岁及以下	30—39岁	40—49岁	50—59岁	60岁以上
10万元以下	33.90%	34.10%	27.80%	19.00%	17.40%
10—30万元	22.80%	28.40%	30.20%	25.00%	27.90%
30—50万元	14.30%	13.90%	16.50%	20.20%	19.30%
50—70万元	8.30%	6.70%	8.00%	13.70%	12.60%
70—100万元	6.30%	4.80%	6.60%	9.10%	10.00%
100—150万元	3.30%	2.90%	3.40%	5.20%	5.70%
150—300万元	1.80%	1.60%	1.80%	4.00%	2.20%
300—500万元	1.00%	0.80%	0.70%	1.20%	1.50%
500万元以上	2.10%	1.10%	1.10%	1.10%	1.60%
没有储备	6.30%	5.70%	3.80%	1.40%	1.80%

数据来源：中国养老金融调查2017年数据。

从这些图表数据可知，当前我国老人的养老财富储备水平非常低，尤其是农村老人积累的养老财富极其微薄。平均而言，城镇老人的养老储备不足10万，农村老人的养老储备不足2万。富达国际联合蚂蚁财富在中国做了一个样本容量近3万人的调查，得出了一个结论：年轻一代（35岁以下）希望过上舒适的养老生活，在不考虑投资的基础上，至少需要163万元储蓄资金。而据富兰克林邓普顿发布的《中国内地退休入息策略及预期统计调查》显示，北京、上海、广州、深圳四个一线城市平均退休目标储蓄约为400万元①。由此可见，当前不管是已经退休的老人，还是职场就业职工，养老财富储备的缺口都很大。2019年我国《国家积极应对人口老龄化中长期规划》从五个方面部署了应对人口老龄化的具体工作任务，首先就是要"稳步增加养老财富积累"，强调要"优化政府、企业、居民之间的分配格局，稳步增加养老财富储备"。养老财富积累是我国化解人口老龄化、高龄化、失能化挑战的蓄水池、重中之重。

第二节 老年支出与总体经济状况

一、老年人主要支出情况

当前，我国老年人的消费支出主要集中在食品支出、生活服务支出和医疗费用支出等各大方面。据中国城乡老年人生活状况第四次调查数据，城镇男性老人的年平均支出为8171元，女性为5967元，农村男性老人为3487元，农村女性老人为2156元。图6-6展示了不同年龄段老人的年度支出水平，从中可以看出，城镇女性、农村男性、农村女性三类老人的年度支出水平都在随着年龄增长而持续地降低，只有城镇男性老人的年度支出在75岁之前下降，而在75岁之后开始呈上升的走势。

---

① 中国一线城市养老要多少钱？答案是400万 [EB/OL]. 新浪网, 2019-09-18.

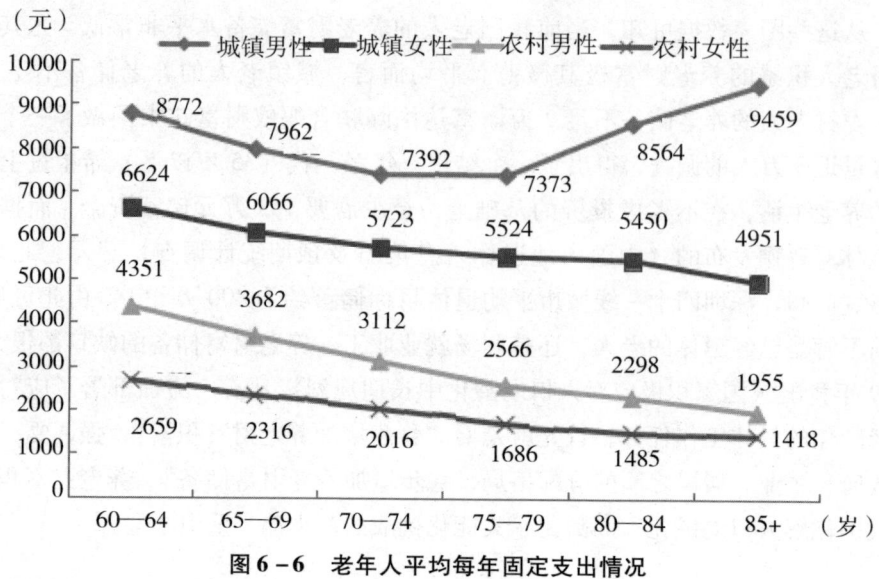

图6-6 老年人平均每年固定支出情况

数据来源：中国城乡老年人生活状况第四次调查。

从具体的支出大类来看，如表6-4所示，老人每年最大的支出项为保姆/钟点工等照料护理支出，其次为给子女或孙子女的经济支持支出，再者为旅游，最后是购买辅助设备的支出。可见，照料护理支出是目前我国老人最大的支出负担。

表6-4 老年人2014年用于个人日常生活平均支出情况（单位：元）

支出项目	城镇		农村	
	男	女	男	女
个人用品类	2414.4	1170.84	1718.52	766.8
交通	1080.48	768.96	420	522.72
通讯	679.68	595.56	480	410.76
保姆/钟点工	17414.52	17060.16	15818.76	19669.8
卫生保健	840.12	980.16	253.68	345.72
文体娱乐	699.6	607.2	376.32	289.56
衣装鞋帽	690.38	686.78	362.76	359.61
旅游	5391.5	4876.19	2098.66	1623.67
给子女/孙子女	3554.52	2595.62	1063.72	772.56
购买辅助设备	1483.19	1300.77	766.86	776.56

数据来源：中国城乡老年人生活状况第四次调查。

从表6-4可知,代际经济转移是老人每年排第二的主要支出项目。据中国城乡老年人生活状况第四次调查的2015年数据,有34.5%的老年人为子女提供经济支持,即使年龄在85岁以上的老年人还有接近1/4的给予困难子女经济支持。健康状况差的老年人中仍有超过1/5给予困难子女经济支持。具体而言,城镇男性老人每年给子女或孙子女3554.52元,城镇女性老人每年给子女或孙子女2595.62元,农村男性老人每年给子女或孙子女1063.72元,农村女性老人每年给子女或孙子女772.56元。

图6-7报告了老人的每月食品支出情况。相对而言,老人的食品支出比较稳定,城镇男性平均每月1434元,女性平均每月1351元。农村男性老人平均每月614元,农村女性老人平均每月611元。城镇老人在80岁之前食品支出趋于下降,而80岁之后开始上升。而农村老人则在75岁之前呈减少的走势,75岁之后农村老人的每月食品支出额呈增多的走势。

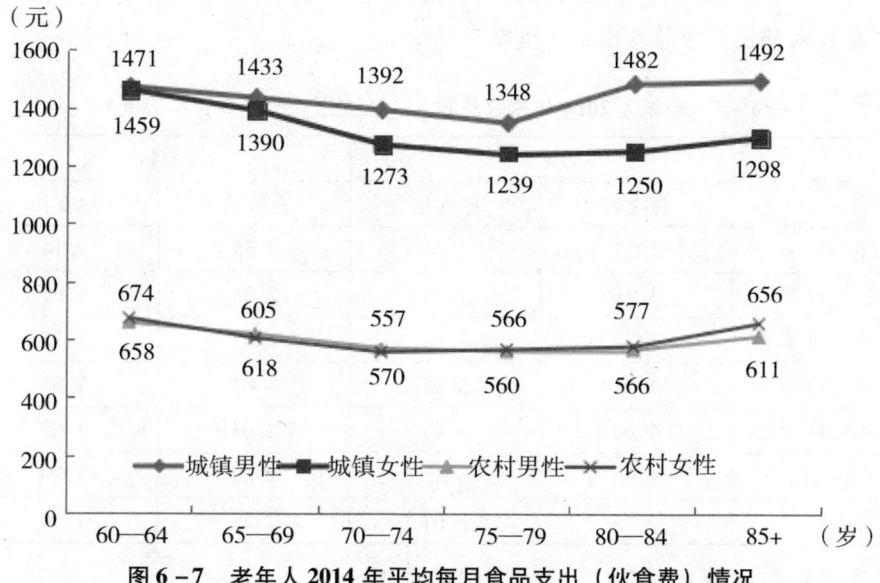

图6-7 老年人2014年平均每月食品支出(伙食费)情况

数据来源:中国城乡老年人生活状况第四次调查。

被访老人中,享受城镇职工基本医保的占20.6%,享受城镇居民医保的占6.8%,享受新型农村合作医疗的占54.5%,享受城乡居民医保的占16.5%,享受公费医疗的占2%,享受其他医疗保障的占1.3%,没有医疗保障待遇的占1.3%。此外,老人中能享受城乡居民大病保险的占10.8%,享受职工大额医疗补助的占 3%，购买商业保险的占 3.8%。2014 年，患病老人看病和住院平均总花费为 7422 元，其中女性 6941 元、男性为 7985 元，其中自费部分为 3716 元，其中女性 3602.39、男性 3850.89 元。可见，老人看病和住院费用的平均报销比率为 50.1%（3716/7422）。此外，老人在药店自费购药的平均支出为 1280.6 元/年，男性为 1224 元，女性为 1331 元。

结合图 6-4、图 6-5 和表 6-4 可知，老人的支出存在随年龄增长而呈 U 型的走势。75 岁之前，老人支出随年龄的增大而下降，75 岁之后老人的支出水平随年龄的增大而增加。

在财务自主权方面，据 2015 年中国城乡老年人生活状况第四次调查数据，当家中有重大支出时，由老人自己做主的占 33.6%，由配偶做主的占 12.4%，由子女做主的占 16.7%，共同协商的占 37.3%。可见，目前我国老人在家庭开支上具有较好的自主权。

二、老年人的总体经济状况

表 6-5 同时报告了老人的总收入和总支出情况。总的来看，各个年龄段老人的总收入都是大于总支出，年度略有结余。

表 6-5　老年人 2014 年家庭总收入、总支出情况（单位：万元）

年龄	城镇		农村	
	总收入	总支出	总收入	总支出
60—64 岁	5.25	4.04	2.58	2.14
65—69 岁	4.91	3.70	2.28	1.91
70—74 岁	4.71	3.45	2.01	1.75
75—79 岁	4.68	3.35	2.02	1.67
80—84 岁	4.90	3.43	2.04	1.67
85 岁及以上	4.96	3.41	2.29	1.79
总计	4.95	3.67	2.28	1.90

数据来源：中国城乡老年人生活状况第四次调查。

事实上，我国职工养老金水平每年都在定期调整（调高）。到 2019 年，养老金已经连续 15 年上涨，被戏称为"十五连涨"。据 2018 年人力资源和社会保障发展公报，全国享受城镇职工养老保险退休待遇的人数是 11798 万人，基金支出 44645 亿元，人均基本养老金待遇 3.78 万元/年，3153 元/月。2018 年城镇居民消费支出 26112 元。城镇企业退休职工的养老金收入维持平均生活水平每年还能有所结余。

目前经济收入状况堪忧的主要是之前没有稳定工作、就业不连贯的城乡居民。这些老人在劳动年龄时往往没有缴费积累，为退休养老的储蓄和积累的财富也较少。目前城乡居民基础养老金的给付水平偏低，2018 年全国平均水平刚超过 100 元/月。高的上海市 1010 元/月，北京市 810 元/月，低的黑龙江才 90 元/月。尤其是其中的高龄、女性老人。

据中国城乡老年人生活状况第四次调查的 2015 年数据，有 3.0% 的城市老年人自评经济状况"非常困难"，15.5% 的认为比较困难。有 5.5% 的农村老年人自评"非常困难"，有 27.4% 的认为"比较困难"，全国至少有 921.7 万老年人的经济状况非常困难。

表 6-6 老人自评经济状况（单位:%）

自评经济状况	城镇			农村		
	男	女	总计	男	女	总计
非常宽裕	1.5	2.0	1.7	0.8	0.9	0.8
比较宽裕	16.8	20.5	18.6	10.5	11.2	10.8
基本够用	61.8	60.7	61.3	55.4	55.5	55.5
比较困难	16.8	14.1	15.5	27.8	27.0	27.4
非常困难	3.2	2.7	3.0	5.5	5.4	5.5

数据来源：中国城乡老年人生活状况第四次调查。

而据 2014 年中国老年社会追踪调查（CLASS）的调查结果，被访的 10693 个老人中，觉得"钱不够用"的有 1217 人，占 11.38%。据该数据推算，全国低于低保线的老人有 5576 万人，相对贫困老人 7698 万—8959 万人（朱晓、范文婷，2017）。

党俊武、李晶（2019）的中国老年人生活质量发展报告认为，当代是中国有史以来老年群体生活质量迈入最高水平的新时代，但社会保障水平低、精神文化生活单调、城乡差距较大、阶层差异显著、区域差异明显等问题也比较突出，是未来全面落实中央关于积极应对老龄社会战略的重要着力点。此外，解垩（2014）利用中国健康与营养调查（CHNS）2006 年和 2009 年数据的测算发现，老年家庭的经济脆弱性高于贫困，有超过 24% 的非贫困家庭是经济脆弱性家庭。经济脆弱意味着老人家庭的抗风险能力较弱。这些人群是极易因病致贫、因大额冲击性支出而陷入贫困。

需要指出的是，老年人并不是一个同质的群体，而是多样化的。事实上，相比其他年龄组，老年人的异质性更大，而且年龄越大，异质性越强。例如，很多老年人比年轻人还健康，但很多老年人却极度虚弱、病痛。对老年人收入、支出、贫困等研究结果，会因不同分组、考察视角而出现很大的差异，得到大相径庭的结论。例如，不同年龄、性别、婚姻（是否丧偶）、教育、是否退休、是否与子女同住、家庭户，等等。因此，如果只观察平均值或中位数，将会带来很大的误读。这启发我们，在研究老年人经济状况或经济行为时，不管是描述性统计，还是推断统计或计量模型方法，分组且准确分组是必须的。想制定一个适用于所有老年人的公共政策（住房、医卫、照护等）一直都没有成功过，只有把老年人分解为多个子群体才更有用（Schulz，2000）。

第七章

我国老年人生活满意度

——基于路径模型

随着经济社会的发展进步，人们不再单纯地追求生命的维持和延长，而更看重提高生活的质量。生活质量（quality of life，QOL）又被称为生存质量、生命质量等，是指不同文化和价值体系的个体对与他们目标、期望、标准和所关心的事情有关的生活状况的体验（岳松涛，2019）。伴随人口老龄化程度以及人们对健康需求的提高，老年人生活质量评估日益受到重视。早期人们对生活质量的评价注重客观指标。20 世纪 60 年代之后，人们开始意识到个体主观感受的重要性，开始使用生活满意度、主观幸福感等受访者的主观评价指标。

目前我国学者对老年人生活满意度的研究已经十分丰富。从收入、支出影响老人生活满意度这一条研究路径来看，已有文献或研究各种收入（养老金、社会福利或政府救助、就业、代际转移等），或研究财富资产（储蓄、房产、金融资产等）对老人生活满意度的影响，或研究各种服务支出（如养老服务、医疗服务、照护服务等）、"啃老"对老人生活满意度的影响。然而，这些研究仍存在很多有待深入挖掘、释疑的核心问题。研究收入影响老年人满意度，这些收入产生作用的中介机制或传导路径是什么？研究服务支出影响老年人满意度的，又存在一个较大疑问，即这些支出的收入来源是什么？这些收入又是如何被安排在不同的养老支出项目？有没有进一步改进的可能？这些疑问意味着已有研究尚未能反映老年人满意度影响因素的全貌。

第一节 研究设计

本节将整体考察老年人的收入、主要支出（养老、医疗、照护三项）对老年人生活满意度的影响效应及其传导路径。使用的数据为 2014 年中国老年社会追踪调查（CLASS）。

中国老年社会追踪调查（China Longitudinal Aging Social Survey，CLASS）是

由中国人民大学中国调查与数据中心主持的一个全国性、连续性的大型社会调查项目。通过定期、系统地收集中国老年人群社会、经济背景数据，掌握老年人在衰老过程中面临的各种问题和挑战，评估各项社会政策措施在提高老年人生活质量方面所取得的实际效果，为中国老龄问题的解决提供重要的理论和事实依据。2014年开展的全国范围基线调查共完成居民问卷11511份。被访对象最小年龄60岁，最大年龄113岁。70岁以下的6015个，70—80岁的有3640个，80—80岁的1700个，90岁以上的155个。

一、变量测量

被解释变量是生活满意度。问卷询问了"总的来说，您对您目前的生活感到满意吗"，取值1—5，分别对应很不满意、比较不满意、一般、比较满意、很满意。其中，很满意的占35.3%，比较满意的占39.95%，一般的占18.76%，比较不满意的占4.58%，很不满意的占1.4%。

中介变量：问卷询问了"过去12个月您在以下各项中平均每月支出分别是多少"，包括日常饮食消费、水电气、物业、交通和通讯费、文化娱乐等。我们将这些支出合并为三大项第一大项为养老生活开支，第二大项为医疗费用支出，第三大项为家务料理、康复护理支出。使用这三项为模型的中介变量。

解释变量：老年人收入。问卷询问了"过去12个月，您个人的总收入是多少"。我们将该年收入除以12，得到老人每个月的收入。

二、模型

路径分析（Path Analysis）由生物遗传学家Wright于1921年首创。作为多元回归模型的拓展，同时包含多个回归方程，解决了传统回归模型只能分析单个因变量的不足，能处理包括中介效应在内的更复杂变量间关系（王孟成，2014）。使用收入做解释变量、"养护医"三项支出做中介变量、老人生活满意度做被解释变量的路径模型方程如下：

$$satisfy_i = \alpha_0 + \alpha_1 income_i + \alpha_2 old_i + \alpha_3 medical_i + \alpha_4 ltc_i + \varepsilon_i$$
$$old_i = \beta_0 + \beta_1 income_i + \zeta_i$$
$$medical_i = \gamma_0 + \gamma_1 income_i + \zeta_i$$
$$ltc_i = \varphi_0 + \varphi_1 income_i + \varphi_i \tag{7-1}$$

式（7-1）中，satisfy是生活满意度，income是老人每月收入，三个中介变量old、medical、ltc分别是老人每月的养老、医疗和照护支出。

第二节 实证结果分析

一、描述性统计

表7-1 描述性统计结果

变量	N	mean	sd	min	max
年收入	10284	18058	23686	0	960000
职工基本养老金	2612	2464	1003	0	8000
机关事业单位离退休金	1662	2818	1467	0	9000
城镇居民养老金	723	1013	1031	0	6000
农民养老金	3954	142.8	273.7	0	3200
无社保老年居民养老金	435	159.5	301.6	0	2000
低保金	802	153.6	189.7	0	2100
高龄津贴	1363	71.68	73.25	0	1500
居家养老服务补贴	69	101.5	175.4	0	1000
农村计划生育奖励扶助金	104	68.63	102.6	0	1000
政府其他救助	601	262.5	375.0	0	3500
社保总收入（每月）	11511	1119	1434	0	14400
养老生活支出	7762	1431	1969	0	78000
医疗支出	8739	404.9	1112	0	70500
照护支出	8381	50.65	447.2	0	31200
生活满意度	11197	4.030	0.920	1	5

据CLASS2014年数据，老年人的平均收入为18058元。各个年龄段老人的年平均收入收入如表7-2所示。不同年龄组的老人的收入也呈现了一定的U型走势，低龄老人的收入更高，中龄老人的收入最低，而80岁以上高龄老人的收入又相对更高。结果并不是通常认为的老年人的收入会随着年龄的增加而降低。

表 7-2 不同年龄段的年收入情况（单位：元）

年龄段	观测频数	均值	最小值	最大值
60—64	3265	18648	0	550000
65—69	2153	17923	0	960000
70—74	1760	17166	0	490000
75—79	1500	17712	0	240000
80—84	1079	18344	0	540000
85—89	399	17652	0	130000
90+	127	20552	0	130000

数据来源：2014 年中国老年社会追踪调查（CLASS）。

被访老人的收入来源中，各种社会保障待遇是最主要的经济支持，包括养老金（企业、机关事业单位、城镇居民、农村居民有不同的养老金）、低保金等全国性的社保项目待遇，还有高龄津贴、居家养老服务补贴、计划生育奖励扶助金、其他救助等地方性的社保待遇。具体的金额如表 7-3 所示。

表 7-3 被访老人享受社会保障待遇情况（单位：元）

收入来源	60—64	65—69	70—74	75—79	80—84	85—89	90+
城镇职工基本养老金	2450	2389	2344	2528	2606	2780	2853
机关事业单位离退休金	2634	2776	2721	2937	3029	3333	3515
城镇居民社会养老保险金	1044	1045	1050	988	934	674	999
农村社会养老保险金	133	138	155	144	142	194	127
城乡无社保老年居民养老金	147	160	151	173	171	205	103
低保金或贫困救助金	171	140	124	148	151	243	279
高龄津贴	62	64	65	59	83	84	129
居家养老服务补贴	5	27	73	107	79	213	400
农村计划生育奖励扶助金	64	108	64	31	40	—	—
政府其他救助	198	240	275	250	356	419	307

数据来源：2014 年中国老年社会追踪调查（CLASS）。

据表 7-3 数据，机关事业单位离退休金为每月 2818 元，城镇职工养老金每月为 2464 元，居民养老金为 1013 元/月，农村养老金为 143 元/月，城乡无社会保障老年居民养老金每月为 160 元，老人低保金或贫困救助金平均为 154 元/月，高龄津贴为72元/月,居家养老服务补贴为101元/月,农村计划生育家庭奖励扶助金平均为69元/月,其他政府救助为263元/月。由于绝大部分社会保障金并不能同时享受,故而可知,那些依靠农村养老金、无社保老年居民养老金、低保金或贫困救助金的老人的经济状况会比较脆弱,是容易陷入老年贫困的高风险人群。另外,还有9.6%的老人没有任何社保金收入。

每月平均支出为2306.5元。从表7-4的分年龄段来看,老人平均每月支出在80岁之前呈下降的走势,而80岁之后则呈增多的态势。

表7-4 不同年龄段的平均每月支出情况(单位:元)

年龄段	观测频数	均值	最小值	最大值
60—64	2958	2475	0	120000
65—69	1924	2334	0	80000
70—74	1542	2075	0	50000
75—79	1260	2092	0	80000
80—84	891	2206	0	70000
85—89	316	2611	0	48000
90+	102	2982	0	42000

数据来源:2014年中国老年社会追踪调查(CLASS)。

其中,老年平均每月生活支出为1431元,医疗支出为405元,照护支出为51元。每个年龄组的三项支出如图7-1所示:

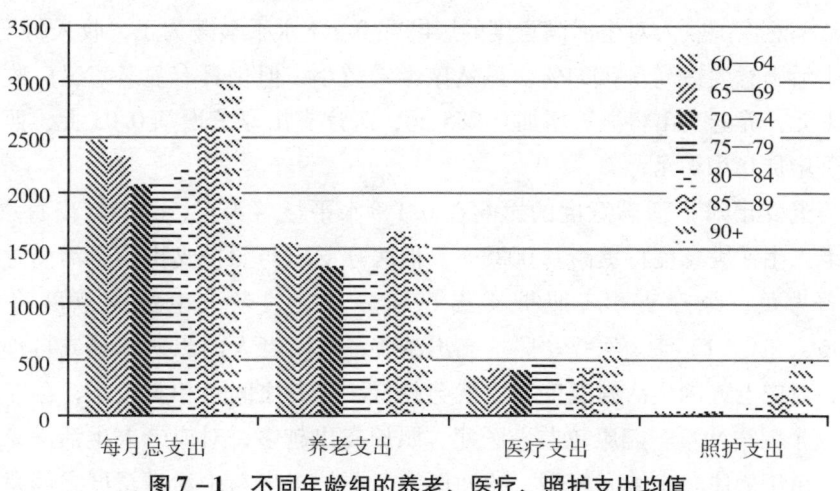

图7-1 不同年龄组的养老、医疗、照护支出均值

从图 7-1 可以看出，老人的每月支出、养老支出大体呈现 U 型走势，老年早期和晚期支出多，中间支出相对更少。而医疗支出在整个老龄期都比较平稳，只是到了 90 岁以上才会增加很快。研究表明，老人的医疗支出最大部分发生在生命期最后三年。照护支出则随着年龄的增长而不断增多，尤其是 85 岁以上高龄老人的照护支出增加很快。

二、模型估计结果

我们使用极大似然估计对方程组（7-1）进行估计，结果如图 7-2 所示：

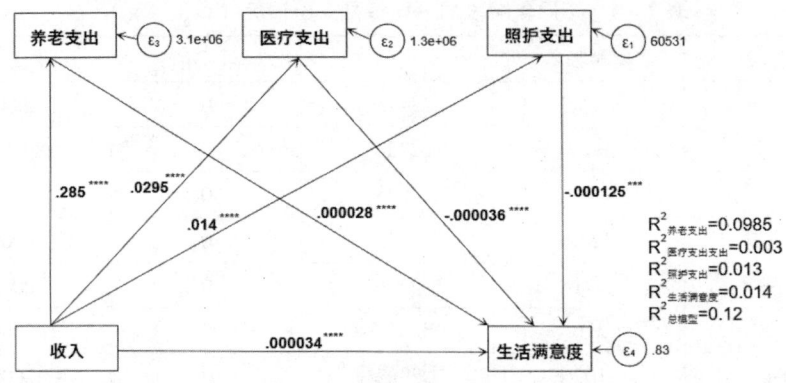

图 7-2　收入、养护医支出与老人生活满意度

注：＊＊＊＊，0.1% 显著；＊＊＊，1% 显著。

图 7-2 中，老人的收入可以直接影响其生活满意度，也可以通过养老、医疗和照护三项支出间接影响。而养老、医疗和照护支出则是直接地作用于老人的生活满意度。收入对生活满意度的影响在 0.1% 水平显著为正，收入每增加 1 元，生活满意度提高 0.0034%。虽然该影响较小，但仍具有显著意义。收入每增加 1 元，养老支出将显著增加 0.285 元，医疗支出显著增加 0.03 元，照护支出显著增加 0.014 元。

养老支出对生活满意度的影响在 0.1% 水平显著为正，养老支出每增多 1 元，老人生活满意度将提高 0.0028%。但医疗支出与照护支出的生活满意度影响显著为负。医疗支出、照护支出每增多 1 元，老人生活满意度将下降 0.0036% 和 0.0126%。医疗、照护支出越多，说明老人的患病越多或自理能力越差，对应老人的生活满意度相应就会越低。二者之间是相关关系，存在"健康"这个混淆变量。健康越差，医疗、照护支出越多，对应老人生活满意度也越差。由于健康并未纳入模型，故而医疗、照护支出与生活满意度之间是相关关系，而不是因果关系。

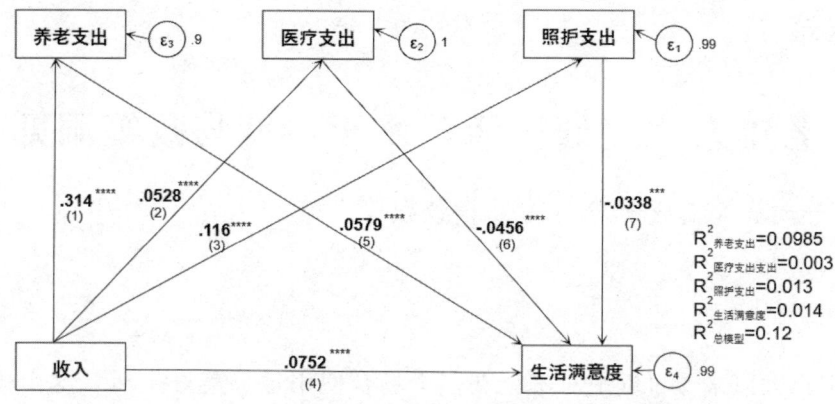

图 7-3 收入、养护医支出与老人生活满意度（标准化系数）

注：＊＊＊＊，0.1%显著；＊＊＊，1%显著。

为便于比较，图 7-3 报告了标准化系数。表 7-5 计算了收入的直接效应、间接效应和总效应。收入的总效应为 0.087，意味着收入每增多一个标准差，老人的生活满意度将上升 0.087 个标准差。收入每增多 1 个标准差，养老、医疗和照护支出将分别增多 0.314、0.116 和 0.528 个标准差，说明老人的收入增长更多地用于养老和照护，用于医疗的最少。从三项支出的生活满意度绩效来看，养老支出的绩效为正，而医疗支出和照护支出的绩效显著为负。其中，医疗支出的负向绩效更低。这说明，应将更多的支出用于养老支出、照护支出，用于医疗支出的越多，生活满意度越低。

表 7-5 收入影响老人生活满意度的效应分解

解释变量	直接效应	间接效应	总效应
养老支出	0.0579		
医疗支出	-0.0456		
照护支出	-0.0338		
收入	0.0752	0.0119a	0.087

注：a =（1）＊（5）+（2）＊（6）+（3）＊（7）。

从本章实证结果可知，被访老人的生活满意度总体较高。从估计结果来看，我国应改变传统的以疾病治疗为核心的健康保障体系，将更多的经济资源用于购买养老服务，或将更多的医疗资源转移到老人照料护理。通过这种结构优化，能进一步提高养老经济资源的使用效率和最终绩效，最终提高我国老年人的生活满意度。

第八章

老年人"美好生活"水平测度与政策洞见

——基于主成分分析的三指数模型[1]

十八大以来,习近平总书记在多个场合使用过"美好生活"这个概念。2012年11月15日,习总书记在十八大中央政治局常委同中外记者见面时指出:"人民对美好生活的向往,就是我们的奋斗目标。"2017年10月18日,党的十九大报告以"美好生活"开篇,其中13处提到"美好生活",并以"美好生活"的奋斗结尾。十九大还高瞻远瞩地指出我国社会的主要矛盾已转变为"人民日益增长的美好生活需要和不平衡不充分的发展之间的矛盾"。很显然,"美好生活"已成为习近平新时代中国特色社会主义思想的核心概念,并且成为全国人民共同追求和努力奋斗实现的至高目标。"美好生活"提出之后,旋即引起我国社会各界的强烈反响,学术研究也呈井喷式涌现。

实现我国人民美好生活将面临的最大挑战是日益严峻的人口老龄化、高龄化、失能化。截至2018年底,我国60岁以上老年人已有2.49亿,占总人口17.9%,其中65岁以上人口1.67亿,占总人口11.9%[2];失能老人4000万,完全失能老人2000万[3]。到21世纪中叶,会有近4亿老年人。很显然,占总人口近1/3、整个生命周期近1/4的老年人是实现人民"美好生活"的重点人群,也是难点人群。如何保障好、实现好老年人的美好生活会是未来30年我国政府社会必须直面的重要问题。

每个老年人都充满了对美好生活的向往。它既蕴含普遍性的价值追求,也包括不同于非老年人群的特殊诉求(王胜今、舒莉,2018)。经过40年改革开放的巨大变化,目前我国老年人的生活究竟有多"美好"?充足性如何?是否存在不平衡不公平问题?很显然,无论是理论研究,还是政策实践,都首先依赖

---

[1] 原文发表于《社会保障研究》2020年第3期。此处略有修改。
[2] 数据来源:国家统计局《2018年国民经济和社会发展统计公报》。
[3] 数据来源:国家卫健委《健康中国行动推进委员会办公室2019年7月29日新闻发布会文字实录》。

于对老年人美好生活的科学测量结果。应如何设置科学的指标体系来对老年人美好生活进行测量评估？通过文献梳理发现，"美好生活"已成为学界高度关注和研讨的热点，但绝大部分都是在对"美好生活"进行概念梳理与学理探讨，而量化的测量研究还极为少见。仅有的个别测量模型都是针对全体人民美好生活的总体状况。而专门针对老年人美好生活的测量研究工作仍然空缺。

鉴于此，本章在对老年人美好生活进行理论挖掘和提炼的基础上，基于CLHLS微观调查数据，并使用主成分分析法，构建我国老年人美好生活指标体系，进而测量我国老年人美好生活水平、地区状况及组群差异。

第一节 文献回顾

"美好生活"是从生活质量、幸福生活等逐步发展演变而来。加尔布雷斯（1958）最先提出"生活质量"的概念，提出在经济增长的同时，还应追求和谐、悠闲和有保障的生活的社会发展新观点，来反思美国社会物质生活水平高但社会矛盾丛生的状况。罗斯托（1960）则将工业化进程划分为"传统社会、准备起飞、起飞、走向成熟、大众消费、追求生活质量"六个阶段。此后，生活质量研究在发达国家蓬勃发展。20世纪70年代，对生活质量的研究进一步扩展到更高层次的幸福生活。南亚国家不丹1970年创立了由政府善治、经济增长、文化发展、环境保护四个方面构成"国民幸福总值"（GNH）指数（张启良、沈江铃，2015）。美国心理学家卡尼曼、艾伦·克鲁格从2006年起编制国民幸福指数，由社会健康指数、社会福利指数、社会文明指数、生态环境指数4个一级指标构成，也被称为"幸福生活指数"（周四军，2008）。2012年4月，联合国还首次发布了"全球幸福指数"。近十年来，幸福生活又进一步发展为"美好生活"。2011年，经济合作与发展组织（OECD）推出了美好生活指数（Better Life Index，BLI），用于测度OECD成员国的居民生活质量。2014年版的BLI共有11个一级指标，包括社区环境、健康水平、住房、教育、生活满意度、收入水平、环境、安全、工作、公民参与、工作—生活平衡等（李建华，2017）。相比之前的生活质量指数（PQLI）、幸福指数（HI）等测量工具，美好生活指数（BLI）的测量内容更全面、更具代表性，且指标覆盖性更好、层次更高、立意更深远。

20世纪80年代末以来，我国学者开始介绍和研究生活质量（李志宏，2019）。但总体上，测量生活质量、国民幸福指数的研究比较多，但测量国民

"美好生活"的研究还较少。目前只有中央广播电视总台2018年3月7日基于《中国经济生活大调查》发布了调查10万中国家庭形成的"中国美好生活指数",包含获得感、安全感、幸福感3个一级指标,以及薪酬水平、福利水平、物价水平等38个二级指标,测量得到2017—2018年为102.44,2018—2019为102.75①。就老年人而言,据2015年第四次中国城乡老年人生活状况调查数据,幸福感指数为60.8%,比2000年的48.8%提升了12个百分点(党俊武等,2018)。罗晓晖(2019)基于马斯洛需求层次理论、生命周期理论、积极老龄化等理论,提出了由健康状况、经济状况、居住环境、精神状况、主观感受五个13个指标构成的老年人生活质量指数,并利用第四次中国城乡老年人生活状况调查数据计算了31个省份老年人生活质量指数。但直接测量"老年人美好生活"的量化研究还属空白。

几千年来,我国各朝代都致力于解决老人的"老有所养"问题,实际效果却差强人意。新中国建立以来,我国对养老保障的认识和理念一直在不断丰富、完善和提升。1983年国务院批复的全国老龄委《关于我国老龄工作中几个问题的请示》中开始提出"老有所养、老有所为"的两个"老有";1984年全国老龄委《关于充实机构增加人员编制的请示》中又提出"老有所养、老有所为、老有所学",增加到"三有";同年,卫生部、北京市政府、全国老龄委给国务院《关于在北京建立老年病医院的请示》中首次提出"老有所医";1984年第一次全国老龄工作会议完整地提出了"老有所养、老有所医、老有所为、老有所学、老有所乐"的"五有"目标(王爱珠,1996)。2017年,我国进一步提出了"老有所养、老有所医、老有所乐、老有所为、老有所教、老有所学"的"六有"老龄工作目标。经过几十年持续不断发展,我国建成了世界上最大的覆盖城乡的基本养老保险制度、基本医疗保险制度,实现了"老有所养""老有所医"的目标。但"老有所乐、老有所为、老有所教、老有所学"等其他老龄工作目标一直比较滞后。"美好生活"目标提出来之后,实现老年人"美好生活"相应就成为我国对养老保障的新认识、新表述和最高目标。这也意味着在进入全面推进社会主义现代化建设的新时代,我国对养老保障的标准界定将不再满足于"一有""二有""三有""四有""五有""六有"等具体目标或数量指标,而将会跨越式地对老年人"美好生活"进行顶层设计、总体规划,对老年人需求进行全面回应、系统供给。

---

① 《中国经济生活大调查》重磅推出"美好生活指数"[EB/OL]. 央视网,2018-03-09.

何谓老年人美好生活？老年人美好生活涉及哪些方面的内容？相应的测量指标体系应该如何设定？我们认为，老年人美好生活属于人民美好生活的一部分，包含了美好生活的普遍性、共性成分，但老年人又是一个特殊群体，共性之外还有个性特点。当前我国社会主要矛盾主要是为了满足人民日益增长的美好生活需要。归根结底，老年人"美好生活"都取决于老年人的需求需要能否得到满足。马克思、恩格斯曾将生活状态区分为三种层次需要的满足：生存需要、享受需要、发展需要（牟成文，2012）。美国心理学家马斯洛提出需求层次理论，强调人类需求像阶梯一样从低到高分为五种层次：生理需求、安全需求、社交需求、尊重需求和自我实现需求（胡家祥，2015）。这两种理论路径强调的需要虽层次有异，但并不割裂。参考这些研究，我们将老年人美好生活归纳为：安全需要、生存需要、享受需要。

老年人的生存需要更多地指向物质生活条件，涉及衣、食、住、行等各方面。这是基本前提和保障。具体到老年人，由于受生理条件的限制，已难以获得持续稳定的收入来源（李实、杨穗，2011），因此需要稳定的养老保障支持。同时，老年人的健康禀赋随着年龄的增长而贬值，身体机能大幅下降，需要照护支持、医疗保障以应对疾病风险（Grossman，1972）。2010年全国第六次人口普查结果显示，有83.15%的老年人为健康和基本健康，生活上不需要依赖别人照顾，能够分享到社会发展成果；有16.85%的老年人口健康状况欠佳，需要得到家人和社会照料，其中有524万老年人生活不能自理，占老年人口的2.95%（王胜今、舒莉，2018）。这部分老年人由于健康资本存量所剩无几，对美好生活的向往也随之降低，甚至在痛苦中煎熬。因此，老年人在生存方面不仅有普通的衣、食、住、行需要，更亟须养老、护理、医疗。同时，马斯洛需求层次理论强调，整个有机体都是一个追求安全的机制，人的感受器官、效应器官、智能和其他能量主要是寻求安全的工具。老年人处在身体机能衰退、生理功能下降的阶段，对安全的需求也是最基本、最重要、最敏感的需求之一（张晓琼、侯亚丽，2015）。不仅如此，老年人年轻时为社会建设发展做出了重要贡献，年老了也应共享发展成果，需要丰富的文化娱乐陶冶情操、点缀生活（王爱珠、奚全治，1999）。同时，老年人也可以根据自己的兴趣爱好学习掌握一些新知识和新技能，继续学习、终生学习，学有所成、学有所乐（刘同昌，2000）。

我们没有使用发展指数，是因为相比年轻、就业者，老年人的发展需求相对较弱，而安享晚年的享受需求更为突出。故而我们使用生存、安全、享受三个层次指标来构建老年人美好生活指数，既包含了美好生活的丰富内涵，即丰富高雅的物质文化生活、风清气正的政治生活、有尊严的社会生活、和谐优美的生态生活，也深刻反映了老年人晚年生活对健康长寿、幸福愉快、继续发展的价值追求。需要指出的是，老年人美好生活并非一成不变的，而是一个动态发展的概念。随着经济社会发展，人们的养老需求也在不断向多样化、高层次方向发展，期待实现健康、尊严、有价值、高质量的老年生活。相应地，未来也需要动态调整老年人美好生活的测量指标体系。并且鉴于"美好生活"概念的多维性，测量老年人美好生活的指标体系也并不唯一。

第二节 数据、变量与模型

一、数据来源

本节使用的数据是北京大学组织的中国老年人健康长寿影响因素调查（CLHLS）项目。该项目从1998年启动，是目前中国最大的关于老年人口研究的微观数据，涵盖了山东、海南、辽宁、吉林、浙江、福建等22个省（市、自治区）的631个县级行政区，收集了受访者社会经济、健康状况、生活环境等翔实的信息。该调查数据通过了关于准确性、可靠性、一致性、随机性的系统性测试，数据质量良好（Gu and Dupre, 2008）。本节使用该项目发布的2014年数据。

二、变量来源

本节构建的老年人"美好生活"指标体系（Better Life Index for the Elderly, BLI-E）主要包括"安全、生存、享受"3个一级指数。我们以CLHLS2014年调查数据为基础，对各一级指数进行变量的操作化，构建对应的指标体系。

(1) 生存指数。老年人生存需要涉及基本的生活保障、健康保障等，主要使用3个二级指标：第一，生活状况（life），CLHLS2014问卷询问被访者"您觉得您现在的生活怎么样"，取值1—5，分别代表"非常差、差、一般、好、非常好"。该指标主要是对老年人的生活状况进行总体评价。第二，经济水平（economy），问卷询问被访者"您的生活在当地比起来，属于"，取值1—5，分别代表"很困难、比较困难、一般、比较富裕、很富裕"。显然，该指标主要是测量老年人的经济收入状况。第三，健康状况（health），问卷询问被访者"您觉得您现在的健康状况怎么样？"，取值1—5，分别代表"非常差、差、一般、好、非常好"。

(2) 安全指数。老年人安全需要涉及老人对安全的自我感知，主要使用3个二级指标：第一，恐惧感（fear）。CLHLS2014问卷询问被访者"您是不是经常感到紧张、害怕",取值1—5,分别代表"总是、经常、有时、很少、没有"。第二,孤独感(lonely),问卷询问被访者"您是不是经常觉得孤独",取值1—5,分别代表"总是、经常、有时、很少、没有"。第三,无用感(useless),问卷询问被访者"您是否总觉得越老越不中用",取值1—5,分别代表"总是、经常、有时、很少、没有"。

(3) 享受指数。老年人享受需要涉及文体娱乐活动等,主要使用3个二级指标:第一,读书看报(read),CLHLS2014问卷询问被访者"您看书读报等的频率",取值1—5,分别代表"没有、较少、一般、较频繁、非常频繁"。第二,电视广播(watch),问卷询问被访者"您看电视或者听广播的频率",取值1-5,分别代表"没有、较少、一般、较频繁、非常频繁"。第三,种花养草(garden),CLHLS2014问卷询问被访者"您参与花园种植等的频率",取值1—5,分别代表"没有、较少、一般、较频繁、非常频繁"。

根据这些测量指标构建的我国老年人"美好生活"指标体系(Better Life Index for the Elderly,BLI-E)。如图8-1所示:

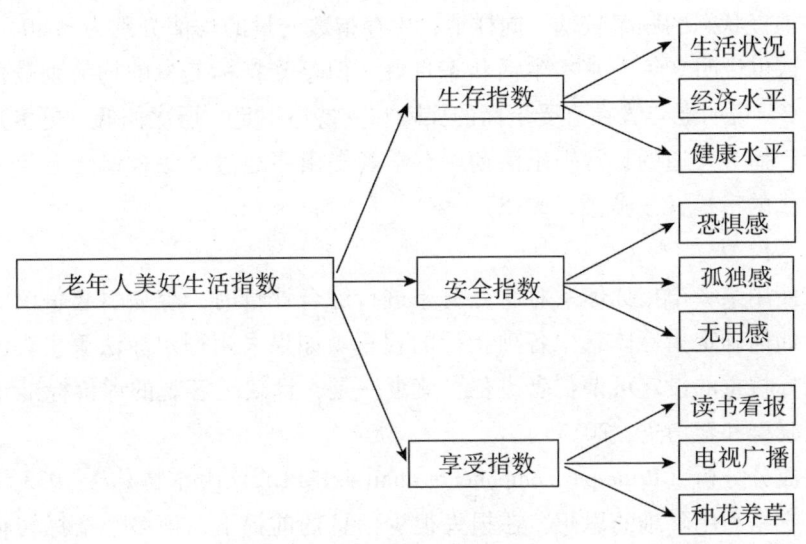

图8-1 老年人美好生活指标体系

表8-1 主要变量的描述性统计结果

变量	符号	样品量	均值	标准差	最小值	最大值
生活状况	life	6577	3.800	0.790	1	5
经济水平	economy	6956	3.040	0.620	1	5
健康水平	health	6572	3.360	0.880	1	5
恐惧感	fear	6360	4.030	0.850	1	5
孤独感	lonely	6380	3.930	0.950	1	5
无用感	useless	6314	3.200	1.130	1	5
养花种草	garden	7035	1.690	1.440	1	5
读书看报	read	7037	1.630	1.340	1	5
电视广播	watch	7040	3.570	1.770	1	5

从表8-1可以看出，老年人美好生活的各指标中，安全指标变量的均值分别为4.03、3.93、3.20，说明老年人安全指数总体较高，处于恐惧、孤单和无用感的消极状态的频率较低。同样地，生存指数变量的均值分别为3.80、3.63、3.36，这也说明老年人基本生活状态良好。但享受指标变量的均值则较低，大多小于2，说明老年人在享受层面的保障和支持还不足，层次偏低，更多是看电视、听广播等普通的日常娱乐活动。有学者提出要通过立法来保障老年人享受更多时代的幸福（王燕霞，2015）。

三、模型

在使用某一个指标体系对研究对象进行综合评价时，容易引起争议的问题在于，如何确定指标体系中各项指标的权重。如果采用德尔菲法等主观法，专家对指标权重的设定可谓仁者见仁、莫衷一是，且缺乏客观的评价标准（贾俊平、何晓群和金勇进，2015）。

主成分分析（Principal components analysis，PCA）由霍特林于1933年首先提出。它是利用降维的思想，在损失很少信息的前提下，把多个指标转化为几个主成分（何晓群，2015）。使用该方法可以求解出基于统计模型的因子载荷系数和各个主成分的方差解释比，从而得到客观的指数权重，且可以通过旋转的办法来使各个主成分获得比较清晰的含义。为此，我们使用主成分分析法来构建老年人"美好生活"指数，具体是基于测量指标——二级指数——综合指数的操作路径。模型如下：

$$\begin{cases} Y_{生存} = \mu_{11}X_1 + \mu_{21}X_2 + \cdots + \mu_{p1}X_p \\ Y_{安全} = \mu_{12}X_1 + \mu_{22}X_2 + \cdots + \mu_{p2}X_p \\ Y_{享受} = \mu_{13}X_1 + \mu_{23}X_2 + \cdots + \mu_{p3}X_p \end{cases} \quad (8-1)$$

如果经过旋转,则得到的综合指数为:

$$F_1 = \theta_{11}Y_{生存} + \theta_{21}Y_{安全} + \theta_{31}Y_{享受}$$
$$F_2 = \theta_{12}Y_{生存} + \theta_{22}Y_{安全} + \theta_{32}Y_{享受}$$
$$F_3 = \theta_{13}Y_{生存} + \theta_{23}Y_{安全} + \theta_{33}Y_{享受} \quad (8-2)$$

最后根据各个主成分的方差贡献率 λ_i 计算出各个主成分得分,进而对老年人的"美好生活"指数进行评分、排序、比较等综合评价。如式(8-3)所示:

$$BLI - E_i = \lambda_1 F_1 + \lambda_2 F_2 + \lambda_3 F_3 \quad (8-3)$$

式(8-1)中,Y_i 为生存、安全、享受 3 个二级指数,μ_{ij} 为因子载荷,X_i 为各个测量指标;式(8-2)中,F_i 为旋转后的指数,θ_i 为旋转后的载荷系数;(8-3)式中,λ_i 为各个主成分的方差解释比。$BLI - E_i$ 为最后的老年人"美好生活"指数。

第三节 实证结果分析

一、主成分模型估计结果

在进行主成分分析之前,必须进行 KMO 检验和 Bartlett 检验,为的是检验各个指标之间是否有足够的相关性来构建主成分(俞立平和刘骏,2018)。本节所选择的 9 个指标变量的检验结果如表 8-2 所示:

表 8-2 KMO 检验与 Bartlett 检验

检验类型	KMO 检验	Bartlett 检验
检验结果	KMO = 0.74	χ^2 (36) = 8501.354; p = 0.000

从表 8-2 可知,KMO 检验等于 0.74,超过 0.5 的最低可接受水平,达到了中度可接受水平(Kaiser,1974)。Bartlett 检验结果 p = 0.000,非常显著地拒绝了各个指标之间不相关的原假设。这些检验结果说明,我们所选择的 9 个指标可以用于下一步的主成分分析。故此,我们使用 STATA 软件的 PCA 命令对 9 个指标进行主成分分析,结果如表 8-3 所示:

表 8-3 主成分分析的特征值、方差解释

主成分	特征值	特征值差	方差解释比	累积方差解释比
第 1 主成分	2.70644	1.41547	0.3007	0.3007
第 2 主成分	1.29097	0.163545	0.1434	0.4442
第 3 主成分	1.12743	0.338847	0.1253	0.5694

从表 8-3 的估计结果可知，只有 3 个主成分的特征值大于 1，故我们选择保留第 1 主成分、第 2 主成分和第 3 主成分。3 个主成分一共可以解释该 9 个指标的 57% 的方差。

主成分分析的关键在于能否给主成分赋予新的意义，给出合理的解释。然而，被保留的 3 个主成分的载荷系数中（结果略），只有第 2 个主成分的含义比较清晰，能代表享受指数，但第 1 主成分和第 3 主成分的载荷系数都比较接近，所代表的含义不够清晰。故我们进一步使用方差最大化的正交旋转。结果如表 8-4 所示：

表 8-4 正交旋转后的主成分载荷系数矩阵

指标变量	第一主成分	第二主成分	第三主成分	未被解释部分
生活状况	-0.0216	0.6321	-0.0274	0.327
经济水平	-0.0499	0.5406	0.0306	0.5024
健康水平	0.0509	0.5445	-0.0060	0.4409
恐惧感	0.6382	-0.0359	-0.0523	0.3119
孤独感	0.6395	-0.0096	-0.0030	0.2711
无用感	0.4129	0.1013	0.1127	0.5553
养花种草	-0.0418	-0.0066	0.5800	0.4929
读书看报	-0.0341	-0.0053	0.6179	0.4202
电视广播	0.0686	-0.0042	0.5144	0.5535

注：旋转方法为正交的方差最大化旋转。

经过旋转之后，表 8-4 中各个主成分的含义变得更加清晰，更易于解释。主成分的经济意义由各个线性组合中权数较大的几个指标的综合意义来确定（何晓群，2015）。第一主成分中，恐惧感、孤独感、无用感 3 个指标的载荷系数远大于其他指标的载荷系数，说明第一主成分主要是刻画了安全指数。同理，

第二主成分主要是刻画了生存指数，而第三主成分主要是刻画了享受指数。

表8-5 旋转主成分的载荷系数及方差解释度

旋转后	第一主成分	第二主成分	第三主成分	解释方差	方差节解释比
主成分1	0.6392	0.6300	0.4411	1.8048	0.201
主成分2	-0.4441	-0.1658	0.8805	1.7587	0.195
主成分3	0.6278	-0.7587	0.1738	1.5614	0.174

旋转后的主成分的载荷系数如表8-5所示，解释的方差分别为1.804、1.759、1.561，各占20.1%、19.5%和17.4%。综合旋转后的主成分分析结果得到的主成分计算公式如下：

$$Y_{生存} = 0.6321X_1 + 0.5406X_2 + 0.5445X_3 - 0.0359X_4 - 0.0096X_5 + 0.1013X_6 - 0.0066X_7 - 0.0053X_8 - 0.0042X_9$$

$$Y_{安全} = -0.0216X_1 - 0.0499X_2 + 0.0509X_3 + 0.6382X_4 + 0.6395X_5 + 0.4129X_6 - 0.0418X_7 - 0.0341X_8 + 0.0686X_9$$

$$Y_{享受} = -0.0274X_1 + 0.0306X_2 - 0.006X_3 - 0.0523X_4 - 0.003X_5 + 0.1127X_6 + 0.58X_7 + 0.6179X_8 + 0.5144X_9$$

$$\begin{cases} F_1 = -0.4441 * Y_{生存} + 0.6392 * Y_{安全} + 0.6278 Y_{享受} \\ F_2 = -0.1658 * Y_{生存} + 0.63 * Y_{安全} - 0.7587 Y_{享受} \\ F_3 = 0.8805 * Y_{生存} + 0.4411 * Y_{安全} + 0.1738 Y_{享受} \end{cases}$$

$$BLI - E_i = 0.201 * F_1 + 0.195 * F_2 + 0.174 * F_3$$

二、老年人"美好生活"水平测量结果

1. 分指数与总指数值

首先得到中国老年人美好生活指数的主成分值如图8-2所示。该指数是标准化值。从图8-2可知，生存指数大体呈对称的正态分布，而安全指数呈一定的右偏分布，表明安全指数水平相对更高。享受指数更呈左偏分布，表明老人的享受指数水平偏低。最后，综合指数总体上呈对称的正态分布。

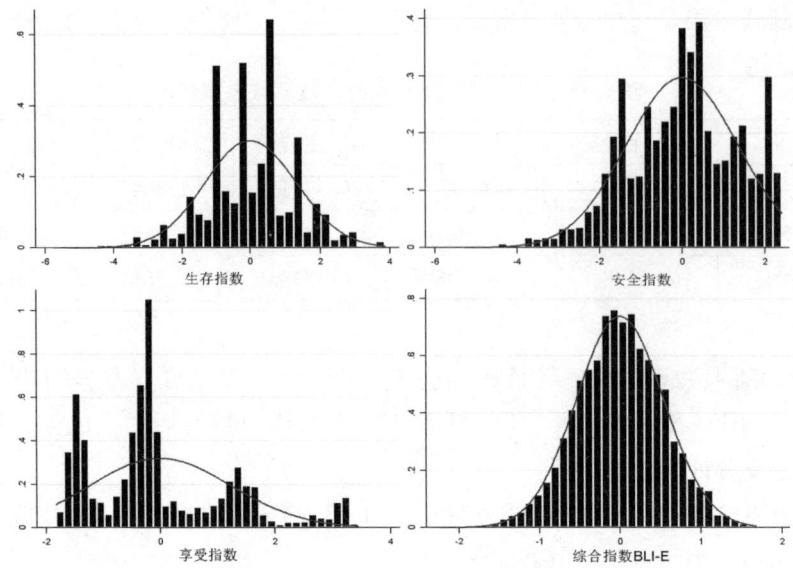

图 8-2 中国老年人"美好生活"指数(BLI-E)

2. 各省(市、区)的老年人"美好生活"水平

我们根据得到的 BLI-E 指数计算各省(市、区)的分指数值和综合 BLI-E 均值,如表 8-6 所示:

表 8-6 中国各省市的老年人美好生活水平(N=6125)

地区	生存指数	排序	安全指数	排序	享受指数	排序	BLI-E	排序
北京	0.468	2	0.827	1	1.031	1	0.437	1
天津	0.339	4	0.360	6	0.788	4	0.275	3
河北	0.765	1	0.813	2	0.220	9	0.351	2
山西	0.049	11	-0.132	18	0.704	6	0.105	11
辽宁	0.040	12	0.039	12	0.523	7	0.106	10
吉林	0.055	10	0.487	4	0.812	3	0.250	4
黑龙江	0.098	8	0.218	8	0.892	2	0.218	5
上海	-0.021	13	0.142	10	0.727	5	0.151	7
江苏	0.243	5	0.045	11	-0.124	18	0.035	14
浙江	0.125	7	-0.082	17	-0.008	15	0.006	15
安徽	-0.405	21	-0.210	21	-0.381	23	-0.187	21
福建	-0.061	16	-0.029	15	0.117	12	0.003	16

续表

地区	生存指数	排序	安全指数	排序	享受指数	排序	BLI-E	排序
江西	-0.759	23	-0.189	20	-0.233	19	-0.227	22
山东	0.372	3	0.033	13	0.205	10	0.115	9
河南	-0.082	17	-0.022	14	-0.324	22	-0.077	18
湖北	-0.113	19	-0.078	16	-0.082	16	-0.052	17
湖南	-0.101	18	-0.534	23	-0.270	20	-0.174	20
广东	-0.039	15	0.166	9	0.076	13	0.039	13
广西	-0.311	20	-0.174	19	-0.113	17	-0.115	19
海南	-0.633	22	-0.394	22	-0.312	21	-0.257	23
重庆	-0.032	14	0.368	5	0.061	14	0.078	12
四川	0.058	9	0.541	3	0.146	11	0.145	8
陕西	0.165	6	0.341	7	0.325	8	0.157	6

注：天津、河北、山西的观测值较少，分别为28、39、40。

由于主成分分析报告的结果是标准化值，故表8-6中的BLI-E也是标准值，反映高于或低于均值多少个标准差。取值为负数，并不表示该省（市、区）的老年人美好生活水平为负数，只是说低于平均水平的标准差程度。在分指数中，生存指数最高的分别为河北、北京、山东、天津和江苏，而最低的是江西、海南、广西、湖北和湖南五省。安全指数中，前五位分别是北京、河北、四川、吉林和重庆，后五位分别为湖南、海南、安徽、江西和广西。享受指数中，最高五位分别为北京、黑龙江、吉林、天津和上海，而后五位为安徽、河南、海南、湖南和江西。最后得到的综合指数BLI-E最高的为北京、河北、天津、吉林和黑龙江，都位于京津冀和东北地区，而后五位为海南、江西、安徽、湖南和广西。

生存指数中，前三的河北、北京和山东，只高出平均水平0.765、0.468和0.372个标准差，而最后三位的江西、海南和安徽，则也只低于平均水平0.759、0.633和0.405个标准差。安全指数中，最高的北京、河北和四川，则高于平均水平0.827、0.813和0.541个标准差，最低的三个省湖南、海南和安徽，低于平均水平0.534、0.394和0.210个标准差。而享受指数、综合指数BLI-E的各省差异都没有超出±1个标准差的范围。可见，各省的老年人美好生活指数取值的差异并不大，不平衡问题相对较小。这说明当前我国存在的老年人对美好生活的向往与发展不充分不平衡问题之中,相比不平衡问题,不充分的问题更为突出,更是当务之急。部分学者也发现,目前养老服务供给不充分、养老金供给不足等问题突出(王先菊,2018),需要以新发展理念来解决养老保障体系现实问题,更充分满足养老需求(沈毅、张爱军,2017)。2019年3月15日,李克强总理在十三届人大二次会议答记者问时就专门指出,养老服务有困难,公共服务供给不足①,要重点解决"一老一小"问题。

3. 不同人群的老年人美好生活水平

图8-3显示了分组群的老年人美好生活综合指数。从图8-3中可以看出,相比男性,女性的美好生活程度更低。由于女性预期寿命更长,目前老年人中女性老年人的占比越来越高。而女性一般就业时间更短、收入更低更不稳定、积累的养老资源和财富更少,使得老年生活风险更大(王震,2009)。未来养老资源配置中,应更多关注女性老年人的生活状况。相比城镇老年人,农村老年人的美好生活程度更低。农村老年人的生活水平较低、养老金水平也更低,相比城镇老年人的养老问题更为突出(邹铁钉,2014;刘桂莲,2015)。相比低龄老人,高龄老人由于生活自理能力更低、医疗护理开支更大,生活水平更低(何文炯,2012;白晨、顾昕,2019)。相比与家人同住的老人,独居、养老院养老的老人的美好生活程度更低,也有研究表明家庭养老的老年人幸福感更高(陈东、张郁杨,2015)。这样说明我国的养老保障模式应以居家养老为主要选择。这对满足老人的生存、安全和享受等需要更为有利,从而有利于提高老年人健康和晚年生活质量。这些结果说明我国老年人美好生活的不平衡问题更多地表现在不同的老年人群之间。未来在我国加大养老资源供给总量的同时,还需要更细致地进一步配置好这些养老资源,将更多的资源和政策倾斜给女性老人、农村老人、高龄老人、独居或机构养老的老人。尤其是独居或机构养老的农村高龄女性老人,是所有老年人群体中生活质量最低、风险最高的人群,是需要我国养老保障政策精准施策的保障对象。

---

① 李克强谈"一老一小"问题:应该引起更高的重视[EB/OL].中国青年网,2019-03-15.

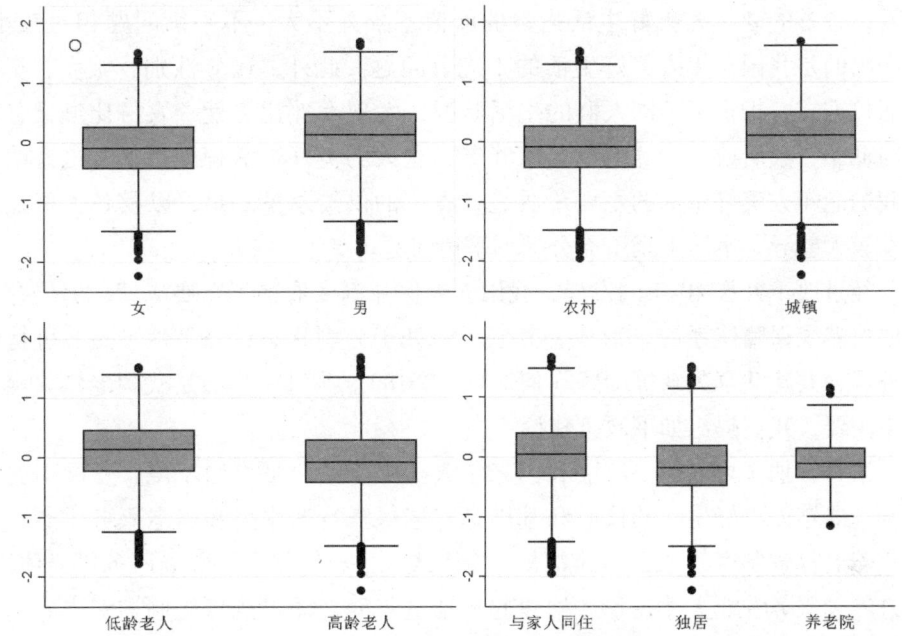

图 8-3　老人"美好生活"的分组结果

第四节　结论与政策建议

随着经济发展和居民收入增长，民众对美好生活的需求日益增长。在我国老龄化程度不断加深加重的形势下，实现老年人对美好生活的向往越发重要，也更为艰巨。老年人美好生活属于人民美好生活的一部分，蕴含着整体的普遍性需求，同时基于老年人生理、心理特点，也具有区别于年轻人的特殊性诉求。目前相关研究多是在理论层面分析美好生活，极少有研究对老年人美好生活进行测量，尚缺乏客观科学的评价指标体系。

本章梳理了养老保障的历史演变逻辑，基于当前我国老年人的美好生活需要，并结合马克思"人的全面发展"、马斯洛需求层次等理论，将老年人美好生活分为"安全、生存和享受"三个层次。通过主成分分析使用CLHLS2014数据，从9个测量指标中能得到3个特征值大于1的主成分，解释9个指标方差变化的57%。经过最大方差正交旋转后，3个主成分得到了更清晰的含义和解释，由各个主成分载荷系数最大的三个指标代表了需要测度出的老年人美好生活的3个一级指数——安全指数、生存指数和享受指数。最终得到了老年人美好生活指数计算公式和测量值。在此基础上，计算了各个省份的美好生活程度。总的来看，各省的老年人美好生活指数的取值差异并不大，不平衡问题相对较小。更突出的是我国老年人美好生活的不充分问题。此外，还分性别、城乡、年龄和居住方式，报告了不同人群的生活状况，发现女性比男性、农村比城镇、高龄与低龄、独居或机构养老比居家养老的老人的美好生活程度更低。这说明当前我国老年人美好生活的主要矛盾是各省市的供给总量不足，以及各人群之间存在较大差异，本质上是不充分的不平衡问题。

经过改革开放40年的发展，我国养老保障制度取得了重要成就，但仍存在多层次养老保障体系尚未形成，养老保障处于分割状态、公平性不足、可持续性偏弱、共建共享欠缺等问题（何文炯，2018）。为进一步满足我国老年人美好生活需要，我们提出如下政策建议：

第一，加大力度尽快解决我国老年人美好生活总量供给不足、发展不充分问题。老年人美好生活的核心和基础是养老保障待遇水平和养老服务供给。要深化养老保障制度改革，提升养老金等待遇水平；优化升级养老服务供给体系，推进养老服务专业人才建设，构建起包括老年养老需求测算机制、多维养老服务供给体系、养老服务供给监管体系、多元化养老服务支持体系在内的养老服务模式，更大程度满足老年人对美好生活的需要。

第二，着力解决我国老年人美好生活的不平衡问题。重点保障女性、高龄老人、农村老人、独居或机构养老老人等弱势人群，尤其是兼具这几种风险特征的特困老年人群。习近平总书记多次强调，要"使改革发展成果更多更公平惠及全体人民"，真正"发展成果由人民共享"。因此，要坚守"保基本"的原则，提升养老保障制度的公平性，严格控制高保障人群的待遇水平，稳步提高女性、农村老人、高龄老人等低保障人群的待遇水平。同时，健全现行的最低生活保障机制，特别是特困老年人群的生活保障体系，满足其基本的生活需求。另外，还要提高补充性养老保险水平，形成结构合理的多层次养老保障体系，不断促进老年人美好生活的群体间平衡发展。

第三，打造综合性、全方位的老年人美好生活保障体系。我国社会主要矛盾的表述里以"美好生活需要"取代"物质文化生活需要"，实质上反映了民生发展的质的升华，即从零散的、单一的"需要"过渡到综合性的、全方位的"需要"。这意味着满足和支撑这些需要的保障体系要全面转型升级。总的来说，需要从收入保障、健康保障、照护保障、精神慰藉和无障碍环境等项目着手，进一步完善多支柱的养老保险体系，设计更加科学的医疗保障制度，加快建立长期护理保险制度等，丰富和完善养老服务体系，综合提升老年人美好生活程度。

第三部分 03
养老支出健康绩效

导 读

老年人退休后获得的各种收入及其积累的养老财富，将被用于老年期的日常生活支出、医疗费用、照护支出等方面。据中国老年社会追踪调查（CLASS）2014年数据，老人的平均支出为2307元/月，其中用于养老支出（日常饮食消费、水电气物业交通通讯、文化娱乐等）为1570元/月，医疗费用为405元/月，照料护理为51元/月。

尽管我国养老保障支出逐年呈指数化增长，但过去的研究都聚焦于如何确保养老保障支出、基金可持续性等问题，而对这些养老保障资源的产出方式、使用效率、如何进一步优化调整，却讨论得不多、不深、不细。当前我国职工为基本养老保险的个人缴费8%、企业缴费16%，基本医疗保险个人缴费2%、企业缴费6%，合计已达工资总额的32%左右。未来寄希望于提高缴费率来支撑养老保障支出的空间已较小。要解决老年人美好生活的不充分问题，不能只是简单地增加养老资源投入，更重要的是对现有养老资源进行优化增效，提高配置和使用效率，力争更高效、更可持续地实现老年人健康美好生活。

实际上，就对健康的保障或促进作用而言，养老、照护属于前端健康防护，医疗属于末端疾病治理。养老支出主要是用于满足老年人的日常生活开支、自付医药费、照护费等，更多的是日常预先的养护、管理和预防；照护支出既包括日常生活中的普通照顾，也包括康复保健过程中的专业护理服务，重点在于维持和增进老人的身体功能和生活自理能力；医疗支出使患病老人得到及时的救治。可见，养、护、医是连贯的有机体。颐养是常态、根本，照护是基础，医疗是保障。三者都是为了保障老年人的健康美好生活，实际上是殊途同归的。因此，可以厘顺进而遵从养、护、医的健康促进路径，来提高养老资金的配置和使用效率。

对应于养老服务、医疗服务、照护服务等三项主要支出，其筹资的主要来源是养老保险、医疗保险、长期护理保险这三大社会保险。本部分研究将系统检验养、护、医三者的经济绩效和老年人健康绩效，估计具体的作用效应及其实现的主要路径，并进行比较，探讨优化对策。

第九章

照护还是医疗：老年人健康支出产出效率比较

——基于结构方程模型[①]

2014年中国60岁以上老人已有2.12亿，占全部人口的15.5%[②]。随着20世纪五六十年代"婴儿潮"出生人口陆续步入老年期，老龄化速度将会加快。我国老龄工作的难点在于80岁以上高龄老人增加最快，生病卧床比率最高，最需要照料护理。CLHLS数据表明80—84、90—94、100—105岁老人生活不能自理的比例分别为20%、40%与超过60%。老年人尤其是高龄失能老人增多要求将更多社会资源用于老年人的健康和生活质量，而"未富先老"使得资源局限的矛盾尤为突出。如何优化和提高养老资源的健康产出效率，是中国和其他老龄化国家都面临的重要挑战。目前我国尚未建立专门针对老年人，尤其是高龄老人的健康保障体系，而是与其他人群共用现有的以疾病治疗为核心的健康保障体系。该体系耗费了大量的医疗资源和医药费用，但国民健康水平的提高仍不令人满意，停留在相对低效的运作状态（葛延风等，2005）。2008年世界卫生组织曾警示如果不进行重大调整，当前勉强维持的卫生系统将被人口老龄化、慢性病等挑战压垮。不少学者也呼吁我国应尽早建立老年人照护服务体系及护理保险制度。

未来我国老年人的健康保障，是依靠现有的事后疾病治疗体系，还是转向主动健康管理的照料护理体系？这两种不同的养老资源配置方式关系到老年健康支出的产出效率，进而影响我国家庭、企业、公共财政乃至经济增长的总体负担。学者们目前还只是在讨论相关制度与政策的顶层设计，我国是否需要制度转型还缺少一些关键的经验证据：相比用于看病吃药的医疗费用支出，照护费用支出是否具有更高的健康产出效率？照护服务能否显著减少老人的小病、慢性病及重病的患病率，从而有利于控制乃至降低老人的医疗费用支出？发达国家的照护服务体系及照护保险较为成熟，实证研究也很丰富，但这些经验证

[①] 原文发表于《统计研究》2016年第7期，此处略有修改。
[②] 数据来源：国家统计局《2014年国民经济和社会发展统计公报》。

据未必完全契合我国。因此，目前迫切需要基于高质量微观数据的实证研究来获取上述经验证据。

第一节 文献回顾

照料护理、医药治疗等费用支出往往是老人及其家庭的主要负担，也是影响老年人健康的主要因素。关于老年人健康保障是选择专注于日常生活质量和自理能力的照护服务，还是治疗疾病和伤残的传统医学模式，是个争论已久的话题（Raymond and Koopmans, 2013）。

老人医疗费用主要由自己或家庭、医疗保险、公共财政补贴等渠道筹资。布鲁克（1983）等人利用兰德健康保险实验研究了参保者自付医疗费的不同比例对健康的影响，发现增加医疗服务使用带来的健康改善非常有限。赫德和麦加里（1997）发现保险水平最高的老年人使用的医疗服务也最多，但对健康的影响却并不明显。医疗服务对老年人的死亡率、预期寿命等健康指标的贡献更有效。冈本（1992）发现日本20世纪70年代推出的免费医疗服务使老人具有更低的死亡率和更高的预期寿命。沃格特和克鲁格（2014）发现在东德，每一欧元的医疗投入能使预期寿命延长3个小时，对老年人群体的贡献更大，降低了各种原因导致的死亡率。

传统医疗体系的主要问题是导致过度使用药物和住院治疗时间过长（Okamoto, 1992）。坎贝尔和池上（2000）的研究表明20世纪70年代日本《医疗保险法》规定对65岁以上老人医疗免费，结果导致老人拥挤在医院。1963—1993年间住院老人增加了10倍，占了1/2的病床，1/3老人住院时间超过1年。80年代石油危机使日本经济受创，国民健康保险的赤字持续扩大。虽然后来要求老年人自付一定比例费用，但仍无法弥补医疗保险的财政赤字。直到1997年日本制订了《护理保险法》，这种状态才得以根本改变，既减轻了政府财政负担，又满足了老年人越来越高的健康保健需求。

老年照护服务既包括日常生活中的普通照顾，也包括康复保健过程中的专业护理服务。照护服务通常周期较长，重点在于维持和增进老人的身体功能和生活自理能力。凯恩（2001）提出长期照护（Long Term Care）应以老年人的生活质量为核心，包括生活安全、保障和有序，身体舒适，快乐等方面。目前世界主要发达国家都建立了老年人照护服务体系及护理保险。德国、日本等的长期照护主要包括居家护理、社区护理及机构护理，并且都以居家、社区护理为主，机构护理为辅（马骏等，2012）。绝大部分老人偏爱家庭或社区基础上的照护服务，不愿或推迟去养老及医疗机构（Raymond and Koopmans，2013）。日本2009年长期护理费用为GDP的0.9%，美国2010年长期护理费用约为GDP的1%[①]，其中居家和社区护理费用支出主要为护理人员劳务费用，机构护理费用支出主要为设施费用。

研究表明健康与护理服务系统的效率与老龄群体健康的帕累托改进密切相关。老龄人口享受的护理程度越高，与健康相关的生命质量就越高。普鲁什诺（2000）研究发现为老人提供辅助生活器具（assisted living facilities）能让老人独立生活，尽管与养老（医疗）院的环境不同，但在发病率、死亡率等健康指标上具有相近的效果。威尔斯等（2006）进行的实验表明，对老人进行认知能力训练（推理、记忆和速度等）显著改善了老人在日常活动中使用辅助器具的能力，并且该效果能维持5年左右时间。

越来越多的学者认识到照护保健对提高社会医疗效率的关键性。松田（1996）对日本福冈市97个社区数据的研究表明，为老年人提供的常规体检服务显著降低了老年人的门诊和住院费用支出，老年人参与社区体检的比重越高，医疗服务的使用率就越低。长期护理条件的改善可以将老年人的住院需求转移为长期护理，能降低医疗费用支出（2009）。梅赫特等（2013）研究发现生活质量较低是影响老人医疗费用支出的最重要因素，而长期照护能提高老人的生活质量和独立生活能力。

国内学者研究老年人健康绝大部分都在讨论医疗保险对老年人健康的影响。大部分实证研究发现，医疗保险目前的作用主要是通过减轻家庭自付医疗费用支出，减少了"有病不医"状况，改善了老年人死亡率、预期寿命等健康指标，但对降低医疗费用支出的作用却不大，甚至还增加了。这与我国现行健康保障体系的偏差不无关系。葛延风等（2005）指出经济体制改革以来，虽然中国的医疗卫生仍强调"预防为主"，但在实践中轻预防、重治疗的偏离倾向越来越严重。与之相伴的是我国医疗费用支出持续快速上涨。封进等（2015）指出由于快速的人口老龄化和城乡医疗支出差异的缩小，相对于发达国家，未来我国的健康需求将会更大幅度地提升，并对医疗费用上涨产生更大的压力。马骏等（2012）的预测表明2050年中国需要长期护理服务的老人为12134万人，其中部分失能老人7782万人，完全失能老人4352万人；并估算出2020、2030和2050年老年人长期护理总费用将分别占GDP的0.7%、1.0%和1.7%。

---

① 数据来源：世界银行数据库和OECD数据库。

老年人口护理需求基数和增长速度以及长期护理费用必须引起足够的重视。如果继续依靠现有的医疗保健体系，而第三方付费的医疗保险又难以控制医药费用增长，将对我国有限的养老资源提出严峻挑战。我们必须思考并选择是继续依靠现有的疾病治疗体系，还是转向主动预防管理的照料护理？从文献检索的结果来看，目前国内研究还主要是介绍国外老年照护制度的模式及经验，对我国建立照护制度的定性研究，还没有实证研究探讨照护服务对我国老年人健康的影响及其产出效率，更缺少对不同老年健康支出边际产出效率的比较检验。本章将弥补该不足，提供相关经验证据。

第二节 研究设计

一、数据来源

本节使用的数据为北京大学健康老龄与发展研究中心主持的全国老年人口健康状况调查（CLHLS）2011年数据。调查样本中65—79岁为3149人，80—89岁为2640，90—99岁为2433人，100岁以上老人为1457人，共计9679人。该调查包括全国23个省，涵盖区域总人口在2010年为11.56亿，约占全国总人数的85%，数据具有广泛的代表性和很高的质量，是目前国内研究老年人健康最全面和最常用的数据库之一。

二、模型与变量

1. 结构方程模型

结构方程模型（structural equation modeling，SEM）是近30年应用统计学领域发展最为迅猛的实证分析模型，其特色是可以对潜变量进行分析。而多元回归分析、因子分析和路径分析等方法都可以看成是结构方程模型的一些特列（何晓群，2015）。结构方程模型由结构模型与测量模型两个部分组成：结构模型表示潜变量之间关系，测量模型描述潜变量与显变量之间关系。我们选择结构方程模型来解析照护费用与医疗费用支出对老年人健康的影响。模型表示如下：

$$\eta = B\eta + \Gamma\zeta + \zeta \Rightarrow \begin{bmatrix} \eta_1 \\ \eta_2 \end{bmatrix} = \begin{bmatrix} \beta_{11} \beta_{12} \\ \beta_{21} \beta_{22} \end{bmatrix} \begin{bmatrix} \eta_1 \\ \eta_2 \end{bmatrix} + \begin{bmatrix} \gamma_{11} \gamma_{12} \\ \gamma_{21} \gamma_{22} \\ \gamma_{31} \gamma_{32} \end{bmatrix} \begin{bmatrix} \xi_1 \\ \xi_2 \\ \xi_3 \end{bmatrix} + \begin{bmatrix} \zeta_1 \\ \zeta_2 \end{bmatrix} \quad (9-1)$$

式（9-1）中，η 是本节设定的两个被解释潜变量：η_1 是主观健康，η_2 是生理健康。ξ 是三个解释潜变量：ξ_1 是照护支出，ξ_2 是医疗费用支出，ξ_3 是身体功能（作控制变量）。B 代表两个被解释潜变量 η_1、η_2 之间关系的结构系数（structure coefficient）。Γ 代表被解释潜变量与解释潜变量之间关系的结构系数。ζ 为结构模型的预测误差（扰动项）。

被解释潜变量 η 的测量模型如式（9-2）所示。其中，我们使用四个显变量来测量 η_1 主观健康：y_1 为被调查老人的自评健康水平，y_2 为访问员对被调查老人健康的主观评价，y_3 为老人的生活满意度，y_4 为一年内的健康状况改变；使用三个显变量来测量 η_2 生理健康：y_5 是两周患病率，y_6 是患慢性病种类，y_7 是患重病次数。Λy 为显变量（$y_1 - y_7$）与被解释潜变量（η_1、η_2）之间的因子载荷（factor loading）。ε 为被解释潜变量的测量误差。

$$Y = \Lambda_y \eta + \varepsilon \tag{9-2}$$

$$X = \Lambda_x \eta + \delta \tag{9-3}$$

解释潜变量 ξ 的测量模型如式（9-3）所示。其中，我们使用两个显变量来测量 ξ_1 照护支出：x_1 为照护直接费用，x_2 为照护时间成本；用两个显变量来测量 ξ_2 医疗支出：x_3 为门诊费用支出，x_4 为住院费用支出。用四个显变量来测量 ξ_3 身体功能：x_5 为代表日常活动能力的 katz 指标，x_6 为代表器具性日常活动能力指标 IADL，x_7 为功能受限指标 ADS，x_8 为认知功能指标 MMSE。我们将解释潜变量 ξ_3 身体功能作为控制变量。即在控制老人基本身体状况差异的影响之后，检验用于照护支出费用与用于医疗费用对老年主观健康、生理健康等被解释变量的边际贡献。Λ_x 为显变量（$x_1 - x_8$）与解释潜变量（ξ_1、ξ_2、ξ_3）之间的因子载荷（factor loading）。δ 为解释潜变量的测量误差。最后得到的结构方程模型如图 9-1 所示。

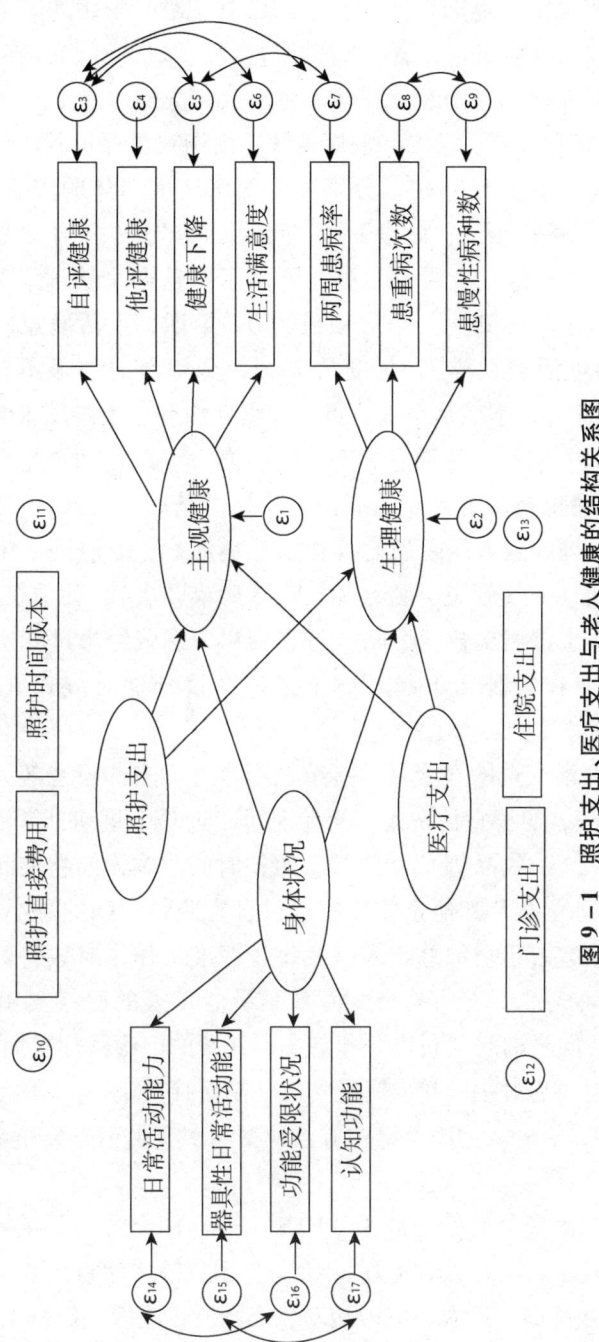

图9-1 照护支出、医疗支出与老人健康的结构关系图

2. 显变量定义及其说明

(1) 测量被解释潜变量的显变量。根据已有文献,采用如下常用指标来测量老年人的主观健康 (Health):第一,健康自评。CLHLS问卷询问"您觉得您现在的健康状况怎么样",刻度为1—5,对应"非常差、差、一般、好、非常好",由被访老人亲自回答。第二,健康他评。由调查员评价其所访问的每一位老年人的健康状况,刻度为1—4,分别对应四个选项"体弱多病、身体虚弱、比较健康、相当健康"。第三,健康下降。问卷询问"过去一年来您觉得您的健康状况有没有改变",将"变得差一些、差多了"这两个选项设为1,将"没变、好一些、好多了"等其他三个选项设为0。第四,生活满意度。问卷询问"您觉得您现在的生活怎么样",刻度为1—5,分别对应"很不好、不好、一般、好、很好"。此外,本节从小病、重病和慢性病等三个维度来测量老年人的生理健康 (Illness):第一,两周患病率。问卷询问"最近两个星期内您是否觉得有身体不适",测量被访老人在两周内患小病的情况,是=1,否=0。第二,患慢性病种类数。询问老人是否患有高血压、糖尿病、心脏病、中风及脑血管疾病、呼吸道疾病(支气管炎、肺气肿、哮喘病或肺炎)、肺结核等20种常见的慢性病。第三,患重病次数。询问"过去两年中您曾经患过几次重病(重病指需要住院治疗或在家卧床不起)"。上述显变量分别对应式(9-2)中的 $y_1 - y_7$。

(2) 测量解释潜变量的显变量。本节从两个方面来测量老年人的照护费用支出 (LTC):第一,照护直接费用,问卷询问"近一个星期日常活动中照料所支付的费用(含人工、物品等)";第二,照护时间成本,问卷询问"近一个星期以来您的子女/孙子女及其他亲戚为您提供日常照料帮助的总小时数"。我们根据家庭人数、家庭去年全年总收入以及每年标准工作小时数将其折算为以货币计量的照护时间成本。还从两个方面来测量老年人的医疗支出 (Medical):第一,门诊费用,问卷询问"过去一年您实际花费的门诊医疗费用";第二,住院费用,问卷询问"您过去一年实际花费的住院医疗费用"。上述显变量分别对应式(9-3)中的 $x_1 - x_4$。为满足结构方程模型的多变量正态分布要求,我们对这四个变量取自然对数。

(3) 测量控制潜变量的显变量。CLHLS主要从四个方面测量被访老人身体状况 (Status):第一,日常活动能力 (ADL)。由反映生活自理能力的六个项目构成Katz指数,含洗澡、穿衣、室内活动、上厕所、吃饭、控制大小便),问卷中变量名为E1-E6。第二,器具性日常活动能力 (IADL)。包括能否到邻居家串门、举起5公斤重物等8个问题,问卷中变量名为E7-E14。第三,功能受限状况（ADS）。包括手能否触及后腰等6个问题，变量名为G8、G9、G11、G12。第四，认知功能。问卷使用了认知功能建议表 MMSE 测量老人的方向定位能力、反应能力、注意力和计算能力、回忆能力及语言、理解和自我协调能力等24个问题，总分为30分，变量名为问卷的第C节变量。上述显变量分别对应式(9-3)中的 $x_5 - x_8$。

三、描述性统计结果分析

表9-1 主要显变量的描述性统计结果

变量	N	Mean	SD	Min	Max
健康自评	8999	3.37	0.92	1	5
健康他评	9675	2.998	0.691	1	4
健康下降	9757	0.386	0.487	0	1
生活满意度	8987	3.716	0.821	1	5
两周患病率	9661	0.204	0.4030	0	1
患慢性病数	9765	1.205	1.442	0	15
患重病次数	9436	0.348	1.054	0	30
照护直接费用	2391	283.65	1059.9	0	30004
照护时间成本	4856	116.70	316.22	0	4022.9
门诊费用支出	9031	1302.0	3314.0	0	76000
住院费用支出	8511	1678.8	6123.5	0	90000
日常活动能力	9465	16.787	2.655	6	18
器具性日常活动能力	9665	18.317	6.113	8	24
功能受限状况	9450	15.905	2.796	6	18
认知功能	9338	21.33	8.49	1	30

根据 CLHLS 数据，被访老人日常活动能力没有受到限制的占62.03%，有一定限制的占23.72%，受到很大限制的占14.24%。老人在日常生活和患病时，前三位照护者都是儿子儿媳、配偶、女儿女婿（日常生活无照料者占10%，患病时无照料者占2%）。主要照料者愿意提供照料的占91.95%，不耐烦或不情

愿的占 3.34%，力不从心的占 4.71%。提供的照护服务能完全满足或基本满足老人需求的分别占 41.32%、51.2%，不能满足的占 3.83%。社区为老人提供起居照料的有 4.23%（63.68%），提供上门看病送药的占 28.06%（83.88%），提供精神心理咨询服务的占 6.92%（69.64%），提供保健知识的占 31.17%（77.58%）①。

照护费用来源上，子女及其配偶占 70%、自己和配偶占 18%、孙子女及其配偶占 6%、国家或集体占 4%，说明目前我国老人照护费用主要由家庭承担。在老人过去 1 年的门诊、住院等医疗费用上，子女及孙子女占 44%、自己及配偶占 17%、新型农村合作医疗占 23%、城镇职工医疗保险占 10%、城镇居民医疗保险占 4%，说明社会保险或商业保险承担了 1/3 以上的医疗费用支出。

第三节　实证结果分析

一、结构方程模型估计结果

我们首先使用结构方程模型估计照护支出、医疗支出对老年人健康的影响。由于照护直接费用、照护时间成本、门诊支出和住院支出等变量包含大量缺失值，我们采用了保留缺失观测值的 MLMV 参数估计方法②。估计结果报告如下：

---

① 括号内为希望社区提供这些服务的老人所占的比例。
② 保留缺失值极大似然估计法（maximum likelihood with missing values, MLMV）是一种完全信息（full information）估计方法，不会删除有缺失的样本观测值，能使用全部样本观测值的各阶矩信息（Acock, 2013）。而传结构方程模型的其他三种估计方法 ML、QML 和 ADF 都会删除包含缺失值的样本，将导致参与估计的样本数量大量减少，如采用 ML 估计方法将导致样本下降为 212 个（样本总数为 9679 个）。

表9-2 结构方程模型参数估计结果（N=9765）

模型	变量关系	估计系数	标准误	z值	P>|z|	R^2（单方程）
A. 结构模型	照护支出→主观健康	1.2944	0.2655	4.88	0.000***	0.804
	医疗支出→主观健康	-0.4728	0.0699	-6.77	0.000***	
	身体功能→主观健康	0.3012	0.0298	10.10	0.000***	
	照护支出→生理健康	-0.4380	0.0646	-6.78	0.000***	0.908
	医疗支出→生理健康	0.2449	0.0220	11.11	0.000***	
	身体功能→生理健康	-0.0622	0.0076	-8.19	0.000***	
B. 测量模型	照护直接费用→照护支出	1a				0.169
	照护时间成本→照护支出	1.7622	0.1492	11.81	0.000***	0.228
	门诊支出→医疗支出	1				0.574
	住院支出→医疗支出	0.9180	0.0459	20.01	0.000***	0.405
	健康自评→主观健康	1				0.305
	健康他评→主观健康	1.1700	0.0332	35.16	0.000***	0.7351
	健康下降→主观健康	-0.3336	0.0119	-27.95	0.000***	
	生活满意度→主观健康	0.4974	0.0189	26.25	0.000***	0.093
	两周患病率→生理健康	1				0.161
	患慢性病种数→生理健康	4.0355	0.2027	19.91	0.000***	0.103
	患重病次数→生理健康	2.1069	0.1210	17.41	0.000***	0.202
	adl→身体功能	1				0.634
	iadl→身体功能	2.4289	0.0361	67.29	0.000***	0.704
	ads→身体功能	1.1082	0.0120	92.29	0.000***	0.694
	mmse→身体功能	2.8804	0.0504	57.12	0.000***	0.508
C. 拟合指标	\multicolumn{5}{c}{$LR: \chi^2\_ms(74)=1742.885, p=0.000; \chi^2\_bs(105)=36272.693, p=0.000$}	
	\multicolumn{5}{c}{$RMSEA=0.048; CFI=0.954; TLI=0.935$}	
	\multicolumn{5}{c}{$R^2(CD)=0.997$（模型整体）}	

注：表中报告的是非标准系数，a，第一个测量指标的因子载荷被SEM默认设为1，***表示在0.1%水平显著。

表9-2C部分显示了整个模型的拟合结果。极大似然比检验的检验结果都在0.1%水平显著，但RMSEA为0.048，CFI指标为0.954，TLI为0.935，整个

结构方程模型的 $R^2/CD = 0.997$。这些指标说明总体上本节所设计的结构方程模型对数据的拟合效果较为理想。

表9-2A部分显示了结构模型的估计结果。从中可知，照护支出对被访老人主观健康的回归系数为1.2944，且在0.1%的水平上显著，而医疗支出对主观健康的回归系数为-0.4728，病在0.1%的水平上显著。这说明子女或孙子女为老人提供的日常照护越多，老人对其自身健康的主观评价越高，而门诊、住院等方面的医疗费用支出，则会显著降低老人对其自身健康的主观评价。在被解释潜变量生理健康上，照护支出对生理健康的回归系数为-0.438，在0.1%水平上显著；医疗支出对生理健康的回归系数为0.2449，在0.1%水平上显著。这说明用于照护支出的费用越多，有助于降低老人的慢性病、小病或重病的患病率或发病次数。而医疗费用支出对降低慢性病、小病或重病的患病率及患病次数并没有贡献。这就验证了如果将更多健康养老资源用于主动预防管理的照护服务支出，建立照护服务体系，无论是对于提高老人的主观健康感受，还是降低小病、大病及慢性病等生理健康指标，都具有显著的贡献。正如Mossey和Shapiro（1982）研究发现的，一个人对其自身健康状况的主观评价会显著影响其之后的实际健康状况。因此，将养老资源更多地用于照护服务，将使得老年人健康进入降低疾病发病率——提高主观感受——进一步减少疾病患病率的正循环之中；而如果将养老资源用于医药治疗支出，则可能使之陷入降低主观感受——增加疾病发病率——进一步降低对健康主观评价的负循环之中。

作为控制变量的潜变量身体功能对主观健康的影响在0.1%水平显著为正（0.3012），对生理健康的影响则在0.1%水平则显著为负（-0.0622）。这说明被访老人的身体状况越好，其对自身健康的主观评价越高，而患小病、重病及慢性病的概率越小或次数越少。这和常识及前人的研究发现是一致的。

三个解释潜变量对主观健康的单方程 R^2 或 mc^2 值为0.804，说明三个解释变量能解释主观健康的80.4%；其对生理健康的单方程 R^2 或 mc^2 为0.908，则其对生理健康的解释力为90.8%。

表9-2B部分显示了测量模型的估计结果。照护时间成本对照护支出的测量是在0.1%水平上显著为正，而其他所有测量变量对各自潜变量的测量也均在0.1%水平上显著。这说明本节模型中三个主要潜变量的测量变量具有较高的测量水平。

为便于比较，图9-2给出了结构方程模型的标准化系数。照护支出对主观健康的标准化回归系数为1.2，而医疗支出对主观健康的标准化回归系数为-0.96。具体而言，照护支出对自评健康、他评健康和生活满意度的回归系数都

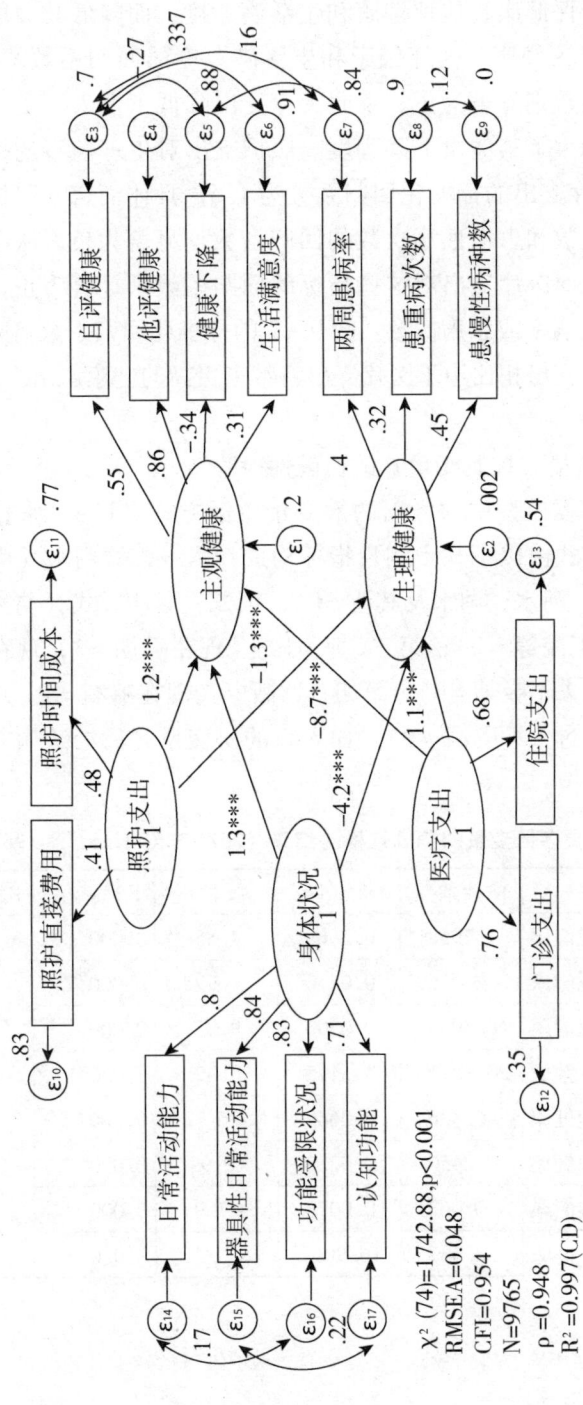

图 9-2 结构方程模型参数估计结果(标准化系数,＊＊＊表示在 0.1% 水平显著)

显著为正,而对被访老人的健康下降的回归系数则显著为负。这说明照护支出能提高被访老人的自评健康、他评健康和生活满意度,而降低其健康下降的程度。而医疗支出对自评健康、他评健康和生活满意度的回归系数均显著为负,对健康下降的回归系数则显著为正,说明医疗支出降低了老人的主观健康评价和生活满意度,则加大了其健康下降程度。照护支出对生理健康的标准化回归系数为 -1.3,而医疗支出的标准化回归系数为 1.6。具体而言,照护支出对两周患病率、患重病次数和患慢性病次数的回归系数均显著为负,从而降低了老人的这些疾病指标,而医疗支出对这些指标的回归系数则显著为正,增加了老人这些疾病指标的发病率或患病次数。图 9-2 的标准化回归系数清晰地表明了将养老资源用于照护支出相比用于医疗支出将带来更高的健康产出。

二、稳健性检验

1. 增加更多协变量(控制变量)的稳健性检验

我们在原结构方程模型中加入新的潜变量生活方式(Life)来作为控制变量。协潜变量生活方式由以下几个测量指标构成:第一,饮用水(喝自来水或纯净水 =1,喝井水、河水、湖水及其他 =0);第二,居住方式(与家人住在一起 =1,独居或住养老院等 =0);第三,吸烟史(现在吸烟 =1,现在不吸烟 =0;过去吸烟 =1,过去不吸烟 =0);第四,饮酒史(现在喝酒 =1,现在不喝酒 =0;过去喝酒 =1,过去不喝酒 =0)。加入新的协变量之后的结构方程模型估计结果如下:

表 9-3 增加更多协变量的稳健性检验结果(2011 年 CLHLS,N =9675)

模型	变量关系	估计系数	标准误	z 值	P>|z|	R^2(单方程)
A. 结构模型	照护支出→主观健康	1.2958	0.2669	4.85	0.000***	
	医疗支出→主观健康	-0.4769	0.0710	-6.72	0.000***	
	身体功能→主观健康	0.3043	0.0306	9.95	0.000***	
	生活方式→主观健康	20.02115	47.175	0.42	0.671	
	照护支出→生理健康	-0.4364	0.0649	-6.73	0.000***	
	医疗支出→生理健康	0.2450	0.0223	10.99	0.000***	
	身体功能→生理健康	-0.0621	0.0078	-7.95	0.000***	
	生活方式→生理健康	-7.1375	16.9062	-0.42	0.673	

续表

模型	变量关系	估计系数	标准误	z值	P>|z|	R^2（单方程）
B. 测量模型	喝自来水→生活方式	1				0.002
	居住方式→生活方式	12.4121	21.9803	0.56	0.572	0.031
	现在抽烟→生活方式	260.6462	449.422	0.58	0.562	0.4412
	过去抽烟→生活方式	193.9171	333.6176	0.58	0.561	0.1663
	现在喝酒→生活方式	227.0726	391.7551	0.58	0.562	0.3479
	过去喝酒→生活方式	169.2347	291.3495	0.58	0.561	0.1385
C. 拟合指标	\multicolumn{6}{l}{$LR:\chi^2\_ms(168)=3035.8824, p=0.000; \chi^2\_bs(210)=46643.082, p=0.000$ $RMSEA=0.042; CFI=0.94; TLI=0.923; ll=-220396.97$ $R^2(CD)=0.999$（模型整体）}					

注：表中报告的是非标准化系数，＊＊＊表示在0.1%水平显著。限于篇幅，没有报告表9-2中已有的测量模型及其误差项协方差的估计结果。

加入新的协变量生活方式之后，从表9-3A部分的结构模型估计结果来看，照护支出对被访老人主观健康的回归系数依然在0.1%的水平上显著为正，而医疗支出的回归系数则仍然在0.1%的水平上显著为负。同时，照护支出对被访老人生理健康的回归系数在0.1%的水平上显著为负，而医疗支出的回归系数则在0.1%水平上显著为正。可见，加入更多协变量之后并未改变这些回归系数的方向及其显著性水平，仍然与表9-2中的实证结果保持一致，也说明前文的实证结果是稳健可靠的。

新加入的协变量生活方式对两个被解释潜变量没有显著影响。从表8-3B部分测量模型的回归结果可知，这主要是由于是否抽烟或是否饮酒（现在或过去）对其没有显著影响造成的。四个解释潜变量解释主观健康的 R^2 系数略有上升，变为80.53%。解释生理健康的R2系数也略有上升，变为90.92%。拟合指标中，模型整体的 $R^2/CD=0.999$，RMSEA为0.042，显示具有较好的拟合效果。CFI为0.94，略低于0.95的可接受标准，但对模型的修订指标（Modification Indices, MI）都没有一个超过3.84，表明现有模型没有需要较大修订的路径或协方差，说明模型的拟合水平可以接受（Kline, 2005）。

2. 变换数据样本的稳健性检验

使用不同样本对结构方程模型（拟合指标、估计参数和标准误差等）进行稳健性检验是一种更好的方法（2004）。为此我们使用CLHLS早一期调查的2008年数据来进行稳健性检验。2008年数据共有16540个样本，远大于2011年调查的 9675 个样本量,因此可以得到更为精密的估计结果。由于 2008 年数据没有分别采集被访老人的住院费用和门诊费用,而只是调查了该老人在过去一年的总医疗费用和家庭自付医药费用(包括自己、配偶和子女等家庭成员)。为此,我们使用两个新的测量指标来测量潜变量医疗费用,即自付医药费和非自付医药费(医疗保险或公费医疗等报销的医药费用)。这可以为我们估计医疗支出如何影响老年人健康提供新的视角和更丰富的经验证据。其他潜变量和显变量的定义及取值都和图 9-1 中一致。最后得到的估计结果如下所示。

表 9-4 使用 CLHLS2008 年数据的稳健性检验结果 (N=16540)

模型	变量关系	估计系数	标准误	z 值	P>|z|	R^2(单方程)
A. 结构模型	照护支出→主观健康	1.1579	0.1987	5.83	0.000***	0.840
	医疗支出→主观健康	-0.4293	0.0549	-7.82	0.000***	
	身体功能→主观健康	0.3417	0.0280	12.22	0.000***	
	照护支出→生理健康	-0.1881	0.0217	-8.69	0.000***	0.822
	医疗支出→生理健康	0.1412	0.0081	17.36	0.000***	
	身体功能→生理健康	-0.0339	0.0034	-9.88	0.000***	
B. 拟合指标	LR: $\chi^2\_ms(74)=2359.94$, p=0.000; $\chi^2\_bs(105)=55568.746$, p=0.000					
	RMSEA=0.043; CFI=0.959; TLI=0.942					
	R^2(CD)=0.994(模型整体)					

注:表中报告的是非标准化系数,*** 表示在 0.1% 水平显著。限于篇幅,本表没有报告测量模型和误差项协方差的估计结果。

从表 9-4 中 CLHLS2008 年数据的实证结果来看,照护支出对主观健康的回归系数为 1.1579,也在 0.1% 水平显著,而医疗支出的回归系数为 -0.4293,也在 0.1% 水平显著。照护支出对生理健康的回归系数为 -0.1881,医疗支出对生理健康的回归系数为 0.1412。这也再次验证了将稀缺的养老资源用于照护服务既有利于提高老人的主观健康评价,又有助于降低老人的小病、慢性病和重病的患病率或发病次数;而将更多的养老资源用于医药治疗支出,则不但会降低老人的主观健康评价,也会增加老人的小病、慢性病和重病的患病率或发病次数。身体功能对主观健康的回归系数为 0.3417,对生理健康的回归系数为 -0.0399,也都在 0.1% 水平显著。照护支出、医疗支出和身体功能解释主观健康、生理健康的 R^2 或 mc^2 分别为 0.84 和 0.822。整个结构方程模型的 R^2 或 mc^2 则为 0.994,而 RMSEA 为 0.043,CFI 为 0.959,都处于模型拟合较好的范围内。

与表9-2中CLHLS2011年数据的回归结果相比,表9-4中的回归系数略小,但结构系数的方向及其显著性水平仍保持不变。这再次表明基于CLHLS2011年数据得到的实证结果是稳健可靠的。

图9-3显示了标准化回归系数。首先照护支出对主观健康的结构系数为1.1,而对生理健康的结构系数为-0.69。这说明照护支出对被访老人的主观健康有正向的促进作用,而对其生理健康则有负向的降低作用。潜变量主观健康与四个测量指标的因子载荷分别为0.6、0.83、-0.42和0.33,而潜变量生理健康和三个测量指标之间的因子载荷则分别为0.39、0.52和0.55。这些因子载荷均在0.1%水平显著。由此可知,照护支出增加了被访老人的健康自评、健康他评以及生活满意度水平,并且降低了老人健康改变(恶化)状况。同时,照护支出降低了被访老人的两周患病率、患重病和慢性病等生理疾病患病率或患病种类数。

在使用新的自付医药费和非自付医药费对医疗支出进行测量之后,医疗支出对主观健康的结构系数为-0.87,对生理健康的结构系数为1.1。由此可知医疗费用支出降低了被访老人的健康自评、健康他评以及生活满意度水平,并且增加了老人健康改变(恶化)状况。同时,医疗费用支出对老人的两周患病率、患重病和慢性病等生理健康指标并没有起到减轻作用。

作为控制变量的身体功能对主观健康的结构系数为1.1,对生理健康的结构系数为-0.42。这说明身体功能越好,被访老人的主观健康水平评价越高,并且降低了老人的患小病、重病和慢性病等生理健康指标。

总的来看,加入更多协变量之后并未改变原模型回归系数的方向及其显著性水平,而与CLHLS2011年数据得到的结果相比,使用CLHLS2008年数据得到的标准化系数略小,但回归系数的符号和显著性水平仍一致。由此验证了前文的实证结果是稳健可靠的。

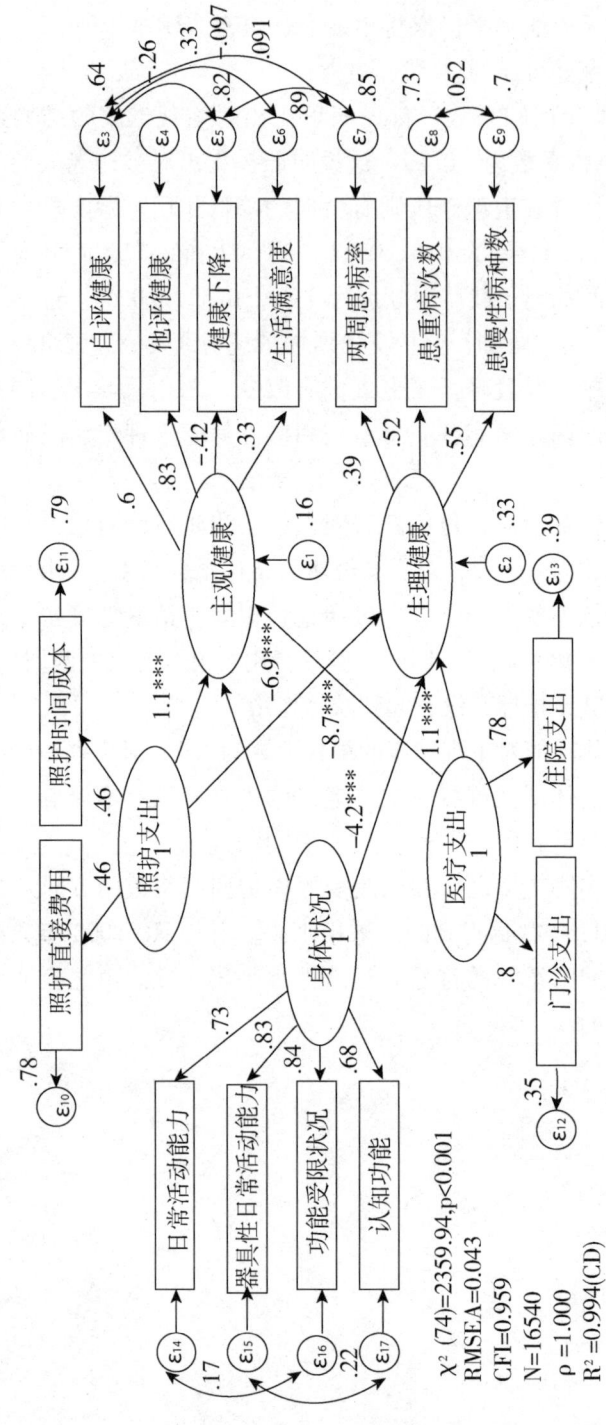

图 9-3 使用 CLHLS2008 年数据的稳健性检验结果
（标准化系数，***表示在 0.1% 水平显著）

第四节 结论与政策建议

2050年中国老年人口规模将达到4.37亿人，占总人口的31%，其中失能老人将达到1.2亿，占老年人口的35%。这要求我国的健康保障体系应契合老龄化尤其是高龄化所要求的长期照护需求。然而，将有限的养老资源用于长期照护服务是否具有更高的健康产出效率，尚未有来自实证研究的经验证据。

本章的实证结果表明照护费用支出有助于提高老人的健康自评、健康他评、生活满意度等生活质量水平，而老人对自身健康及其生活状况的乐观评价反过来又有助于提高老人实际健康水平，从而形成一种良性循环。实证结果还表明照护支出还能降低老人的小病发病率、患重病次数以及患慢性病种类数。与此相反，医疗费用支出降低了老人对自身健康水平的主观评价，并且对降低其患小病、重病和慢性病等也没有帮助。由此可知，相比医疗费用支出，照护支出在生活质量、生理健康等指标上具有更高的产出效率。

积极应对老龄化应以保障和提高老年人生活质量为核心。长期照护服务能将这些理念和生活传递给老年人，将老年人从医疗机构带回社区和家庭。它不仅能更精准地满足老年人群体的需求，而且本章实证结果还表明在同等健康费用支出时相比医疗体系具有更高的产出效率，或在同等老年人健康指标值下所需相对更低的健康费用。为此，我们提出如下政策建议：第一，我国应尽早建立长期照护制度，将更多的养老资源用于照护服务，帮助老人从对抗疾病的方式转向预防疾病的新健康模式，而不能继续依靠现有的疾病治疗体系；第二，我国要建立基于家庭和社区的照护体系，对日常活动力受到很大限制的老人可以依托专业养老或护理机构；第三，建立相应的照护保险、照护人才培养、照护服务产业等配套措施。

第十章

"以医促养"还是"以养促养":养老金与医疗保险的健康绩效比较

——基于 MIMIC 模型①

2019 年底,我国 60 岁以上老年人口已有 2.54 亿,占总人口 17.9%;65 岁以上人口 1.76 亿,占总人口 12.6%②。按照国际劳工组织(ILO)1952 年《社会保障(最低标准)公约》,为老年人提供基本生活保障是一国政府的"养老保障"职责;其中,养老金、医疗保险是最主要的两个项目(吉列恩等,2002)。目前,我国职工基本养老保险支出已从 2003 年的 3122 亿元增长到 2019 年的 48783 亿元,增长了 16 倍;基本医疗保险支出则从 2003 年 862 亿增长到 2019 年 19946 亿元,增加了 23 倍③。其中大部分被用于老年人的医疗费用支出(闫萍,2014)。不难预见,这两项支出还将以更快的速度增长,使我国财政及家庭承受更大的养老保障支出压力④(宋世斌,2010)。

当前,我国职工基本养老保险的个人缴费 8%、企业缴费 16%,基本医疗保险个人缴费 2%、企业缴费 6%,合计已达工资总额的 32% 左右。未来寄希望于提高缴费率来支撑养老保障支出的可能性非常小。事实上,就对健康的保障或促进作用而言,养老金主要是用于满足老年人的日常生活开支、自付医药费、照护费等,更多的是日常预先的养护、管理和预防;而医疗保险则是通过费用报销来分担医疗支出负担,从而提高医疗服务可及性,使参保人得到事后的救治、康复。归根结底,二者都是为了保障老年人的健康生活,实际上殊途同归。鉴于此,我们可以思考如何调整优化这两大支出项目,提高养老资源配置使用效率,从而更高效、更可持续地实现老年人健康美好生活。

---

① 原文发表于《保险研究》2019 年第 6 期,此处略有修改。
② 数据来源:国家统计局《2019 年国民经济和社会发展统计公报》。
③ 数据来源:《人力资源和社会保障发展 2019 年统计快报》《2019 年医疗保障事业发展统计快报》。
④ 我国的养老保障支出还包括居民养老金、机关事业单位退休金、离休金、退职费等以及城乡居民医保、公费医疗、老年福利、老年救助等。

实际上，无论是前10年的"旧医改"，还是近10年的"新医改"，都把保障老年人健康的资源配置重心放在了"医"上。但事实证明，以疾病治疗为核心的健康保障体系虽耗费了大量的医疗资源和医药费用，但对提高健康绩效却并不理想，甚至存在较为普遍的过度医疗问题（刘军强，2015；郭科、顾昕，2017）。照此模式，中国的老年人医疗费用支出有被拖入"无底洞"的极大风险。2014年，全国两会首次提出了"医养结合"。2017年，十九大进一步强调"推进医养结合"。"养"的重要作用逐渐被认识到。但关于怎样"医养结合"，目前社会各界仍莫衷一是。一派观点认为是通过提高医保报销支出，进一步满足老年人医疗服务需求，即"以医促养"。一派观点则认为是通过提高养老金收入、优化养老金支出结构及使用方式，从而预防和减少疾病发生、降低医疗支出，实现"以养节医"。两种模式是否成立，孰优孰劣？这既需要学理上的充分讨论，更需要实证检验养老金、医疗保险的老年人健康绩效。

从文献检索的结果来看，目前学者们都是分开考察养老金与医疗保险的健康绩效，而没有在一个统一的框架和目标函数下对二者进行实证检验进而统筹规划。不同于前人的研究，本章将在养老保障支出的统一框架下，以老年人健康绩效作为目标函数（被解释变量），基于CLHLS微观调查数据，采用结构方程模型来估计养老金、医疗保险的健康产出并进行比较。此外，还进一步使用路径模型探索养老金影响老年人健康的中介实现机制。

第一节　文献回顾

早期研究者多从人口学、社会医学等角度分析老年人健康的影响因素。20世纪70年代随着卫生经济学的发展，研究者开始从经济学的角度研究老年人健康。格鲁斯曼（1972）最早提出健康资本和健康生产理论，认为健康受到医疗卫生、收入水平、生活方式、教育程度、生活环境等一系列因素的影响。个体当前的健康水平既依赖最初的健康禀赋，也取决于个体对健康资本的投入。最初的健康禀赋会随着年龄的增长而贬值，身体机能会下降，因此需要不断投入健康资本。在格鲁斯曼理论的基础上，经济学家通常把老年人的健康状况归因为老年人接受的医疗服务和长期护理服务这两种最主要的健康资本投入的结果。医疗服务的使用与医疗保险制度密切相关，长期护理服务需要资金投入，而养老金是老年人的主要收入来源（李实、杨穗，2011）。可见，医疗保险与养老金都对老年人健康具有重要影响。这两种主要养老保障支出的老年人健康产出模式、产出效率，是学界讨论的热点。

医疗保险作为平滑医疗支出风险的财务机制，可以降低就医门槛，增加医疗卫生服务的可及性，从而保障参保者的健康状况。但当参保者负担的医疗卫生成本降低时，由于道德风险的影响也会导致医疗资源浪费（Feldman and Dowd，1991；郑莉莉，2018）。因此，医疗保险既可以满足参保者的医疗服务需求从而促进健康，也可能导致过度的医疗消费，表现为低效的健康产出（Folland et al，2004）。

医疗保险与健康关系的研究中影响力最大的是兰德（RAND）健康保险实验。曼宁等（1987）利用该实验数据发现被随机分配到免费医疗计划的参保者相对具有更高的医疗服务需求。布鲁克等（1983）利用兰德健康保险实验数据研究参保者自付医疗费用对健康的影响，发现通过健康保险释放的医疗服务需求并未带来参保者健康的显著改善。同样，赫德和麦加里（1997）享受较高水平医疗保障的老年人的健康水平并没有明显提高，对总体上的老年人预期寿命、老年人死亡率也没有显著影响。卡特等（2008）采用断点回归的方法发现医疗保险对死亡率没有显著影响，芬克尔斯坦和麦克尼格（2008）利用美国各州医疗卫生数据发现，医疗保险的影响可能具有滞后性，在建立医疗保险制度的前十年对老年人死亡率没有显著影响。可见，关于医疗保险与老年人健康的研究并没有统一结论。

相反，一些研究者发现医疗保险对老年人健康与寿命具有显著正向影响。冈本（1992）发现日本的免费医疗服务能降低老年人的死亡率并提高预期寿命。卡特勒等（2005）利用倍差法（DID）发现参加美国健康保险制度的患者比未参保者更能抵抗慢性病的冲击，健康恶化程度会有所下降。波尔斯基（2006）等采取"准自然实验"发现享受健康保险计划的老年人有更高的自评健康。沃特等（2014）利用东德的数据发现单位医疗资源投入可以使老年人预期寿命延长3个小时，能降低各种原因导致的死亡率。

国内研究者主要探讨新农合制度、城镇居民保险制度和职工医保制度对老年人健康的影响。早期的研究都发现医疗保险并不能有效改善参保者的健康水平，或效果并不明显。赵忠和侯振刚（2005）根据Grossman模型用2000年中国健康和营养调查数据分析发现医疗保险对城镇居民健康始终有不显著的负向影响。罗楚亮（2008）使用CHIP2002城镇住户调查数据发现公费医疗/大病统筹覆盖显著降低了健康因子，但对健康自评影响不显著。吴联灿和申曙光（2010）使用2004、2006年CHNS数据采用倍差法和PSM法研究发现新农合制度对农民健康改善具有积极影响，但效率不高、影响有限。后来也有许多研究者发现医疗保险对健康的积极影响。黄枫和甘犁（2010）利用2002、2005年中国老年人健康长寿影响因素调查数据（CLHLS），使用两部模型研究发现参保老年人的死亡风险比无保险的老年人低19%，且平均生存时间比无保险的老年人多5年，即医疗保险显著改善了城镇老年人健康状况，释放了医疗服务的有效需求。程令国和张晔（2012）使用中国老年健康影响因素跟踪调查（CLHLS）2005年和2008年两期数据研究发现，新农合通过提高参保者的医疗服务利用率提高了参保者的健康水平。潘杰等（2013）利用2007—2010国务院城镇居民基本医疗保险试点评估入户调查数据，发现城居保提高人们卫生服务利用且并未增加个人的经济负担，可以促进参保居民的健康水平提高，并对弱势群体有相对更大的优势。

健康经济学的经验研究也表明收入对健康具有显著的正向影响。收入影响健康的逻辑主要有5种，包括：绝对收入假说，即收入增加可以提高个人健康水平，但具有边际递减的规律（Preston，1975）；相对收入假说，即个人健康更多地受到相对收入的影响，当个人绝对收入不变而所在地区的平均收入提高时，个人健康水平会变差（Wilkinson，1996）；贫困假说，即收入对健康的影响存在临界值，当低于该收入临界值陷入贫困时，收入越低，健康状况恶化程度加快，超过该收入临界值，健康不再随着收入变动而改变（Wilkinson，1997）；相对社会经济地位假说，即收入会受到个人的社会经济地位影响，包括收入、教育和职业等（Marmot，1984）；收入差距假说，即不仅是绝对收入、相对收入，收入不均也会影响健康，自身感受到的收入差距越大，健康状况越差（Wilkinson，1996）。由于养老金是绝大部分老年人的主要收入来源（甚至唯一），它对老年人健康的影响也可按这5种假说进行分析。

尽管关于收入影响健康的实证研究较多（Mellor，2002；Adler等，2010），但养老金收入影响老年人健康的实证研究却较少，也没有统一结论。皮特等（2003）研究了收入对老年人自评健康和死亡率之间的关系，发现收入变化对健康几乎没有影响。凯斯（2001）研究发现养老金保障老年人的营养状况，提高生活水平，从而能有效改善老年人健康水平。

目前国内直接研究养老金影响老年人健康的文献并不多见。绝大多数研究都是将养老保险作为控制变量（程令国等，2015），或作为测量社会经济地位的一个指标（刘昌平和汪连杰，2017）。部分研究发现养老金收入对老年人健康具有显著正向影响。老年人收入与健康支出状况研究课题组（2008）发现在北京市，被调查老年人群体的收入主要来源是养老金，收入越高的老年人的健康支出（投资）也越多，包括满足疾病治疗需求、生活保健需求等，进而提高老年人健康状况。刘宏等（2011）使用2002、2005年中国老年人口健康状况调查数据（CLHLS）研究发现在不同居住模式下经济独立（有养老金或储蓄等）的老年人都具有显著更好的健康状况，反映了养老金等收入来源能提高老年人的健康水平。李实和杨穗（2011）使用2002、2007年城镇住户调查数据研究发现养老金收入越高的老年人自评健康越好，相比其他收入来源，养老金对老年人健康的影响更大。

不难看出，养老金、医疗保险都是为了实现老年人的健康生活。二者可以归入养老保障总支出的分析框架。养老金、医疗保险的老年人健康产出方式如何？相对边际效率如何？养老金、医疗保险影响老年人健康的作用机制或中介路径如何？这种影响作用是否随着时间变化而变化？从已有研究来看，研究医疗保险影响老年人健康的文献非常多，而研究养老金影响老年人健康的文献则相对较少。并且这些研究都是在分开检验医疗保险、养老金对老年人健康的影响，而没有在一个统一的框架下对二者进行联合检验。本章的实证研究将提供相关经验证据，以弥补这些不足之处。

第二节 数据与模型

一、数据来源

本节使用的数据为中国老年人健康长寿影响因素调查（CLHLS）最新发布的2014年数据。该调查是目前中国最大的关于老年人口研究的微观数据，收集了受访者人口学、社会经济、疾病、健康等翔实的信息。该调查数据通过了关于准确性、可靠性、一致性、随机性的系统性测试，数据质量良好（Gu and Dupre，2008）。2014年共调查7192名老年人，涵盖全国22个省（市、自治区），样本区域人口代表了全国85%的人口。

二、变量来源

1. 被解释变量

参考已有文献的做法，本节使用"主观健康（Health_sub）""生理健康（Health_ob）"2个被解释潜变量。其中，采用3个指标变量来测量"主观健康"：第一，健康自评（health_self）。CLHLS2014问卷询问被访者"您觉得您现在的健康状况怎么样"，取值1—5，分别代表"非常差、差、一般、好、非常好"。第二，健康他评（health_other）。由调查员对被访者健康状况做出主观评估，取值1—4，分别代表"体弱多病、身体虚弱、比较健康、相当健康"。

第三，健康变化（health_change）。问卷询问被访者"过去一年来您觉得您的健康状况有没有改变"，取值1—5，分别代表"差多了，差一些，没变，好一些，好多了"。

同时，也用3个指标测量"生理健康"：第一，两周患病（ill_present），CLHLS2014问卷询问被访者"最近两个星期内您是否觉得有身体不适"，取值0代表"身体不适或患病"，1代表"没有身体不适或没有患病"；第二，患重病次数（ill_serious），问卷询问被访者"过去两年中您曾经患过几次重病（重病指需要住院治疗或在家卧床不起）"，取值0代表"非常多"，数值越大代表"患病次数越少"；第三，患慢性病种类数（ill_chronic），问卷询问被访者"是否患有高血压、糖尿病、心脏病、中风及脑血管疾病、呼吸道疾病（支气管炎、哮喘病或肺炎）、肺结核等20种常见的慢性病"，取值0代表"非常多"，数值越大代表"患慢性病种类数越少"。从这些测量指标的刻度可知，测量值越大，则被访老人的生理健康水平相应越高。

2. 解释变量

解释变量包括"养老金收入""医疗保险报销费用"2个显变量。其中，养老金收入（pension_self），CLHLS2014问卷询问被访者"请问您每个月的退休养老金、来自基本养老保险的养老金收入是多少"，将该数值乘以12得到被访者去年整年的养老金收入；基本医疗保险报销（medicare_cover），问卷询问被访者"过去一年您实际花费的门诊医疗费用及其自付费用、住院医疗费用及其自付费用"，用"实际花费的门诊/住院医疗费用—家庭自付的门诊/住院医疗费用"即为医疗保险报销费用。其中"基本医疗保险"包括"公费医疗、城镇职工基本医疗保险、城镇居民基本医疗保险和新型农村合作医疗"。

3. 控制变量

控制变量使用老年人的客观身体状况。CLHLS2014问卷中测量"客观身体状况"的指标包括4个：第一，日常活动能力（katz），由反映生活自理能力的6个项目构成（含洗澡、穿衣、室内活动、上厕所、吃饭、控制大小便），取值1—3，分别代表"很需要帮助，一般，不需要帮助"；第二，器具性日常活动能力（iadl），包括能否到邻居家串门、举起5公斤重物等8个问题，取值1—3，分别代表"不可以，一般，可以"；第三，功能受限状况（ads），包括手能否触及后腰等6个问题，取值1—3，分别代表"不可以，一般，可以"；第四，认知功能（mmse），使用了认知功能建议表MMSE测量老年人的方向定位能力、反应能力、注意力和计算能力、回忆能力及语言、理解和自我协调能力等24个问题，对各个指标综合后取值0代表"错误"，1代表"正确"。在控制老年人基本身体状况的影响之后，检验养老金收入和医疗保险报销对老年人主观健康、生理健康等被解释变量的边际影响。上述指标变量、解释变量的描述性统计结果如表 10-1 所示。

表 10-1 主要变量的描述性统计结果

变量	符号	观测值	均值	标准差	最小值	最大值
健康自评	health_self	6572	3.36	0.88	1	5
健康他评	health_other	7026	3.02	0.68	1	4
健康变化	health_change	6536	2.65	0.79	1	5
两周患病	ill_present	6982	0.17	0.37	0	1
患重病	ill_serious	6644	0.38	0.98		24
患慢性病	ill_chronic	6842	1.17	1.34	0	19
养老金收入	pension	2681	16086	17687	0	120000
医疗保险报销	medicare	6057	1703	6215	0	130000
日常活动能力	katz	6803	2.81	0.43	1	3
器具性活动能力	iadl	7005	2.32	0.76	1	3
功能受限状况	ads	6679	2.61	0.44	1	3
精神认知功能	mmse	6617	0.77	0.30	0	1
户籍	urban	7192	0.45	0.50	0	1
性别	gender	7192	0.46	0.50	0	1
婚姻	marry	6986	0.40	0.49	0	1
年龄	age	6943	85.15	10.48	60	121
迁移	move	6661	0.11	0.31	0	1
现在抽烟	smoke_now	7033	0.17	0.37	0	1
现在喝酒	drink_now	7006	0.15	0.36	0	1

从表 10-1 可以看出，受访老年人的健康自评、健康他评的总体较好（均值均超过 3.00），健康变化偏差（均值为 2.65）。同时，受访老年人的患小病情况（均值为 0.17）比较乐观，而患重病（均值为 0.38）和患慢性病（均值为 1.17）的状况总体偏差。养老金收入的均值为 16086 元/年，中位数为 11520 元/年，医疗保险报销的均值为 1703 元/年，中位数为 0，均呈右偏分布。鉴于此，我们采用了 Box-Cox 变换来校正数据的非正态性。养老金收入对数的均值 8.74 与中位数 9.35 较为接近，医疗保险报销的均值为 2.83，中位数虽然仍为 0，但

其偏度从 7.93 下降到 0.66，峰度从 90.93 下降到 1.74。数据更趋向正态分布。下文的实证分析中使用的养老金收入与医疗保险报销均为取对数的值。

三、模型

我们选用结构方程模型（Structural Equation Modeling，SEM）来估计养老金收入、医疗保险对老年人健康的影响。结构方程模型包括测量模型和结构模型两部分。测量模型是选用显变量指标来测量潜变量，描述了潜变量与显变量之间的关系；而结构模型则表示解释变量与被解释变量之间的关系。被解释潜变量 η 的测量模型如式（10-1）所示：

$$Y = \hat{\Lambda}_y \eta + \varepsilon \tag{10-1}$$

其中，主观健康 η_1 的测量指标包括 y_1—y_3：健康自评、健康他评和健康变化；主观健康 η_2 的测量指标包括 y_4—y_6：两周患病率、患重病情况和患慢性病情况。Λ_y 为各个测量指标变量与被解释潜变量之间的因子载荷系数。ε 为被解释潜变量的测量误差。

整体的结构方程模型表示如下：

$$\eta = B\eta + \Gamma\xi + \zeta$$

$$\begin{bmatrix} \eta_1 \\ \eta_2 \end{bmatrix} = \begin{bmatrix} 0 & \beta_{12} \\ 0 & 0 \end{bmatrix} \begin{bmatrix} \eta_1 \\ \eta_2 \end{bmatrix} + \begin{bmatrix} \gamma_{11} & \gamma_{12} \\ \gamma_{21} & \gamma_{22} \end{bmatrix} \tag{10-2}$$

式（10-2）中，η 是被解释潜变量，其中 η_1 表示"主观健康"，η_2 表示"生理健康"。ξ 是解释变量，其中 x_1 表示"养老金收入"，x_2 表示"医疗保险报销"。B 代表两个被解释潜变量 η_1、η_2 之间关系的结构系数，Γ 代表被解释潜变量与解释变量 x_1、x_2 之间关系的结构系数。ζ 为结构模型的预测误差（扰动项）。

第三节　实证结果分析

一、基本估计结果

首先使用结构方程模型估计养老金收入、医疗保险对老年人健康的影响。由于养老金收入、医疗费用等变量包含大量缺失值，我们采用了不删除缺失观测值的 MLMV 估计法①。估计结果见表 10-2。

表 10-2 养老金、医疗保险影响老年人健康的结构方程模型估计结果（N=7070）

模型	变量关系	估计系数	（OIM）标准误	z 值	p>∣z∣	R^2（单方程）
A. 结构模型	主观健康：					0.048
	养老金	0.076	0.009	8.16	0.000****	
	医疗保险	-0.035	0.003	-11.25	0.000****	
	生理健康：					0.566
	养老金	-0.017	0.003	-6.05	0.000****	
	医疗保险	-0.019	0.001	-18.90	0.000****	
	主观健康	0.119	0.011	10.71	0.000****	
B. 测量模型	主观健康：					
	健康自评	1				0.713
	健康他评	0.633	0.027	23.35	0.000****	0.491
	健康变化	0.534	0.032	16.48	0.000****	0.258
	生理健康：					
	两周患病	1				0.189
	患重病次数	2.973	0.205	14.49	0.000****	0.241
	患慢性病种类	4.312	0.289	14.90	0.000****	0.273
C. 拟合指标	N=7070，R^2（CD）= 0.369（模型整体）					

注：每个潜变量第 1 个测量指标的因子载荷系数被 SEM 默认设为 1，****、***、**、* 表示在 0.1%、1%、5% 和 10% 显著。

表 10-2B 显示了测量模型的估计结果。健康他评和健康变化对主观健康的测量均在 0.1% 水平显著为正，患重病、患慢性病对生理健康的测量在 0.1% 水平显著为正。这说明所选取的指标均能显著测量各潜变量。表 9-2C 报告结构方程模型的总体拟合指标 R^2 为 0.369。

---

① 保留缺失值极大似然估计法（maximum likelihood with missing values，MLMV）是一种完全信息（full information）估计方法，不会删除有缺失的样本观测值，能使用全部样本观测值的各阶矩信息（Acock，2013）。而传统的 OLS、2SLS、ML 等估计方法都会删除有缺失的样本观测值，导致损失较多的观测值。

表 10-2A 显示了结构模型的估计结果。养老金收入对老年人主观健康的回归系数在 0.1% 水平显著为正，说明被访老年人的养老金收入越多，就越能显著提高老人的主观健康，包括健康自评、健康他评和健康变化 3 个测量指标。而医疗保险报销的回归系数在 0.1% 水平显著为负，说明医疗保险报销与主观健康之间呈显著负相关关系。这可以解释为，医疗保险报销越多，反映出老年人的身体状况越差，进而影响到其对健康的主观评价。

养老金收入对老年人生理健康的回归系数在 0.1% 水平显著为负，意味着养老金收入越高的老人的生理健康水平越低，二者之间呈显著负相关关系。这是因为随着年龄的增大，养老金收入在增加（每年都会调增），而老年人的身体状况、生理健康却随着年龄的增大而下降。年龄这种"混淆变量"（Confounding Variable）① 在同时影响二者，使得二者之间是相关关系，而不是因果关系（王孟成，2014）。关于养老金与老年人生理健康之间的内在关系，我们将在后文进一步检验。

医疗保险报销的回归系数则在 0.1% 水平显著为负。这说明小病、慢性病和重病的患病率越高，对应老年人的医疗保险报销越多。这反过来也说明医保报销越多对减缓老年人小病、慢性病和重病的患病率并没有实质帮助。因为健康的决定因素很多，包括基因、环境、收入、生活习惯等，医疗保险增加的卫生服务利用并不必然改善参保者健康状况（Saksena and Holly，2011）。由于医疗卫生服务的边际效用递减，最终还可能有害（Phelps，2002；Fisher，2003）。笔者研究（2016）也发现医疗支出越多并不带来更高的健康产出。

此外，主观健康对老年人生理健康的回归系数在 0.1% 水平显著为正，说明老年人的主观健康可以增进生理健康，能够显著减少老年人患小病、慢性病和重病。正如莫西和夏皮罗（1982）研究发现一个人对其自身健康状况的主观评价会显著影响到其以后的实际健康状况。这也说明不仅要重视生理健康，还要通过各种途径增强老年人的主观健康。从前文已知，养老金收入可以显著提升老年人的主观健康，故而可以间接地增进老年人的生理健康，减少患小病、慢性病和重病，使人的身体进入"主观健康增进生理健康，生理健康又进一步提升主观健康"的自加强的良性循环。

---

① 混淆变量是指与自变量和因变量均相关的变量，该变量使自变量和因变量间产生虚假的关系（Meinert，1986）。常用来解释相关不等于因果关系，因为可能存在第三个变量同时影响两者。

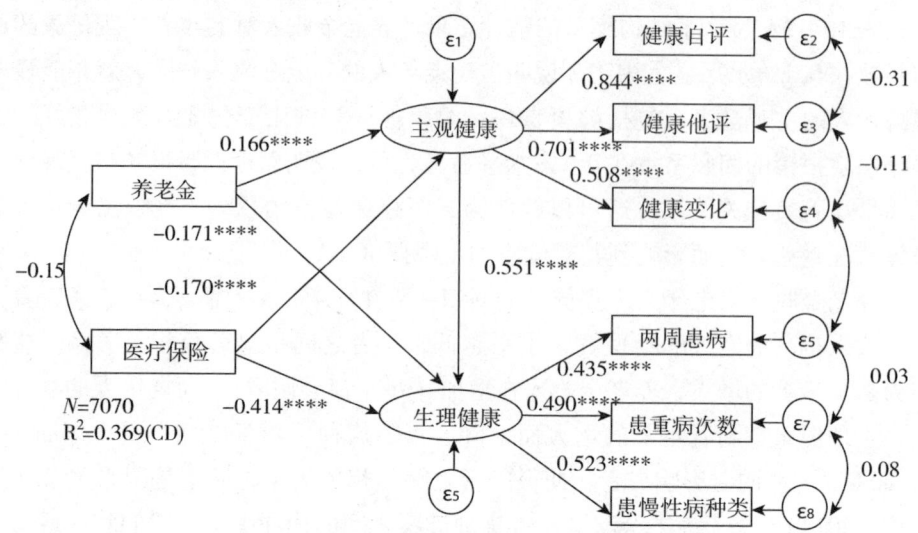

图 10-1　养老金、医疗保险影响老年人健康的结构方程模型估计结果

注：标准化系数，MLMV 估计，＊＊＊＊表示在 0.1% 水平显著。

为更好地比较养老金收入与医疗保险影响老年人健康的边际效应，图 10-1 显示了标准化系数。其中，养老金收入对老年人主观健康的标准回归系数为 0.166（在 0.1% 水平显著），对老年人生理健康的标准回归系数为 -0.171（在 0.1% 水平显著），医疗保险对老年人主观健康的标准回归系数为 -0.170（在 0.1% 水平显著），对老年人生理健康的标准回归系数为 -0.414（在 0.1% 水平显著）。另外，老年人主观健康对生理健康的标准回归系数为 0.551（在 0.1% 水平显著）。由图 10-1 的结构路径可见，养老金收入能显著提高老年人的主观健康，并且主观健康又能显著减缓老年人两周患病、重病和大病的患病率。而医疗保险报销对老年人主观健康的标准回归系数显著为负，与受访老年人的生理健康也是显著负相关。这些标准回归系数清晰地反映出，相比医疗保险，养老金收入对老年人健康的作用更正面、更积极。

二、养老金影响老年人健康的路径分析

由于存在年龄等干扰变量，前文的估计结果显示养老金收入与老年人生理健康之间呈显著负相关关系。这是否意味着养老金收入对老人生理健康就没有影响，甚至负向影响？养老金对老年人健康的影响路径是怎样的呢？本节使用路径模型来进一步探究。选取的中介变量包括：第一，居住条件，受访者居住房间是否破旧漏水（无破旧漏水=1，其他=0）；第二，水果摄入，受访者吃新鲜瓜果蔬菜的频率，赋值为 1—4，代表"非常少—非常频繁"；第三，及时治疗，受访者患重病治疗的情况（得到治疗＝1，没有得到治疗＝0）；第四，经济状况（生活来源够用＝1，其他＝0）。为充分提取样本信息，采取保留缺失值极大似然估计（MLMV）。事实上，还有其他影响途径，并不限于这4个中介变量。

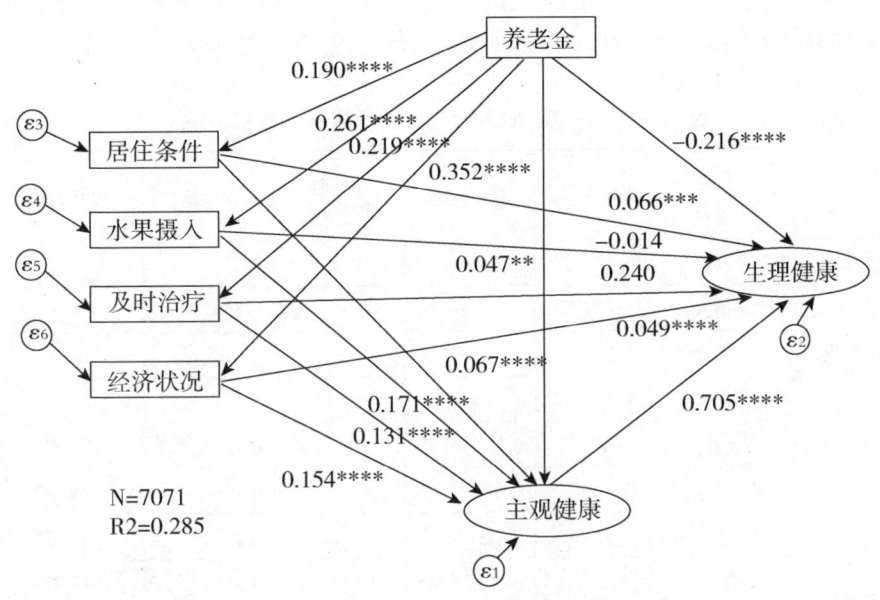

图10-2 养老金影响老年人健康的路径分析

注：标准化系数，MLMV估计，＊＊＊＊表示在0.1％水平显著。

图10-2显示了养老金影响老年人健康的中介变量及其传导路径：第一，直接影响主观健康、生理健康，回归系数分别为0.047和-0.216，各在5％和0.1％水平显著为正；第二，通过主观健康的中介作用间接影响生理健康，这与图1中的结构方程模型估计结果保持一致；第三，通过"居住条件、水果摄入、及时治疗、经济状况"4个中介变量间接影响生理健康；第四，通过"居住条件、水果摄入、及时治疗、经济状况"4个中介变量影响主观健康，继而主观健康又会影响生理健康（中介的中介）。

从图10-2的路径模型估计结果可以看出，养老金收入对居住条件、水果摄入、及时治疗、经济状况的回归系数均在0.1％水平显著为正，说明养老金收入可以显著改善老年人的居住环境，可以让老年人增加新鲜水果的摄入量，提高户外运动频率，并提高有病能及时治疗的保障度。同时，这些中介变量又都对老年人的主观健康、生理健康具有显著影响。对于老年人主观健康，居住条件、水果摄入、及时治疗和经济状况的回归系数在 0.1% 水平均显著为正。对于老年人生理健康，居住条件、经济状况的回归系数在 1% 水平显著为正。这说明较好的居住环境会提高老年人的主观健康，同时降低小病、重病和慢性病的患病率，而经济状况可以显著增强老年人的主观健康和生理健康，提高医疗利用和支付能力，能够显著提升老年人的主观健康状况。而老年人的主观健康状况又能显著影响生理健康，从而有助于减缓小病、重病和慢性病的患病率。

表 10-3 养老金收入对老年人健康影响效应分解

被解释变量	解释变量/中介变量	直接效应	间接效应	中介的中介效应	总效应	间接效应占比
主观健康	居住条件	0.067****				
	水果摄入	0.171****				
	及时治疗	0.131****				
	经济状况	0.154****				
	养老金收入	0.047**	0.140****		0.187****	74.87%
生理健康	居住条件	0.066**	0.047**		0.106****	44.34%
	水果摄入	-0.014	0.121****		0.107**	89.63%
	及时治疗	0.240	0.092****		0.332****	27.71%
	经济状况	0.049**	0.109****		0.158****	68.99%
	主观健康	0.705****	—		0.705****	—
	养老金收入	-0.216****	0.112****	0.099****	-0.005*	49.41%

注：标准化系数，****、***、**、*表示在 0.1%、1%、5% 和 10% 显著。

表 10-3 汇总了养老金收入影响老年人健康的直接效应、间接效应和总效应①。养老金收入对老年人主观健康有直接的显著效应，也能通过"居住条件、水果摄入、及时治疗、经济状况"4 个中介变量产生显著的间接效应，并且这些中介变量的间接效应占总效应的 74.87%。这说明养老金收入更多地是通过改善老年人的生活条件、医疗条件等来提高老年人的主观健康水平。养老金收入也通过各种中介变量显著间接地改善老年人的生理健康状况，间接效应占

---

① 间接效应是对应的两个路径系数的乘积，中介的中介产生的间接效应是对应的三个路径系数的乘积；总效应等于对应的直接效应加上间接效应。

49.41%。较好的居住环境会显著降低老年人患小病、重病次数和慢性病种类数,而水果摄入、及时治疗、经济状况、主观健康的水平较高,能显著减缓老年人患小病、重病和慢性病,增进生理健康。养老金还能通过主观健康的中介的中介作用影响到老年人的生理健康。即养老金通过影响"居住条件、水果摄入、及时治疗、经济状况"4个中介变量,而后者又通过影响主观健康进而影响老年人的生理健康。

最后,养老金收入对主观健康的总效应为0.187,对生理健康的总效应系数为-0.005,最终养老金收入对老年人健康的净效应为0.182。这说明,即使由于衰老等原因导致老年人生理健康状况变差,养老金仍能通过各种途径显著改善老年人健康状况。这些效应的分解和汇总结果说明养老金影响老年人健康的作用路径是很丰富、多样化的。

三、稳健性检验

1. 增加更多控制变量

我们在原模型中加入更多控制变量,主要包括4大类。第一是受访者基本情况,包括户籍(城镇户籍=1,非城镇户籍=0)、婚姻状况(已婚或与配偶同居=1,其他=0)和迁移状况(有过迁移=1,没有迁移=0);第二是老年人客观身体状况,包括日常活动能力(katz)、器具性日常活动能力(iadl)、功能受限状况(ads)和认知功能(mmse),上文已经介绍其赋值情况;第三是受访者的生活方式,包括生活水平,赋值为1—5,代表"非常贫困—非常富裕",抽烟情况(过去抽烟=1,过去不抽烟=0,现在抽烟=1,现在不抽烟=0)和喝酒情况(过去喝酒=1,过去不喝酒=0,现在喝酒=1,现在不喝酒=0);第四是受访者性格,包括最近一段时间老年人心情愉悦、开朗、孤独、紧张害怕和难过压抑频繁程度5个变量,赋值为1—5,代表"非常少—非常频繁"。参数估计方法仍采用不删除缺失值的MLMV估计。结果如表10-4所示。

表 10-4 增加更多协变量的稳健性检验结果（N=7192）

模型	变量关系	估计系数	标准误(OIM)	Z值	P>|z|	R^2（单方程）
A. 结构模型	主观健康					0.434
	养老金	0.019	0.007	2.57	0.010***	
	医疗保险	-0.021	0.002	-9.92	0.000****	
	生理健康					0.598
	养老金	-0.011	0.003	-3.88	0.000****	
	医疗保险	-0.017	0.001	-18.27	0.000****	
	主观健康	0.090	0.009	10.12	0.000****	
B. 测量模型	主观健康					
	健康自评	1				0.690
	健康他评	0.831	0.022	37.89	0.000****	0.851
	健康变化	0.561	0.020	27.56	0.000****	0.282
	生理健康					
	两周患病	1				0.176
	患重病次数	3.007	0.207	14.54	0.000****	0.229
	患慢性病种类	4.611	0.305	15.14	0.000****	0.291
C. 拟合指标	$N=7192$，$R^2(CD)=0.697$（模型整体）					

注：第 1 个测量指标的因子载荷被 SEM 默认设为 1，****、***、**、* 表示在 0.1%、1%、5% 和 10% 显著。限于篇幅，表中没有报告增加的控制变量的系数、误差项与协方差等估计结果。

根据表 10-4A 的估计结果，养老金收入对主观健康的回归系数仍在 1% 水平显著为正，医疗保险报销的回归系数仍在 0.1% 水平显著为负；养老金收入与医疗保险报销对生理健康的回归系数仍在 0.1% 水平显著为负。主观健康的回归系数则仍在 0.1% 水平显著为正。由此可知，加入受访者基本情况、客观身体状况、生活方式、性格等控制变量后，回归系数的方向及显著性水平仍与表 10-2 的实证结果保持一致，说明前文的估计结果是稳健的。

2. 变更估计方法

我们进一步变换估计方法来检验上述结果的稳健性，采用 4 种新的估计方法：第一，为极大似然估计（ml）；第二，为极大似然估计加上考虑异方差的稳健标准误（ml + robust）；第三，为1000次重抽样的估计结果（bootstrap）；第四，由于测量指标变量不是连续型指标，故采用 Ordered Logit 联结函数的广义结构方程模型估计（gsem）。估计结果见表10-5。

表10-5 变换估计方法的稳健性检验结果

模型	估计方法	(1) ml	(2) ml + robust	(3) bootstrap	(4) gsem
A.结构模型	主观健康				
	养老金	0.088**** (7.88)	0.088**** (8.04)	0.088**** (8.01)	0.345**** (6.72)
	医疗保险	-0.039**** (-8.34)	-0.039**** (-8.24)	-0.039**** (-7.98)	-0.156**** (-6.95)
	生理健康				
	养老金	-0.017**** (-6.23)	-0.017**** (-6.28)	-0.017**** (-6.41)	-0.112**** (-6.29)
	医疗保险	-0.017**** (-11.67)	-0.017**** (-11.32)	-0.017**** (-11.42)	-0.113**** (-11.09)
	主观健康	0.105**** (7.51)	0.105**** (6.40)	0.105**** (6.28)	0.181**** (7.20)
B.测量模型	主观健康				
	健康自评	1	1	1	1
	健康他评	0.586**** (16.38)	0.586**** (15.84)	0.586**** (16.07)	0.520**** (8.51)
	健康变化	0.463**** (10.13)	0.463**** (9.95)	0.463**** (10.18)	0.375**** (9.05)
	生理健康				
	两周患病	1	1	1	1
	患重病次数	4.085**** (11.82)	4.085**** (9.65)	4.085**** (9.27)	0.613**** (10.90)
	患慢性病种类	5.448**** (11.18)	5.448**** (8.86)	5.448**** (8.94)	0.804**** (11.15)

续表

模型	估计方法	(1) ml	(2) ml + robust	(3) bootstrap	(4) gsem
C. 拟 合 指 标	N	2105	2105	2105	2386
	R^2 (CD)	0.502	0.502	0.502	
	CFI	0.935		0.935	
	RMSEA	0.083		0.083	
	SRMR	0.042	0.042	0.042	

注：第1个测量指标的因子载荷被 SEM 默认设为1，(3) 为 bootstrap1000 次重抽样的结果，****、***、**、* 表示在 0.1%、1%、5% 和 10% 显著。

采用了新的估计方法之后，根据表10-5A显示的估计结果，养老金收入对主观健康的回归系数在方程（1）—（4）中都在0.1%水平显著为正，医疗保险报销的回归系数均在0.1%水平显著为负。对于受访老年人的生理健康，养老金收入的回归系数均在0.1%水平显著为负，医疗保险报销的回归系数也仍然在0.1%水平显著为负，主观健康的回归系数仍然在0.1%水平显著为正。可见，方程（1）—（4）回归系数的方向及其显著性水平仍与表10-2中的实证结果保持一致，再次验证上述结论。即养老金收入能显著提升主观健康，而主观健康又显著增进生理健康，医疗保险报销与主观健康、生理健康均呈显著的负相关关系。

3. 增加2011年数据做多组比较

我们还选取了 CLHLS2011 年调查数据，采取多组比较结构方程模型，比较2011年与2014年上述变量间关系随时间的变化趋势。CLHLS2011年共有9765名老年人参加此项调查。图10-3显示了按年份多组比较的估计结果。为便于比较主要变量之间的关系，图中略去测量模型及误差项的估计。

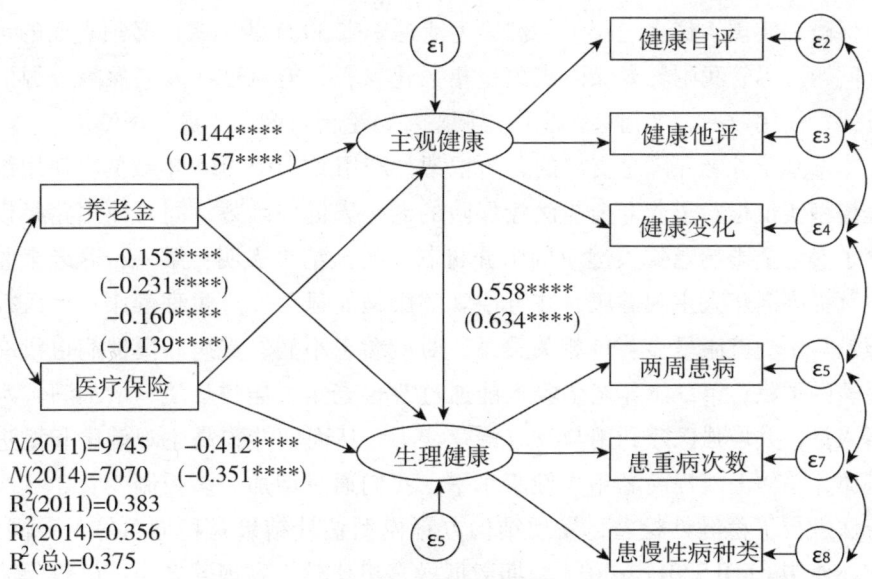

图 10-3 多组比较结构方程模型估计结果

注：标准化系数，MLMV 估计，括号内为 2011 年数据的估计系数，****表示在 0.1% 水平显著。

对于老年人主观健康，2014 年样本组中的养老金收入的回归系数为 0.144，略低于 2011 年的 0.157，二者均在 0.1% 水平显著，说明 2011、2014 年的养老金对主观健康始终具有显著正向影响，使用 Wald 检验表明二者的系数并没有显著差异；医疗保险报销的回归系数，2014 年样本组的绝对值略高于 2011 年，二者均在 0.1% 水平显著，说明 2011、2014 年的医疗保险报销与主观健康始终具有显著负相关关系，使用 Wald 检验二者的系数也没有显著差异。对于老年人的生理健康，两组样本中的养老金、医疗保险报销的回归系数均无显著差异，主观健康的回归系数均在 0.1% 水平显著为正。总的来看，两组样本中，养老金、医疗保险报销对老年人主观健康和生理健康的回归系数的符号、显著水平基本一致，且二者之间的系数差异在统计上并不显著。可见，养老金、医疗保险报销对老年人健康的影响作用具有稳定的时间一致性，并未随时间推移而显著改变。

第四节 结论与政策建议

到 21 世纪中叶我国老年人口将近 4 亿，占总人口近 1/3（李本公，2006）。

如何保障和实现4亿多老年人的健康生活是未来30年我国政府必须直面的重大社会问题。尽管我国养老保障支出呈指数化增长，但对这些养老保障资源的产出方式、使用效率，如何进一步优化调整却讨论得不多、不深、不细。

本章基于养老保障总支出的分析框架，利用CLHLS2014年数据，使用结构方程模型实证检验了养老金与医疗保险的老年人健康绩效，同时使用路径模型探察了养老金影响老年人健康的中介机制。实证结果表明：第一，养老金收入能显著提高老年人主观健康，并且主观健康又能显著增进生理健康；但医疗保险报销与主观健康呈显著负相关关系，对减缓患小病、重病和慢性病也没有清晰显著的贡献；第二，养老金收入能通过改善老年人居住环境，增加新鲜水果的摄入量，并增强医疗利用与及时治疗能力，从而间接提高主观健康和增进生理健康，总体上能提高老年人健康水平。我们通过增加更多控制变量、变换估计方法进行了稳健性检验，发现结构方程模型估计结果是稳健可靠的。同时，我们还使用CLHLS2011、2014两期数据做多组比较，发现养老金、医疗保险对老年人健康的影响作用未随时间改变而发生显著的变化。从实证结果可知，相比医疗保险支出，养老金投入具有更正面、更积极的老年人健康产出作用，并且促进老年人健康的途径更为丰富。

就健康绩效而言，从本章的实证结果可知，我们对"以医促养"的认识是有失偏颇的。"医"并不能促"养"，其健康绩效最多限于"以医保养"或"以医助养"。养老资源配置、"医养结合"应以"养"为重心，应"以养促养"，进而才能"以养节医"。"健康中国"不能被误导为"医疗中国"（唐钧，2016；周小菲等，2019）。美好生活绝不是要老年人多花钱治病、多使用医疗保险。相反，应着重提高老年人生活质量。未来我国的老年人健康保障应从以治病为中心逐步转向依托养老金的美好生活保障体系。要优化社会保险支出结构，将更多养老资源以养老金的形式分配给国民，让老年人更有支付能力去增加健康资本投入，购买和使用长期照护服务、增加营养保健投入、丰富文化娱乐等。这才是保障和促进老年人健康的"治本之道"。

我们也不能只是简单地增加老年人的养老金收入。2018年我国职工基本养老保险的人均养老金已达2768元/月。但这些养老金支出的使用方式、保障效果、健康促进作用，却并未有进一步的追踪、考察和评估。很多老人拿着养老金不愿花、不敢花、不会花。鉴于此，要进一步拓宽养老金促进老年人健康的途径，丰富和完善养老服务体系，提升养老服务的专业化水平。健康的第一责任人是个体。要引导老年人改变养老观念，增加健康资本投入，选择适合自己的养老服务，才能增进主观健康与生理健康。

第十一章

养老金与照护支出"以养节医"经济绩效研究

——基于路径模型①

中国进入老龄社会之后,面临老龄人口基数大、增速快带来的多重压力和矛盾。截至 2018 年底,60 岁以上老年人已有 2.49 亿,占总人口 17.9%,其中 65 岁以上人口 1.67 亿,占总人口 11.9%②。中国需要投入更多的养老资源来保障和促进老年人的健康美好生活。据 2017 年《中国卫生统计年鉴》,中国卫生费用已达到 51598.8 亿人民币,占 GDP 的 6.2%。基本医疗保险支出则从 2003 年 862 亿增长到 2017 年 14422 亿元,增加了 16.7 倍。这其中的大部分都被用于老年人的医疗支出(闫萍,2014)。尽管耗费甚巨,但研究结果表明目前这种以疾病治疗为核心的健康保障体系普遍存在高消耗、低绩效、甚至"投入无底洞"的过度医疗问题(刘军强,2015;郭科和顾昕,2017)。在中国"未富先老""未备先老"的条件约束下,如何优化养老资源配置,提高使用效率、降低医疗资源损耗,在保障健康绩效的基础上提高经济绩效,是我们不得不思考和解决的重大问题。

已有很多研究在探讨如何降低或控制医疗费用、提高经济绩效,但这些研究大多囿于在传统疾病治疗体系的框架内来思考对策,如加强医保基金监管、支付方式改革、药品价格管理和强化竞争等。在这种政策思路的指导下,21 世纪以来中国又开展了新的医疗卫生体制改革。但研究发现,新医改前后家庭灾难性医疗支出的发生率和强度并没有发生显著变化,反而因医保的引入使得医疗费用不断膨胀,医疗负担仍然很重(朱铭来、宋占军,2012;姜德超等,2015;方敏、吴少龙,2017)。卫生资源过度利用的现象仍很普遍,卫生费用急剧上涨、支付压力不断增大(刘军强,2015;Yip 等.,2014)。事实说明这些思路存在很大的局限性、实际效果不佳,更多是一些头痛医头、治标但不治本的应急策略。

---

① 原文发表于《金融经济学研究》2019 年第 3 期,此处略有修改。
② 数据来源:国家统计局《2018 年国民经济和社会发展统计公报》。

事实上，养护医是连贯的有机体（王宏禹、王啸宇，2018）。养老、照护属于前端健康防护，医疗属于末端疾病治理，即颐养是常态、根本，照护是基础，医疗是保障。鉴于此，我们不妨遵从养、护、医的内在逻辑来控制医疗支出，提高养老保障支出的经济绩效。即通过提高养老金、照护支出，改善老年人生活水平、预防和减少疾病发生、降低医疗支出，转向"前端养老防护"为主的养护保障模式，实现"以养节医"，从而从根本上解决"养老资源大量投入到医药领域—医疗费用增长迅速—继续投入"的恶性循环困境。

问题在于，养老金、照护支出能否显著降低医疗费用支出？其"以养节医"的经济绩效具体如何？养老金、照护支出应以何种方式介入、何时介入？目前尚缺乏相关经验证据的参考和支撑。本章将使用 CLHLS 微观调查数据，采用路径模型来估计养老金、照护支出"以养节医"的经济绩效，从而弥补已有研究的不足。

第一节　文献回顾

随着中国老龄化程度不断加深，养、护、医三项养老保障支出急剧上涨，压力不断攀升。养老保障支出的产出绩效可分为健康绩效和经济绩效。健康绩效即对居民健康状况的改善程度，经济绩效即对居民个人医疗支出、总医疗费用支出的影响（程令国和张晔，2012）。已有研究探讨各项支出健康绩效的文献非常多。而关于经济绩效，大多关注医疗保障支出的经济绩效，包括对医疗费用、自付医疗支出等的影响。

国外关于医疗保险与医疗费用支出的研究中，兰德（RAND）健康保险实验非常具有影响力，曼宁等（1987）利用该实验数据发现被随机分配到免费医疗计划的参保者相对具有更高的医疗服务需求，其就诊次数和医疗支出比自付比例为95%的参保者分别高67%和46%。瓦格斯塔夫和林德洛（2008）通过家庭微观调查数据研究医疗保险对家庭医疗支出的影响，发现医疗保险促进参保者使用更加优质的医疗服务，从而增加了家庭医疗的高支出和灾难性卫生支出的风险。伊普和萧（2009）认为中国不断扩大医疗保险的覆盖范围是导致医疗支出快速增长的重要原因。瓦格斯塔夫等（2009）基于家庭层面的面板数据研究发现，新农合增加了参保者的单次就医费用、就医频率，因此新农合并没有降低家庭实际医疗支出。顾（2009）基于广东省部分医院的调研数据发现，有医疗保险的病人的住院费用显著高于无医疗保险的病人的住院费用，控制疾病、个人特质等变量后,该结论仍然成立。总体而言,大部分实证研究的结果显示,医疗保险支出的经济绩效有限,不仅没有降低医疗负担,反而使得医疗费用不断膨胀。这是因为医疗保险能够降低医疗服务的价格,降低医疗需求者的就医门槛,增强医疗服务利用的可及性,从而释放一定程度的医疗需求,同时因道德风险引致的过度医疗问题,也会进一步导致医疗费用上涨。

国内学者对医疗保险与医疗支出的关系也做了大量研究。刘军强等(2015)将医疗费用增长分为平均费用和服务使用率,发现从 2000 年开始,价格和使用率是住院费用增长的主要动力,反映医疗保险不断普及、增加医疗服务利用带来医疗费用的迅猛增长。程令国和张晔(2012)使用中国老年人健康长寿影响因素调查(CLHLS)2005、2008 年两期数据研究发现,新农合提高了参保者的医疗服务利用率,但并未显著降低其实际医疗支出和大病支出发生率,并未明显降低参保者的医疗负担。王新军和郑超(2014)根据中国老年人健康长寿影响因素调查(CLHLS)2008、2011 年两期面板数据,利用 Heckman 模型、两部模型、面板 Logit 模型和排序模型等方法,实证检验了中国医疗保险对老年人医疗服务需求与健康的影响,研究发现医疗保险促进了老年人的医疗服务利用,增加了老年人的医疗费用总支出。黄枫和甘犁(2010)使用中国老年人健康长寿影响因素调查(CLHLS)2002、2005 年数据来估计医疗保险对中国城镇老年人总医疗支出、家庭自付医疗支出以及老年人死亡风险的影响,利用两部模型和扩展的样本选择模型研究医疗支出发现,享受医疗保险的老人总医疗支出比无保险的老人高 28% 至 37%,利用扩展的 Kaplan - Meier 生存函数估计结果表明,享受医疗保险的老人按生存概率加权的平均总医疗支出为 64689 元,无医疗保险的老人的医疗支出为 42198 元,总医疗支出相差 22491 元。当然,也有部分研究发现医疗保险能够降低参保者陷入灾难性医疗支出的风险。胡宏伟等(2015)基于国家基本医疗保险调查数据研究发现,城镇居民基本医疗保险并没有显著增加老年人家庭医疗绝对支出和相对支出,也没有导致老年人医疗负担加重。朱铭来和史晓晨(2016)利用 2014 年流动人口动态监测调查数据,运用 Probit 和 Heckprobit 模型发现,参加医疗保险可以显著降低流动人口灾难性医疗支出的发生率,医疗保险报销比例越高,灾难性医疗支出发生率越低。总的来说,这些研究普遍表明医疗保险对降低医疗费用和个人医疗支出的作用有限。

学界对养老金、照护支出的研究主要偏重于探讨其健康绩效。凯斯(2001)研究发现养老金保障老年人的营养状况,提高生活水平,从而能有效改善老年人健康水平。刘宏等(2011)使用 2002、2005 年中国老年人健康长寿影响因素调查(CLHLS)数据研究发现在不同居住模式下经济独立(有养老金或储蓄等)

的老年人都具有显著更好的健康状况，反映了养老金等收入来源能提高老年人的健康水平。李实和杨穗（2011）使用2002、2007年城镇住户调查数据研究发现养老金越高的老年人自评健康越好，相比其他收入来源，养老金对老年人健康的影响更大。笔者（2016）使用中国老年人健康长寿影响因素调查（CLHLS）2011年数据发现照护支出比医疗支出具有更优的健康产出效率，所起的健康促进作用也更加积极。但探究养老金、照护支出"以养节医"的经济绩效的文献则非常少。

总的来看，目前关于养老保障支出绩效的研究主要呈现三个特点：第一，多为对健康绩效的探讨，主要是养老金、医疗保险等对老年人健康的影响；第二，经济绩效方面主要是在探讨医疗保险与医疗费用支出的关系，而关于养老金、照护支出经济绩效的研究则几乎空白；第三，已有研究多是对各个项目的单独分析，并未探究这些养老保障项目之间的内在逻辑与关联性。既然医疗保险未能有效降低医疗费用，养老金、照护支出降低医疗费用支出的经济绩效如何？目前基于疾病治疗体系来控费的改革措施的效果有限，可否利用养护医的内在逻辑来控制医疗支出？本章实证研究将补充相关经验证据。

第二节　数据与模型

一、数据来源

本节数据取自北京大学组织的中国老年人健康长寿影响因素调查（CLHLS）。该数据是目前中国最大的老年人健康长寿的微观调查数据，通过了准确性、可靠性、一致性、随机性的系统性测试，质量良好（Gu and Dupre，2008）。本节使用最新发布的2014年数据，共调查了7192名老年人，涵盖22个省（市、自治区）631个县级行政区，代表了全国85%的人口。

二、变量来源

研究者多使用总医疗支出、自付医疗支出、自付比例、大病支出发生率等指标来反映医疗支出负担。自付医疗支出能更直接地反映老年人的医疗支出压力（程令国、张晔，2012；朱铭来等，2017）。参考已有文献的做法，本节使用自付医疗支出（self_medicare）作为被解释变量。CLHLS2014问卷询问被访者"过去一年您实际花费的门诊医疗费用、住院医疗费用总计多少元"。本节用"自付门诊医疗费用+自付住院医疗费用"，得到该老人过去一年的自付医疗支出。

本节的解释变量为"养老金""照护支出"2个变量。其中，养老金（pension_self），CLHLS2014问卷询问被访者"请问您每个月的退休养老金、来自基本养老保险的养老金是多少"，将该数值乘以12得到被访者2013年整年的养老金；照护支出（cost_fees），包括照护直接费用、照护时间成本。CLHLS2014问卷询问"近一个星期日常活动中照料所支付的费用（含人工、物品等）"以及"近一个星期以来您的子女/孙子女及其他亲戚为您提供日常照料帮助的总小时数"。照护时间成本的计算方式是"家庭全年人均收入乘以实际照护时间与每年标准工作小时数的比值"。"照护直接费用+照护时间成本"即为老人过去一周的照护支出。按照一年约52周的标准，将该数值乘以52得到被访者去年一整年的照护支出。

控制变量包括：日常活动能力（由洗澡、穿衣、室内活动、上厕所、吃饭、控制大小便6个反映生活自理能力的项目构成，取值1—3，分别代表"很需要帮助、一般、不需要帮助"）、器具性活动能力（包括能否到邻居家串门、举起5公斤重物等8个问题，取值1—3，分别代表"不可以、一般、可以"）、功能受限状况（包括手能否触及后腰等6个问题，取值1—3，分别代表"不可以、一般、可以"）、精神认知功能（认知功能建议表MMSE测量老年人的方向定位能力、反应能力、注意力和计算能力、回忆能力及语言、理解和自我协调能力等24个问题，对各个指标综合后取值0代表"错误"，1代表"正确"）。其他控制变量包括：性别（男=1，女=0）、年龄、户籍（1=城镇户籍，0=非城镇户籍）、婚姻（1=已婚或与配偶同居，0=其他）、经济状况（1=能够满足生活需求，0=其他）、医保参保（1=有医保，0=无医保）。

从表11-2的描述性统计结果可以看出，老年人的客观身体状况指标总体较好，日常活动能力、功能受限状况的均值均超过2.5，精神认知功能的均值超过0.7。受访老年人的自付医疗支出均值远小于养老金、照护支出的均值。其中，自付医疗支出的均值为2093元/年，中位数为400元/年；养老金的均值为16086元/年，中位数为11520元/年；照护支出的均值为16384元/年，中位数为747元/年，均呈右偏分布。鉴于此，我们采用Box-Cox变换来校正数据的非正态性。自付医疗支出对数的均值4.91与中位数5.99较为接近，养老金对数的均值8.74与中位数9.35较为接近，照护支出对数的均值为5.07与中位数6.62较为接近，三者的偏度、峰度均有显著改善，更趋向正态分布。下文实证分析中使用的养老金、照护支出与自付医疗支出均为取对数值。

表 11-1 主要变量的描述性统计结果

变量	符号	观测值	均值	标准差	最小值	最大值
自付医疗支出	self_medicare	6120	2093	5838	0	150000
养老金	self_pension	2681	16086	17687	0	120000
照护支出	cost_fees	3778	16384	110000	0	4767862
日常活动能力	katz	6803	2.810	0.430	1	3
器具性活动能力	iadl	7005	2.320	0.760	1	3
功能受限状况	ads	6679	2.610	0.440	1	3
精神认知功能	mmse	6617	0.770	0.300	0	1
性别	gender	7192	0.460	0.500	0	1
年龄	age	6943	85.15	10.48	60	121
户籍	urban	7192	0.450	0.500	0	1
婚姻	marry	6986	0.400	0.490	0	1
经济状况	life_enough	7013	0.820	0.380	0	1
就医距离	distance	4352	2.490	5.800	0	100
医疗保险参保	medicare_join	7192	0.880	0.330	0	1

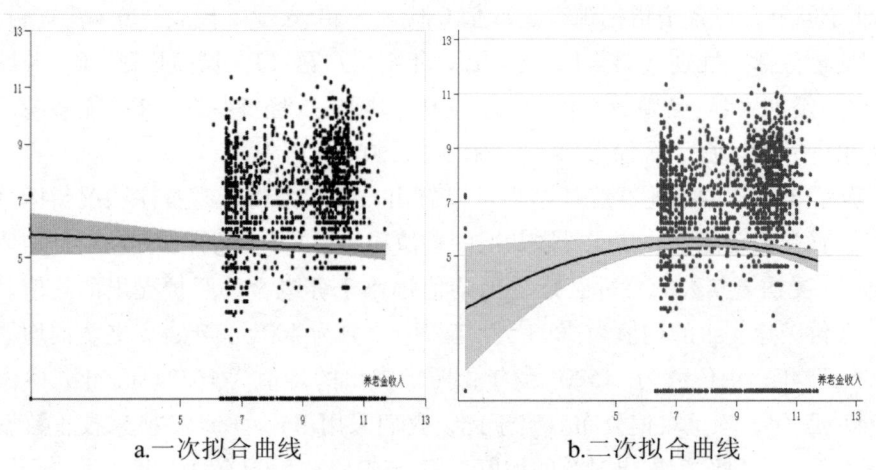

a.一次拟合曲线　　b.二次拟合曲线

图 11-1　养老金与自付医疗支出的散点图

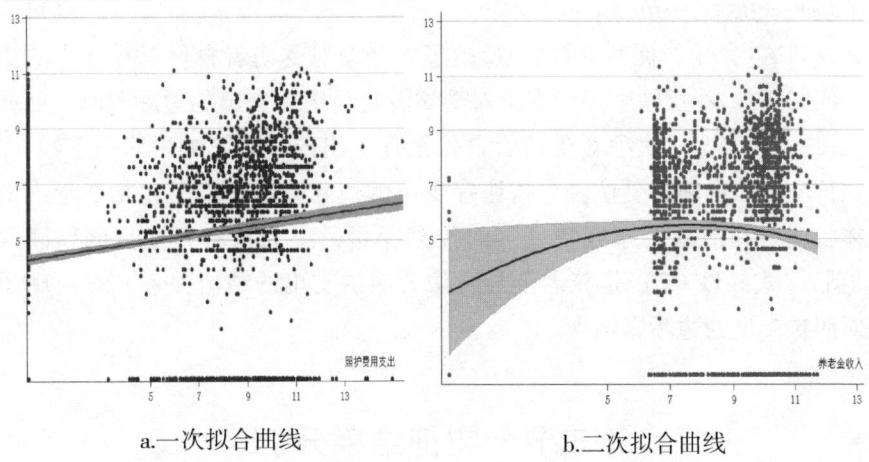

a.一次拟合曲线　　　　　　b.二次拟合曲线

图 11 - 2　照护支出与自付医疗支出的散点图

图 11 - 1、11 - 2 分别基于拟合一次曲线、二次曲线的散点图来展示养老金、照护支出与自付医疗支出之间的关联性。其中，横轴为养老金对数、照护支出对数，纵轴为受访老人自付医疗支出对数。从图 11 - 1 的拟合曲线和置信区间可以看出，养老金与自付医疗支出、照护支出与自付医疗支出的观测点之间并不是随机分布的，而有着明显的相关性。从图 11 - 1a 养老金与自付医疗支出的一次拟合曲线来看，二者之间呈单调的线性负相关关系。养老金越高，受访老人的自付医疗支出越低。但图 11 - 1b 的二次拟合曲线显示，养老金与自付医疗支出之间呈倒 U 型变化规律。在拐点值之前，养老金越高，受访老人的自付医疗支出也越高；但超过拐点值以后，养老金越高，受访老人的自付医疗支出则越低。由此可知，养老金与自付医疗支出之间可能并不是简单的线性相关关系。从图 11 - 2a 照护支出与自付医疗支出的一次拟合曲线来看，二者之间呈单调的线性正相关关系，照护支出越高，受访老人的自付医疗支出也越高。而图 11 - 2b 二次拟合曲线显示，二者之间还存在一定程度的 U 型变化趋势。

三、模型

本节选用结构方程模型（Structural Equation Modeling，SEM）中的路径模型（Path Models）来估计养老金、照护支出对老年人自付医疗支出的影响，同时探究变量间的相互关联及其传导路径。之后将使用多组比较路径分析（Multiple - group Path Analysis）的多组差异检验来进行稳健性检验。路径模型如下：

$$selfmedicare_i = \alpha_0 + \alpha_1 selfpension_i + \alpha_2 costfees_i + \alpha_3 selfpension_i^2 + \alpha_4 costfees_i^2 + \alpha_5 Z_i + \varepsilon_i \quad (11-1)$$

$$costfees_i = \beta_0 + \beta_1 selfpension_i + \varepsilon_i \qquad (11-2)$$

式（11-1）中，回归系数 α_1 反映了养老金对受访者自付医疗支出的边际影响，回归系数 α_2 反映了照护支出对受访者自付医疗支出的边际影响，回归系数 α_3 反映了养老金二次项对受访者自付医疗支出的边际影响，回归系数 α_4 反映了照护支出二次项对受访者自付医疗支出的边际影响。Z_i 是包括老年人的客观身体状况与其他社会家庭特征等的控制变量，ε_i 为被解释变量的预测误差（扰动项）。式（11-2）是养老金与受访者照护支出的结构关系，β_1 反映了养老金对照护支出的边际影响。

第三节　实证结果分析

一、路径模型估计结果

由于养老金、照护支出等变量包含大量缺失值，采用了保留缺失值的MLMV估计①。为检验估计结果的稳健性，采取了嵌套回归的估计策略：方程（1）只放入两个最主要的解释变量：养老金和照护支出；方程（2）加入养老金二次项、照护支出二次项；方程（3）加入一组关于老年人客观身体状况的控制变量，含日常活动能力、器具性活动能力、功能受限状况和精神认知功能；方程（4）再加入更多的控制变量，包括性别、年龄、户籍、婚姻状况、经济状况、就医距离和医疗保险参保情况。估计结果见表11-2。

表 11-2　养老金、照护支出影响自付医疗支出的路径模型估计结果（N=7192）

被解释变量：自付医疗支出	(1) mlmv + robust	(2) mlmv + robust	(3) mlmv + robust	(4) mlmv + robust
养老金	-0.074 * (-1.87)	0.576 * * (2.15)	0.591 * * (2.17)	0.502 * (1.86)
照护支出	0.135 * * * * (11.00)	0.009 (0.23)	0.029 (0.81)	0.033 (0.91)

---

① 保留缺失值极大似然估计（maximum likelihood with missing values, MLMV）是一种完全信息（full information）估计方法，不会删除有缺失的样本观测值，能使用全部样本观测值的各阶矩信息（Acock，2013）。而传统的 OLS、2SLS、ML 等估计方法都会删除缺失的样本观测值，导致损失较多样本信息。

续表

被解释变量：自付医疗支出	(1) mlmv + robust	(2) mlmv + robust	(3) mlmv + robust	(4) mlmv + robust
养老金 2 次方		-0.040** (-2.47)	-0.041** (-2.50)	-0.034** (-2.09)
照护支出 2 次方		0.014**** (3.66)	0.013**** (3.22)	0.013**** (3.21)
日常活动能力			-0.642**** (-3.96)	-0.360** (-2.21)
器具性活动能力			-0.149 (-1.52)	-0.452**** (-4.42)
功能受限状况			0.386** (2.50)	0.340** (2.22)
精神认知功能			1.365**** (6.91)	0.967**** (4.85)
性别				-0.297*** (-3.15)
年龄				-0.038**** (-6.79)
户籍				0.525**** (5.63)
婚姻				0.308*** (2.91)
经济状况				-0.616**** (-5.57)
就医距离				-0.022** (-1.99)
医疗保险参保				0.206 (1.37)
中介变量：照护支出 (0.91)				

续表

被解释变量：自付医疗支出	(1) mlmv + robust	(2) mlmv + robust	(3) mlmv + robust	(4) mlmv + robust
养老金	0.227**** (3.27)	1.158**** (22.98)	1.115**** (19.15)	1.043**** (13.62)
N	6607	6607	7068	7192
R^2 (CD)	0.008	0.245	0.225	0.212

注：****、***、**、*表示在0.1%、1%、5%和10%显著。

表11-2是针对全体样本观测值的估计结果。方程（1）中，养老金的回归系数在10%水平显著为负。方程（2）加入养老金二次项以后，养老金一次项的回归系数变为在5%水平显著为正，二次项的回归系数则在5%水平显著为负。方程（3）、方程（4）再分别加入第一、第二组控制变量之后，二者的回归系数都在5%水平显著，回归系数的符号不变，保持稳健。这说明养老金与自付医疗支出之间呈倒U型关系。这表明随着养老金收入的提高，老年人更有能力去支付医疗费用，或更容易达到医疗保险起付线的门槛，从而在更大程度上满足基本医疗需求，解决了看不起病的"有病不医"问题。这也会引起自付医疗支出随之增加。但超过养老金最大值的拐点后，自付医疗支出则会趋于下降。这说明当养老金收入低于临界值时，养老金主要解决老人有病不医的问题，提高医疗可及性；而当养老金收入大于临界值后，养老金不仅能解决医疗可及性问题，更有余力去改善老年人的物质文化生活条件，从而进一步提升客观身体状况，减少患重病和大病的频率，最终将减少医疗支出。

方程（1）中，照护支出的回归系数在0.1%水平显著为正。方程（2）加入照护支出二次项以后，照护支出的回归系数不显著，而照护支出二次项的回归系数在0.1%水平显著为正。方程（3）、方程（4）依次加入两组控制变量后，二者回归系数的显著性水平和方向仍都保持一致。可以看出，照护支出与自付医疗支出呈U型关系。这表明照护支出小于临界值时，照护支出越多，自付医疗支出则趋于下降；而当照护支出大于临界值时，照护支出越多，自付医疗支出也随之增加。原因可能是二者都与老人的健康状况密切相关。当老人的身体状况较好时，在照护方面增加投入，对改善老人健康的效果会比较显著，并相应地减少因疾病等带来的医疗支出,而当老人身体状况较差时,照护的作用将变得不明显,反而需要更多护理费用和医疗支出,因此呈现出照护支出与自付医疗支出同向增长的趋势。这说明照护支出改善老年人健康、减少老人医疗费用支出的绩效更多地是在某一个阶段内起作用(老人身体状况相对较好时),而当老人健康较差时,增加照护支出的经济绩效较低。

养老金对照护支出的回归系数在方程(1)、(2)、(3)、(4)中均在0.1%水平显著为正,说明养老金越高的受访者,越有能力增加照护支出,提升护理质量。因此,增加老年人的养老金,有利于老人获得更多的照护服务,改善老人健康状况,从而减少医疗费用支出。

综合表11-2中养老金、照护支出的估计系数可以发现,养老金的水平应该尽量高,超过拐点值之后才能起到降低老人医疗费用支出的较佳经济绩效。照护支出的投入则应该在老人的早期,尽早介入将取得较好的经济绩效,而后期投入的经济绩效相对较低。此外,养老金也能增加老人的照护支出。

这三点发现对当前中国的养老金支付方式带来了新的启示。当前中国养老金的支付方式是每年按一定比例递增的,属于递增型生存年金(Incremental Life Annuity)。老人的年龄越大,获得的养老金越高,大部分金额将在生命的后期发放。从健康绩效进而经济绩效的角度来考虑,应该反其道而行之,采用递减型生存年金(Diminishing Life Annuity)。在退休早期支付最多的养老金,之后再逐年递减,将发放的大部分金额移到退休的早期。这样更有利于最大程度发挥出养老金改善健康、降低医疗费用支出的积极作用,且能最大程度增强老人加入照护投入的经济能力,从而发挥出照护投入的最佳健康绩效及经济绩效。

控制变量中,日常活动能力的回归系数在方程(3)、(4)中均显著为负,器具性活动能力的回归系数在方程(4)中在0.1%水平显著为负,而功能受限状况、精神认知功能的回归系数在方程(3)、(4)中均显著为正,说明生理方面的客观身体状况更能影响老人的自付医疗支出,活动能力反映了受访者的身体健康状况,认知功能反映了受访者的精神健康状况,活动能力越好,则其自付医疗支出显著更低。

二、稳健性检验

为进一步检验养老金、照护支出对老年人自付医疗支出的影响,本节选取了CLHLS2011年调查数据,并采用多组比较结构方程模型检验2011与2014年上述变量间的关系系数随时间的变化趋势。CLHLS2011调查了9765名老年人。图11-3显示了多组比较的估计结果。为便于比较主要变量之间的关系,图中略去了控制变量及扰动项的估计结果。

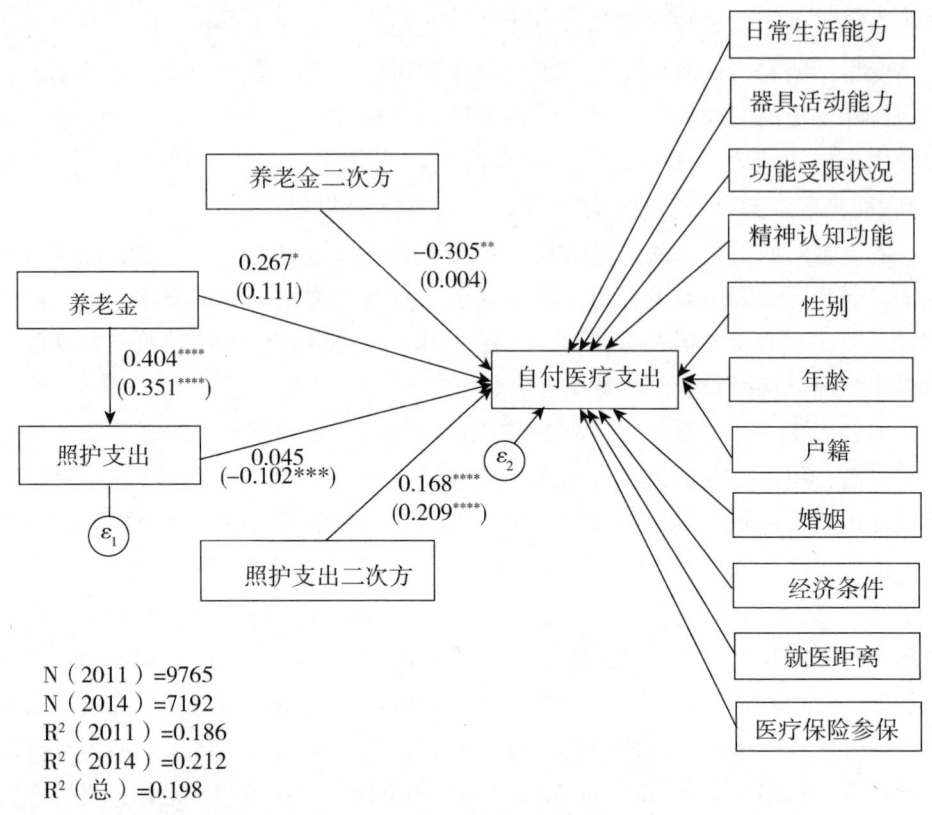

图 11-3　多组比较路径模型估计结果

注：标准化系数，MLMV 估计，括号内为 2011 年数据的估计系数，＊＊＊＊表示在 0.1% 水平显著。

对于受访者的自付医疗支出，2014 年样本组中的养老金的回归系数为 0.267（10% 水平显著），略高于 2011 年的 0.111；2014 年样本组中的养老金二次项的回归系数为 -0.305（5% 水平显著），2011 年为 -0.004，说明 2011、2014 年的养老金对自付医疗支出都呈现呈倒 U 型关系。2011 年、2014 年照护支出的回归系数方向相反，但是 2014 年样本组中的照护支出二次项的回归系数为 0.168（0.1% 水平显著），略低于 2011 年的 0.209（0.1% 水平显著），使用 Wald 检验表明这两个系数的差异并不显著，说明总体趋势仍然是照护支出与自付医疗支出呈 U 型关系。另外，对于照护支出，养老金的回归系数在 2011 年、2014 年两年中均在 0.1% 水平显著为正，与 2014 年的回归结果一致，说明养老金能够显著增加受访老人的照护支出。图 11-3 的多组比较路径模型估计结果显示，两组样本中养老金、照护支出对老年人自付医疗支出的回归系数的符号基本一致，说明三者之间的路径关系具有不随时间改变的稳健性。养老金、照护支出对自付医疗费用的影响效应是稳健的。

第四节 结论与政策建议

随着预期寿命提高、生育率下降，中国人口老龄化程度逐年加深，带来巨大的养老支出压力。由于中国"未富先老""未备先老"，迫切需要挖掘养老保障支出项目的内在机理，调整养老支出结构，实现资源优化配置，提高经济绩效。

本章使用 CLHLS2014 年数据，采取结构方程模型中的路径模型来估计养老金、照护支出对老年人自付医疗支出的影响。实证结果表明，养老金与自付医疗支出呈倒 U 型关系。养老金低于拐点值时，自付医疗支出随养老金增加而增加，但超过拐点值后，自付医疗支出则会趋于下降。照护支出与自付医疗支出呈 U 型关系，即照护支出低于拐点值时，照护支出投入的边际效果明显，能够降低自付医疗支出。可见，一定范围内提升养老金与照护支出能降低自付医疗支出，产生明显的经济绩效。结合起来可知，要提高养老保障支出的经济绩效，首先要注重时机，照护服务要尽早介入；同时要提高水平，养老金的水平要尽量高，提高养老金水平也能进一步促进照护服务的尽早介入，从而更好地改善老人身体状况，降低医疗支出、控制医疗费用，最终实现良性循环。本章还使用 CLHLS2011、2014 年数据做多组比较来进行稳健性检验。结果表明，养老金、照护支出与老年人自付医疗支出的影响关系并未随时间推移而发生显著改变，具有稳健性。

基于本章实证结果，笔者认为要在保障健康绩效的前提下提高"以养节医"经济绩效，必须遵从养、护、医的传导关系，重"预防"而非"治理"，从"末端的疾病医治"转向"前端的养老防护"。从以往"多花钱治病、多使用医疗保险"模式逐步转向依托养老金来改善老人的生活质量，将更多的养老资源以养老金的形式分配给老年人，让他们有支付能力去增加健康资本投入，如购买和使用长期照护服务、增加营养保健投入、丰富文化娱乐等。同时，需要建立和完善长期护理制度，建立包括专业护理、长期照料等养老服务体系。我们还应该改变养老金的支付方式，将现在的递增型生存年金改为递减型生存年金。这样可以更大程度发挥出养老金改善健康、降低医疗费用支出的积极作用，且能更大程度增强老人加入照护投入的经济能力，从而使照护投入发挥出更佳的健康绩效与经济绩效。

第四部分 04

老年人就业

导 读

传统观念认为,学习是孩子和年轻人的事,工作是成年人的事,退休养老是老年人的事。老年人通常和退休、疾病和依靠抚养联系在一起的(UN, 2003)。这导致一直以来对老年劳动力资源的开发、利用都不够重视,老人被列入非劳动年龄人口或被认为是可有可无的"次要劳动力",研究议题也大多聚焦于老年保障,而就业仅仅被视为老年人获得经济保障的一种附属方式(田雪原,2007)。

世界卫生组织总干事陈冯富珍女士(2015)指出,完全作为依赖者的这种"典型"老年人并不存在。事实上,在判断劳动者的潜在生产力和就业能力时,年龄并不是可靠的指标。很多老年人尽管退休了,也有固定的养老金等收入来源,但却仍以很多种方式在为家庭、社区和社会做出贡献。

近30年来,交通和通讯技术的发展促进了经济活动的迅速全球化,促进了移民,劳动力市场放松管制,以及工作岗位从传统部门向新经济、新业态、新行业的转移。这为那些拥有丰富的知识、技能和财务自主的老年人创造了很多新的就业和参与机会。而新的辅助设备和支持性环境还可以提高老年人做重要事情的能力。政府的鼓励和老人观念的转变也意味着老年人的就业机会不断增加。

从微观个体角度来看,老年人继续工作的决定及行为受到他们的兴趣、经济需求、健康状况、工作性质及工作对养老金的作用等因素的影响。其中,养老金体系的可及性及其制度设计可以促进或减少人们对劳动的参与。例如,与就业收入相捆绑的养老金给付规定也会降低老年人参与劳动的可能性。强制退休制度也会减少老年人继续工作的机会和动机。而几乎在所有国家,健康状况差是人们被迫退休的最常见原因。

2002年,世界卫生组织发布了《积极老龄化:政策框架》一书,将积极老龄化定义为"为提高老年人的生活质量,尽可能优化其健康、社会参与和保障机会的过程",以确保"老年人始终是其家庭、所在社区和经济体的有益资源"。

健康、参与和保障三大行动支柱结合起来，使老年人得到充分保障以及在需要帮助时得到照料和保护的同时，将增强老年人的健康和参与意识。世界卫生组织（2015）提出了促进老年人做贡献的有效办法建议：消除年龄歧视，创造接纳年龄多样性的包容性环境，废除强制退休年龄的规定，改革鼓励提前退休和惩罚再就业的养老金体系，支持渐进性退休选择和灵活的工作安排，使用激励因素鼓励雇主保留、培训、雇佣、保护和奖励老年劳动者，帮助老年人制订后半生的计划并投资终身学习，促进对老年人健康和功能发挥的投资，等等。在积极老龄化的理念下，人口老龄化可被看作是个人和社会所面临的丰厚的新机遇。

在我国，据中国老年社会追踪调查（CLASS）2014年数据，老年人从事有收入的工作或劳动的有19%。据中国老年人口健康状况调查CLHLS2014年数据，老年人退休后继续从事有报酬工作的比例为13.88%。据2015年全国1%人口抽样数据，60岁以上老年在业人口①为5957万人，在业率为26.8%。其中，60—64岁老年人口的在业率为42.8%，男性老年在业人口比例下降，而女性老年在业人口比例上升较快，总体上，老年人口在业率呈逐年下降的趋势（党俊武等，2018）。而据第四次中国城乡老年人生活状况调查数据，2015年60岁以上老人从事有收入工作（非农）的占10.2%，而从事农林牧副渔等经济活动的有24.4%，两项合计比例约为30%。就业给老年人带来了收入，2015年平均收入为1355元/月，其中城镇1554元/月，农村1155元/月，从事农林牧渔等经济活动的平均年纯收入为4920元。

老年劳动力是老年人的体力和智力的总和。随着老龄化进程的加快，"人口红利"也在转变为"人口负债"。当前，我国老年人口的年龄结构还相对比较年轻，低龄老人还占大多数。未来10年左右时间是中国利用和开发低龄老人人口红利的最后机会。

本部分主要基于我国微观调查数据实证解析了影响老年人就业的养老金水平、教育、健康、工龄等因素及其定量效应，并梳理和总结了世界主要国家为促进老年职工就业所采取的延迟退休、养老金激励与鼓励就业政策等组合拳政策，并分析这些政策的有效性及其存在的问题，以供我国积极老龄化等有关政策提供参考和借鉴。

---

① 在业人口也叫就业人口，指从事一定社会劳动并取得劳动报酬或经营收入的老年人口。

第十二章

退休职工再就业决策实证研究

——基于 Logit 模型[①]

我国的法定退休年龄长期偏低。目前男职工的法定退休年龄为60岁，女干部为55岁，女工人为50岁，而"六普"得到的人口预期寿命已超过74.8岁。2018年末60岁以上人口24949万人，65岁以上人口16658万人，可知60—65岁低龄老年人口为8291万[②]。加上在60岁之前的低龄退休职工，初步估计可供开发老年人力资源至少超过1亿人。这些退休职工不但有继续就业的能力，再就业的意愿也比较高，并且退休后以返聘、临时工等形式仍在就业的比例也很高。与年轻劳动力、农村劳动力相比，老年职工属于经验丰富的熟练劳动力，而雇佣这些老年劳动力又具有成本低、收益高等比较优势。

经济状况是影响职工退休后再就业的主要因素，而养老金又是职工退休后的主要收入来源。一方面可以从退休职工的再就业比率来判断养老金保障水平的高低，而另一方面又要尽量避免养老金水平过高给退休再就业带来的扭曲效应。由此值得研究的是养老金水平对退休职工再就业的影响。2005—2014年，我国连续10年按10%的比例提高企业退休人员的基本养老金水平，被称为"十连涨"。与2005年调整前月人均700元相比，2013年调整后的人均养老金已达1893元[③]。养老金调整的政策目标在于提高退休人员的保障水平，但必然带来一系列的后果。在人口老龄化时代，为了增加劳动力供给需要开发老年人力资源。养老金水平上涨过快是否会挤出退休职工再就业呢？目前绝大部分关于养老保险影响退休职工再就业的文献都是定性研究，来自实证研究的经验证据非常少。本章利用2011年在广东省21个地市对10000名退休职工的问卷调查数据，运用 Binary Logistic 模型检验养老金水平对退休职工再就业的影响，并考察了家庭财产、教育、健康、配偶等其他因素的影响。

[①] 原文发表于《江西财经大学学报》2014年第4期，此处略有修改。
[②] 数据来源：国家统计局，《2018年国民经济和社会发展统计公报》。
[③] 国务院．今年再次提高企业退休养老金10%［N］．新京报，2014–01–09.

第一节 文献综述

在大多数情况下,退休并不是一次性完成的,而是逐渐退出的一个"过程"。职工在完全退出之前,往往会断断续续地从事其他工作一段时间,这种工作一般被称为"过渡工作(bridge job)"(Cahill, Giandrea and Quinn, 2011)。早在20世纪70年代,美国职工退休再就业的情况就已经比较普遍(Gustman and Steinmeier, 1984; Ruhm, 1990)。Quinn, Burkhauser and Myers(1990)发现许多职工离开原来的全职工作之后,并没有完全退出劳动力市场,有超过1/4的通过兼职、自雇等方式继续就业。1992—2002年间,美国大概有60%的职工在完全退出劳动力市场之前从事"过渡工作"(Cahill, Giandrea and Quinn, 2006)。

一般认为,经济状况是影响职工退休再就业的最主要因素。昆(1996)对美国的研究发现,经济状况差的退休职工再就业是因为他们缺少养老金和私人储蓄,必须通过就业来改善生活;经济状况好的退休职工再就业是为了享受工作的乐趣以及与工作相关的各种福利。卡希尔、戴安德拉和昆(2011)发现,与中等收入职工相比,低收入和高收入职工退休再就业的概率更高;没有房产的退休职工的再就业比例要比有房产者高5%。在我国,退休后经济状况很好或比较好的职工,再就业的愿望就不那么强烈,而经济状况不好的老年人希望重新工作的比例要高得多(王红漫,2001)。大多数老年人再就业的主要动机是为了增加收入(张翼,1999;张翼、李江英,2000;王海燕,2006)。

在经济因素中,养老金是最重要的。因为绝大部分职工退休后的主要收入来源都是养老金。钱雪飞(2011)对江苏南通的调查发现,离退休金在城市老年人的收入来源中占第一位,为61.21%。首先,是否有养老金、养老金水平都会影响到退休职工的再就业决策。萧振禹(1996)对河北保定的调查发现,城市中没有退休金者和农村老人一样,会"活到老、干到老"。特别是男性退休职工,只要健康状况等条件允许,就会尽可能久地从事有收入的工作,比例达60%以上,而有退休金者不足20%。退休职工的养老金越丰厚,越不会为了生活所迫而盲目再就业(张翼,1999)。其次,养老金计划的类型也会影响到退休职工的再就业行为。卡希尔、戴安德拉、昆(2011)研究发现,参加规定给付制(DB)养老金计划的退休职工,由于退休时的养老金数额相对确定,因而再就业的比率更低;参加规定供款制(DC)养老金计划的职工,需要承担投资风险,未来能获得的养老金数额并不确定。他们会将再就业作为一种降低养老金不确定风险的规避手段,再就业的比例也会更高。再次,削减或调整公共养老金的待遇也会影响退休职工的再就业行为。当政府削减或调低养老金水平时,职工的再就业比率就会上升。最后,养老金基金的投资收益也会影响退休职工的再就业行为。当资本市场处于牛市时,养老金资产投资收益高,会减少职工的再就业行为;当资本市场处于熊市时,对退休职工的再就业没有显著影响(Coile and Levine, 2006)。

家庭结构、婚姻状况对职工退休后的再就业也有影响。萧振禹(1996)调查发现,再就业的老年人中有42.5%属于由2个人组成的一代户家庭,近70%的再就业者有3—4个孩子。无论男性或女性老人,有配偶者的再就业率要高于无配偶者。盖斯特曼和斯坦因迈尔(2004)研究发现,家庭中夫妇双方的退休决策是相互影响的,而这又取决于一方有多重视与另一方待在一起(从而选择退休在家)。针对美国退休职工的研究发现,如果配偶仍在就业,他们再就业的比率更高(Cahill, Giandrea and Quinn, 2011)。

文化程度或技能水平也会影响到退休人员再就业。贾国年(1994)发现再就业者的平均教育年限为6.89年,老年人整体为4.81年,前者比后者高2.08年。与文化程度高的退休职工相比,教育程度低的退休职工的再就业意愿更强烈,但再就业的成功率却并不高(张翼,1999)。文化程度较高且技术能力较强的退休职工更易于被原工作单位返聘,文化程度高的干部也遵循此种趋向,但工人被返聘的可能性极低(张翼和李江英,2000)。据王红漫(2001)的调查,小学及以下文化的再就业率为17.5%,初中为32.0%,高中、中专为55.2%,大学及以上者为33.8%。

健康状况也是影响退休职工再就业的重要因素。萧振禹(1996)调查发现,成功再就业的老年人中无病者占94.5%,身体不太好的只占5.5%,且随着健康状况下降,就业率明显下降。身体健康的老年人中53.8%有再就业的意愿,而自觉身体状况不好的老年人愿意再就业的比例就只有14.7%(王红漫,2001)。盖斯特曼和斯坦因迈尔(2004)研究发现健康状况对女性职工的影响更大,身体状况不好对男职工而言相当于老了1.5岁,对女职工而言则相当于老了2.7岁。卡希尔、戴安德拉、昆(2011)对美国的研究发现,身体健康状况很好的男职工退休后有18%会再就业,女性为16%,而身体状况不好或一般的男职工只有10%,女职工只有7%。

国内已有的绝大多数文献都是定性研究养老保险及其他因素对退休职工再就业的影响,或者分析相关的政策,而实证研究还非常少。目前只有车翼、王元月和马驰骋(2006)使用logistic模型基于2004年青岛市就业失业抽样问卷调查数据，进行了实证研究。但他们发现养老金对退休人员再就业的影响并不显著。该结果不但与他们的研究假设不符，也与来自国外的经验证据不符。他们认为这是由于数据的缺陷（样本有养老金的比例过高，达到77.1%）所致。另外，他们使用的只是青岛一个城市的抽样数据，缺乏代表性。由此可见，关于养老金对退休职工再就业的影响，已有实证研究还很不完善。这正是本章要改进的地方。

第二节 样本、变量与描述性统计

一、样本

为考察养老保险制度对退休职工的影响，2011年广东省人力资源社会保障厅在全省21个地市对退休职工进行了问卷调查。抽样方法为：每个市抽取3—5个区（县），然后在每个区（县）随机抽取150个退休职工。最后共获得有效样本10000份，其中男性退休职工5248人，女性退休职工4752人。

二、主要变量

在调查问卷中，询问退休职工当前的状态：一种是"被原单位返聘或从事其他有酬工作"，设为"退休再就业"；另一种是"全退在家休息"。本节的解释变量为养老金。其他控制变量包括：工龄、家庭财产、教育年数、健康状况、机关事业单位职工、职务、配偶在职、配偶退休。各个变量的定义见表12-1。

表12-1 变量的定义

变量	简写	定义
退休再就业	reemploy	退休职工再就业，reemploy = 1，否 reemploy = 0，
养老金	pension	月领养老金水平
性别	gender	男性为1，女性为0
家庭财产	property	10万元以下 = 1，10—20万 = 2，21—40万 = 3，41—80万 = 4，80万以上 = 5

续表

变量	简写	定义
工龄	tenure	职工的工作年限
教育年数	edu_years	小学及以下=6年，初中=9年，高中=12年，大专=15年，本科=16年，硕士=19年，博士及以上=22年
健康程度	fitness	与同龄人相比更差为"0"，否为"1"
机关事业单位	public	机关事业单位职工为"1"，否为"0"
职位	position	（退休前在本单位）初级职务=1，中级职务=2，高级职务=3
配偶在职	spouse_work	配偶在职为"1"，否为"0"
配偶退休	spouse_retire	配偶退休为"1"，否为"0"

三、描述性统计分析结果

表 12-2 样本描述性统计分析结果

变量	样本数	均值	标准差	最小值	最大值
reemploy	9375	0.046	0.21	0.00	1.00
gender	9375	0.525	0.50	0.00	1.00
pension	6070	1108.6	696.8	0.00	6331.7
tenure	9027	31.3	23.6	1.00	68
edu_years	8763	9.25	2.69	6.00	22.00
fitness	9167	0.693	0.46	0.00	1.00
public	9375	0.085	0.28	0.00	1.00
property	7020	1.49	0.91	1.00	5.00
position	7527	1.19	0.45	1.00	3.00
spouse_work	9375	0.102	0.30	0.00	1.00
spouse_retire	9375	0.532	1.00	0.50	0.00

根据表 12-2，广东省退休职工中处于就业状态的比率为 4.6%（男 4.27%，女 4.54%）。与张文娟（2008）、钱雪飞（2011）的调查结果相比，此

次调查的职工退休后的再就业比率较低,但与梁宏(2011)对广州市老年人生活状况的调查结果比较接近,他发现广州老人有劳动收入的占 7.88%。广东省退休者的平均养老金水平为 1108.6 元/月,最高水平为 6331.7 元/月,没有养老金的为 0。平均工龄为 31.3 年,受教育年数为 9.25 年,略高于初中水平。退休前为在机关事业单位工作的占 8.5%,平均家庭财产位于 15 万左右,配偶仍在工作的占 10.2%,配偶已经退休的占 53.2%。

第三节 实证结果分析

关于养老金水平对退休职工再就业的影响,由于因变量"退休再就业"为 0—1 的虚拟变量,我们采用 Binary Logistic 模型进行回归分析。建立如下计量模型:

$$\Pr(reemploy=1 \mid X_i) = \frac{1}{1+e^{-X_i+\varepsilon_i}} \quad (12-1)$$

$$X_i = \alpha_0 + \alpha_1 pension_i + \alpha_2 pension_i^2 + \alpha_3 tenure_i + \alpha_4 edu\_years_i + \alpha_5 fitness_i + \alpha_6 public_i + \alpha_7 property_i + \alpha_8 spouse\_work_i + \alpha_9 spouse\_retire_i + \alpha_{10} position_i \quad (12-2)$$

式(12-1)中,$reemploy$ 表示退休再就业。为了防止养老金水平在不同年份差异过大影响估计结果,我们取 2009—2011 三年月领养老金水平的平均值,并对养老金取自然对数,从而使得数据更加平整。此外,养老金水平对退休再就业的影响可能是非线性的,本节还在模型中加入了养老金的二次项(pension^2)。其他变量的定义见表 12-1。在回归时,我们先只放入养老金,接着依次增加养老金的二次项、个人因素(工龄、教育年数、健康)、职业因素(单位性质、职位)、家庭财产、配偶就业状况等其他变量。估计结果如下。

表 12-3 男职工的回归结果

解释变量	(1)	(2)	(3)	(4)	(5)	(6)
pension	0.113	-10.253***	-8.202***	-9.000***	-7.039**	-7.953**
	(0.461)	(-3.514)	(-2.585)	(-2.782)	(-1.996)	(-2.198)
pension^2		0.753***	0.587**	0.632***	0.470*	0.536**
		(3.592)	(2.563)	(2.685)	(1.826)	(2.031)

续表

解释变量	(1)	(2)	(3)	(4)	(5)	(6)
tenure			-0.025*	-0.036**	-0.043***	-0.035**
			(-1.721)	(-2.328)	(-2.640)	(-2.124)
edu_years			0.177***	0.099**	0.095*	0.110**
			(4.064)	(2.055)	(1.825)	(2.103)
fitness			0.590*	0.436	0.242	0.212
			(1.921)	(1.370)	(0.696)	(0.602)
public				-0.316	-0.122	-0.201
				(-0.716)	(-0.271)	(-0.443)
position				0.700***	0.717***	0.811***
				(3.131)	(2.928)	(3.216)
property					0.423***	0.387***
					(2.874)	(2.640)
spouse_work						1.184**
						(2.549)
spouse_retire						-0.828***
						(-2.748)
常数	-4.204**	31.278***	23.633**	27.372**	21.003*	23.977*
	(-2.456)	(3.083)	(2.138)	(2.448)	(1.728)	(1.922)
N	3046	3046	2883	2147	1864	1864
ll	-371.56	-365.64	-341.20	-300.93	-255.16	-245.07
ll_0	-402.119	-402.119	-386.757	-341.675	-301.644	-301.644

注：括号内为z值，***、**、*分别表示在1%、5%、10%的水平上显著。ll 表示回归模型的似然值，ll_0 表示回归模型仅有常数项时的似然值，N 为样本数。

表12-4 女职工的回归结果

解释变量	(1)	(2)	(3)	(4)	(5)	(6)
pension	-0.175	-9.278***	-6.454**	-4.850	-2.843	-2.983
	(-0.717)	(-2.998)	(-2.019)	(-1.442)	(-0.803)	(-0.840)

续表

解释变量	(1)	(2)	(3)	(4)	(5)	(6)
pension^2		0.673***	0.444*	0.333	0.175	0.194
		(2.952)	(1.877)	(1.334)	(0.666)	(0.737)
tenure			0.005	-0.004	-0.011	-0.005
			(0.331)	(-0.278)	(-0.686)	(-0.278)
edu_years			0.238***	0.238***	0.206***	0.215***
			(5.396)	(4.945)	(4.073)	(4.204)
fitness			0.487	0.535*	0.578*	0.650*
			(1.614)	(1.700)	(1.744)	(1.928)
public				-0.594	-0.493	-0.547
				(-1.362)	(-1.132)	(-1.241)
position				0.432*	0.553**	0.604**
				(1.798)	(2.138)	(2.279)
property					0.244**	0.299**
					(1.962)	(2.344)
spouse_work						-0.779**
						(-2.552)
spouse_retire						-1.455***
						(-5.247)
常数	-1.525	29.055***	17.566	11.588	5.115	5.448
	(-0.929)	(2.777)	(1.619)	(1.017)	(0.427)	(0.454)
N	2611	2611	2433	2072	1760	1760
ll	-411.93	-408.08	-377.26	-348.21	-315.25	-300.95
ll_0	-437.103	-437.103	-423.366	-394.673	-355.252	-355.252

注：括号内为z值，***、**、*分别表示在1%、5%、10%的水平上显著。ll表示回归模型的似然值，ll_0表示回归模型仅有常数项时的似然值，N为样本数。

根据表12-3、表12-4的回归结果可以得出以下结论：

第一，养老金超过某一水平之后会降低退休职工的再就业比例。

在对男职工的回归方程（1）中，养老金水平（pension）的影响系数为正（不显著），但在方程（2）中加入二次项（pension^2）之后，影响系数变成显著为负,并且在方程(3)—(6)中均保持显著为负。这说明在模型中放入二次项是很有必要的,养老金存在非线性的影响。对女职工的回归结果没有类似男职工那么稳健,但养老金水平的回归系数也一直为负,而养老金水平二次项的回归系数一直为正[方程(2)、(3)的回归系数显著]。从回归结果可知,当前广东省的养老金水平对职工退休再就业的影响显著为负,降低了职工退休后的再就业比率。而二次项的回归系数显著为正说明养老金水平并不是一直降低再就业行为,而是当养老金水平超过某一拐点之后才会降低退休职工再就业(根据 Logit 方程,可以计算得出该拐点值为 6695 元/月)。这是由于广东省养老金水平调整过快造成的。按照国务院发文的要求,2000—2011 年广东省养老金的年度平均增长率达到 11.1%,其中 2009—2011 年分别为 18.85%、11.22% 和 9.13%①。本节的实证结果也验证了王红漫(2001)关于"退休后经济状况好的职工,再就业的愿望就不那么强烈"的判断,否定了车翼、王元月和马驰骋(2006)关于"养老金对退休人员再就业的影响不显著"的结论,并且与国外的研究结论是一致的。这也说明我国连续 10 年以 10% 的速度调整养老金水平,不仅会加大养老保险基金的支付压力,也减少了退休职工再就业的比例。

第二,就个人因素的影响而言,教育水平越高,身体越健康,退休再就业的比率更高;工龄越长,再就业的比例越低。

教育水平对男女职工退休再就业的影响都显著为正,即受教育年数越多,职工退休再就业的比率越高。这与其他学者的研究结论是一致的。健康对退休再就业的影响显著为正。并且与男职工相比,健康对女职工退休再就业的影响更加显著。这说明女性退休再就业更多受制于健康状况。该发现与盖斯特曼和斯坦因迈尔(2004)的研究结论是一致的。工龄反映了退休职工剩余的健康资本。一般而言,工龄越长,在职损耗的健康资本越多,健康状况相应地也会更差些,导致再就业的意愿也更低。表第三,表 4 的回归结果表明,工龄对职工退休再就业的影响显著为负,说明工龄越长的职工,退休再就业比率更低。这与卡希尔、戴安德拉、昆(2011)的研究发现是一致的,即工作时间越长、退休时间越晚的职工,再就业的可能性越低。工龄对女职工再就业的影响系数也为负,但并不显著。

第三,就职业因素的影响而言,机关事业单位职工与企业退休职工的再就业行为并显著区别;退休前职务越高的职工,再就业比例越高。

本节的回归结果显示,是否为机关事业单位职工对退休再就业的影响系数

---

① 数据来源:养老金年度调整比率数据由广东省人力资源社会保障厅提供。

并不显著（系数为负）。这说明机关事业单位与企业的职工之间在退休再就业行为上没有显著差异。这一方面可能是因为我国机关事业单位职工的工资、社会保障、福利等要远优于企业职工（杨宜勇，2007）。另一方面，我国机关事业单位职工的平均退休年龄晚于企业职工7—9年（梁玉成，2007），而退休更晚职工的再就业可能性更低（Cahill，Giandrea and Quinn，2011），从而在一定程度上抵消了机关事业单位职工在社会资本上的优势，使得二者的再就业行为没有明显的差异。职务对男女退休再就业的影响都显著为正，表明退休前职务越高，再就业的比率越高。退休前的职务更多地反映了积累的社会资本。该结论与张翼和李江英（2000）关于社会资本影响退休职工再就业的判断是一致的。

第四，就家庭财产的影响而言，家庭财产越多，再就业比例越高。

根据表3、表4的回归结果，家庭财产越多的职工，退休再就业的比率越高。本节的再就业数据既反映职工退休再就业的意愿，也是指再就业的成功率，因此还需要对结论做进一步分析。根据本节的第一个结论和王红漫（2001）等的判断"退休后经济状况较好的职工，再就业的愿望就不那么强烈"，可以推知家庭财产对职工退休再就业的影响更多地体现在对其能否成功上。一般而言，家庭财产越多，积累的社会资本也越多，因而再就业的成功率也更高。家庭财产少的职工，一般来说工作岗位较低、社会资本较少，即使再就业的意愿更高，但在当前竞争激烈的劳动力市场却很难获得就业机会，因而再就业比率更低。

第五，配偶退休的再就业比例显著更低，且对男女职工的影响相同。但配偶在职的男职工退休再就业的比例显著更高，而配偶在职的女职工退休再就业比例却显著更低。

表12-3、表12-4的回归结果显示，配偶在职对男职工退休再就业的影响显著为正，对女职工的影响显著为负，表明：男职工退休后，如果配偶在职，他们再就业的比率就会更高，而如果女职工的配偶仍在职，她们退休再就业的比率就更低。这说明，在中国男职工在家庭中承担了更多的经济责任，而女职工更看重家庭生活，选择退休在家。配偶退休对男女职工退休再就业的影响都显著为负，说明当配偶退休了，双方都更倾向于也退休在家。

第四节 结论与政策建议

我国大约有超过1亿低龄退休的老年劳动力。根据对广东省21个地市10000名退休职工的问卷调查数据，职工退休再就业的比率为4.6%（男

4.27%，女4.54%）。二值Logit模型的回归结果显示，当前广东省的养老金水平对退休再就业的影响显著为负，降低了职工退休后的再就业比率。而二次项的回归系数显著为正说明当养老金水平超过某一拐点之后才会降低退休再就业。这是由于广东省养老金水平调整过快造成的。教育水平、健康状况、家庭财产、退休前职务对职工退休再就业的影响显著为正；工龄的影响显著为负。配偶在职对男职工退休再就业的影响显著为正，对女职工显著为负；配偶退休对男女退休再就业的影响都显著为负；机关事业单位与企业的职工在退休再就业行为上没有明显的差异。

当前我国正面临快速的人口老龄化，要保持经济持续增长、应对老龄化挑战，必须挖掘蕴藏的人力资源，延长"人口红利"对经济增长的潜在贡献。当前我国老年人口的年龄结构还比较年轻，低龄老人还占大多数。未来10年左右时间是中国利用和开发低龄老人人口红利的最好机会。错过这个时段就会进入到深度老龄化、高龄化阶段，老年人力资源的开发价值将消失殆尽，且不会再生。

过去关注的焦点放在了进一步转移农村剩余劳动力上，却不太重视提前与低龄退休职工的再就业。随着我国劳动年龄人口比重下降、劳动力供给短缺，鼓励、引导退休职工再就业的条件已经成熟。近10年我国每年都以10%的速度增加基本养老金水平，大大提高了对退休老年人的保障水平。但本章的结果表明，养老金过快增长会减少退休职工的再就业行为。这种持续快速调整养老金水平的做法不利于对退休职工的人力资源开发。可以考虑以下政策：第一，建立养老金水平的适度调整机制，防止养老金水平过快增长；第二，建立老年人力资源库，制定老年人力资源开发计划和管理办法，发展老年人再就业的职业介绍所等就业中介，为退休职工提供继续教育和职业技能培训，提高就业能力；第三，完善劳动立法，保障退休再就业者的劳动关系和合法权益；第四，为避免退休职工再就业引发的代际收入分配不公，可以在基本养老金计发公式中建立基于退休再就业收入的工资审查办法，根据退休再就业收入相应削减其领取的养老金水平；第五，完善老年人的社会服务体系，减少退休职工对家庭成员的照顾责任。

第十三章

留住老年职工：延迟退休、养老金激励与鼓励就业[①]

人口老龄化会减少劳动力供给，中国目前正面临着"未富先老"的巨大风险。据测算，2010—2025 年中国劳动力将进入零增长期，2025—2050 年将经历下降期（马忠东等，2010）。大约在 2015—2020 年，人口加速老龄化会使中国的人口红利转为人口负债，这将对长期经济增长带来负面影响（王德文等，2004）。此外，中国 60—64 岁老年人口的劳动参与率不足 50%，65 岁以上老年人口的劳动参与率仅为 25%（王金营、蔺丽莉，2006），而世界平均水平约为 27%（UN，2013）。人口快速老化给未来中国经济增长所需的劳动力供给带来了前所未有的压力。中国持续三十余年的快速经济增长很大程度上得益于庞大的人口红利，继续开发和利用不断老化的劳动力人口，是我国人口结构转折之后继续开采"人口红利"的重要战略。

实际上，世界上许多国家在 20 世纪八九十年代已经开始了养老政策的改革，其内涵主要包括两个方面：第一，构建一个灵活有保障的劳动力市场，尤其是通过养老保险制度改革、灵活就业安排以及扩大培训机会等措施，确保中老年城镇职工不会过早地退出劳动力市场（World Bank，2013）；第二，通过再就业和续就业开发老年人力资源的价值，使老年人口通过再社会化转变自身社会角色，从赋闲的离退休人员转变为有所作为的工作者（穆光宗、张团，2011）。基于这两个方面的改革，各国采取了一系列组合政策鼓励和引导人们延长工作年限或再就业。

2015 年，中国政府先后颁布了应对人口老龄化的两大关键政策变革：一是延迟退休，二是全面放开二胎。这些改革举动表明"未富先老"给我国的城市化治理在经济发展、社会稳定和政府管理方面均带来了较大的挑战，应对人口老龄化已刻不容缓。然而，作为老龄化政策体系中重要的一环，促进老年职工就业方面，我国政府仍欠缺相关的政策和经验。本章大量总结和梳理其他国家

[①] 原文发表于《城市发展研究》2016 年第 12 期。

的政策经验和实际效果,恰恰为政策转型期间的中国提供了很好的经验证据。

第一节 老年职工就业的理论依据

人口老龄化将给社会和经济带来的负面效应已成为学界的普通担忧。人口老化对社会产生的负面影响在很大程度上可以从老年人退出劳动市场、成为社会被抚养人口的角度去解释。换个角度,我们可以认为,企业留住老年职工、促进老年人退休后再就业可以有助于化解这些方面带来的负面影响,从而起到促进经济发展和社会福利的积极作用。

一、人口红利说

人口老化对经济增长具有负面影响,这是学界的主流观点。人口老化会导致劳动年龄人口比例下降,劳动力供给数量减少,进而影响经济增长。有研究认为,日本20世纪90年代经济衰退的原因在于人口老化导致的劳动力供给不足(Hewitt,2003)。其中隐含一个重要的前提假设是人口退休年龄不变,即老年人退出劳动力市场的年龄不变。对这一说法最直观的理解是,随着老年人口比例增加,劳动力退出劳动市场的速度快于青年人进入劳动市场的速度,从而造成劳动力总量减少。由于劳动力市场存在粘性,劳动力数量减少会进一步导致企业劳动力成本上升,不利于城镇企业生产。还可能造成结构性劳动力短缺,阻碍城镇工业化转型和产业升级。基于此,老年人退休后再就业将有利于稳定企业生产、保障城市产业转型。

二、储蓄的生命周期

证据表明,老年抚养比的上升会使得私人和国民储蓄率下降(李海明,2010;Loayza, et al.,2000;范淑春、朱保华,2012;杨继军、张二震,2013)。对城市发展来说,储蓄率的下降意味着可供私人和企业借贷的资金减少,这可能进一步引致贷款利率升高,不利于企业组织生产和扩大资金规模。这对微小型私人企业冲击尤其大。因此,老年职工再就业能直接降低社会的老年抚养比,在一定程度上改善私人和国民储蓄率,提高私人投资意愿,充实中小企业贷款资金,长远来说有利于城市私人部门经济的发展和繁荣。

三、社会福利的观点

一般认为,人口老化带来的社会保障和医疗费用增加,会导致国家财政负担加重并降低社会福利水平(Shimasawa and Hosoyama,2004;Pench,2000),这是因为人口老化会使社会保障支出增加,从而使人们的可支配收入降低和政府税收压力增加,对社会福利产生负面影响。另外,在目前我国养老保险还在很大程度上依赖现收现付制的制度背景下,人口老化较容易造成福利水平的代际不公平。然而,如果可以通过老年人退休后再就业,延迟个人领取养老金年限,同时扩大政府税基,则有利于缓解人口老化对社会保障支出形成的压力。另外,大量医学研究表明,继续参与劳动对老年人保持生理和心理健康有正向的积极作用,从而也可以节省社会医疗保险支出,提高社会的整体福利水平。

总而言之,留住老年职工、推迟老年职工退出劳动力市场,理论上可以缓解一部分人口老龄化带来的弊端,从而有利于社会稳定和经济发展。

第二节 世界主要国家的政策与经验

一、延迟法定退休年龄

下表梳理了28个国家的退休年龄政策,包括法定退休年龄、延迟退休年龄安排、提前和延迟退休条件等内容(表13-1)。

表13-1 28国家(地区)退休年龄政策

国家	法定退休年龄	提前退休规定	延迟退休规定
比利时	男65岁,女64岁	允许提前退休,有年龄和缴费年限限制	允许延迟退休(其中,公务员不允许提前退休)
保加利亚	男63岁,女59岁(从2007年开始每年延迟6个月,至2009年的60岁)	允许提前退休,有年龄和缴费年限限制	无相关规定

续表

国家	法定退休年龄	提前退休规定	延迟退休规定
捷克	2016年，男性退休年龄延迟至63岁；2019年，女性退休年龄延迟至59—63岁（视抚养孩子的数量而定）	允许提前退休，有缴费年限限制，提前不多于3年	允许延迟退休
丹麦	65岁	国家公共养老金计划不允许提前退休；部分特殊的公共养老金计划允许60—65岁老人减少工作时间；补充养老金计划同样不允许提前退休	允许延迟退休，公共养老金计划最多可延长10年（120个月）退休，补充养老金计划最迟可延迟至70岁退休
德国	从2012年至2029年，从65岁延迟至67岁	允许提前退休，有年龄和缴费年限限制；残疾人和女性可以放宽限制	允许无限延迟退休
爱沙尼亚	男63岁，女59.5岁；至2016年，女性退休年龄将延至63岁	允许提前退休，有缴费年限限制，最多提前3年	允许无限延迟退休
希腊	男65岁，女60岁；女性退休年龄正逐步延至与男性相同	允许提前退休，有年龄和缴费年限限制	允许延迟退休，最迟延迟至67岁
西班牙	65岁	允许提前退休，有年龄限制，缴费年限长、失业或特殊职业者可以放宽限制	允许无限延迟退休
法国	60岁	允许提前退休，有年龄和缴费年限限制	允许延迟退休

续表

国家	法定退休年龄	提前退休规定	延迟退休规定
意大利	57岁	允许提前退休，有年龄和缴费年限限制	无相关规定
爱尔兰	65岁	不允许提前退休	允许延迟退休，最迟66岁退休
塞浦路斯	男65岁，女63岁	允许提前退休，有年龄、缴费年限和金额限制；矿业工作者可放宽限制	允许延迟退休，最迟68岁退休
拉脱维亚	62岁	允许提前退休，有缴费年限限制，最多提前2年	允许无限延迟退休
立陶宛	男62.5岁，女60岁	允许提前退休，有缴费年限限制；失业者可以放宽限制；最多提前5年	允许延迟退休，最多延迟5年
卢森堡	65岁（需满足一定养老金缴费年限要求，公务员除外）	允许提前退休，有年龄和缴费年限限制	允许延迟退休
匈牙利	62岁	允许提前退休，有年龄和缴费年限限制；最多提前2年（男）或4年（女）；特殊行业工作者可以放宽限制	允许无限延迟退休（公务员、法官等职业除外）

续表

国家	法定退休年龄	提前退休规定	延迟退休规定
荷兰	65 岁	允许提前退休,但养老金福利将被削减	允许延迟退休
奥地利	男 65 岁,女 60 岁;至 2033 年女性退休年龄将延迟至 65 岁	基本上不允许提前退休,特殊行业工作者可以放宽限制	允许无限延迟退休
波兰	男 65 岁,女 60 岁	允许提前退休,有年龄和缴费年限限制	允许延迟退休
葡萄牙	65 岁;特殊行业工作者年龄早于 65 岁	允许提前退休,有年龄和缴费年限限制	允许无限延迟退休
芬兰	68 岁（国家养老金）;63—68 岁（雇主养老金）	允许提前退休	允许延迟退休
罗马尼亚	男 62—65 岁,女 57—60 岁	允许提前退休,有年龄和缴费年限限制（2014 年后限制进一步加强）,最多提前 5 年	允许延迟退休
斯洛文尼亚	男 63 岁,女 61 岁	允许提前退休,有年龄和缴费年限限制	允许延迟退休
斯洛伐克	62 岁	允许提前退休,有缴费年限限制	允许无限延迟退休

续表

国家	法定退休年龄	提前退休规定	延迟退休规定
瑞典	61岁以上	不允许提前退休	允许无限延迟退休
英国	男65岁，女60岁；至2020年，女性退休年龄逐步延迟至65岁	不允许提前退休	允许无限延迟退休
美国	65岁，逐步延迟至67岁	允许提前退休，最多提前3年	允许延迟退休，最多延迟至70岁
日本	60岁；至2025年，逐步延迟至65岁	允许提前退休	允许延迟退休

资料来源：Hamblin，2013；U. S.，SSA；Takayama，2013.

从上表13-1可知：第一，大多数国家延迟了法定退休年龄，特别是延迟女性退休年龄。28国中有7个国家制定了明确的延迟退休时间表，其中有6个国家只延迟了女性退休年龄。第二，大多数国家允许和鼓励延迟退休。28国中有24个国家允许延迟退休，其中9个国家允许无限期延迟退休。第三，大多数国家制定了严格的提前退休条件，甚至取消提前退休的选择。28国中有20个国家设置了严格的提前退休条件，还有5个国家不允许提前退休。第四，多数国家对特殊行业工作者和社会弱势群体进行特殊照顾。例如，德国对残疾人和女性放宽提前退休的限制，西班牙、立陶宛等国对失业者放宽限制，匈牙利、塞浦路斯、奥地利等国对特殊职业者放宽限制等。

总的来看，延迟退休是大部分国家的选择。其中，缩小性别间退休年龄差距是各国的共识。不过，由于历史原因，大部分OECD（经合组织）和欧盟国家仍然允许提前退休。主要由于社会福利政策的滞后性和其易升难降的改革阻力,各国在一定程度上保留了一些提前退休的规定。可见,政策的连续性和平稳过渡是各国的普遍经验。在允许提前退休的国家,大部分国家也设有提前退休的最长年限,一般为3—5年,但对残疾人、妇女、特殊工种工作者等放宽限制。

二、养老金激励

下表总结了26个国家养老金制度对退休行为的激励政策。大部分国家通过对延迟退休进行奖励同时对提前退休进行惩罚,以达到鼓励延迟退休、减少提前退休的政策效果(表13-2)。

表13-2 26国(地区)养老金制度对延迟退休的激励政策

国家	延迟退休	提前退休
保加利亚	每延迟一年退休可获得额外1%的养老金	*
捷克	每延迟退休90天养老金计费底数可增加1.5%	若提早退休每90天养老金底数减少0.9%
丹麦	对延迟退休者发放额外的补充养老金	不允许提前退休
德国	每延迟退休一个月,养老金增加0.5%	每提早退休一个月,养老金则减少0.3%
爱沙尼亚	每延迟退休一个月,养老金增加0.9%	每提早退休一个月,养老金则减少0.4%,但不得提前多于三年退休
西班牙	从2007年开始,对工作满40年的老年职工,每延迟退休一年多发2%至3%的养老金	对提早退休者,减少6%—8%
法国	对年满60周岁、工作满40年的老年员工,延迟退休第一年增加3%养老金,第一年以后增加4%,满65周岁后每延迟一年增加5%	对提早退休者,每年减少5%至10%

续表

国家	延迟退休	提前退休
意大利	固定收益型养老金对提早退休有激励作用，而名义固定缴费型养老金则规定，每延迟一年退休可按照更长的工龄计发养老金，后者具有激励延迟退休的作用	*
塞浦路斯	每延迟退休一个月，养老金可增加0.5%	对提早退休者没有惩罚措施
立陶宛	养老金缴费满30年者，每延迟一年退休增加8%养老金，5年封顶	每提早一月退休减少0.4%养老金
匈牙利	每延迟退休一个月增加0.5%养老金	对工作满38年者，提早退休不进行惩罚，对工作年限不满38年者，按工作年限的多少扣减1%至30%的养老金
奥地利	养老金利息按工作年限乘以利率计发，即工作年限越长、养老金越多，此外还对工作至68岁者提供额外奖励	*
波兰	政府采用新的名义固定缴费型养老金计划，以鼓励老年职工延长工作年限	*
葡萄牙	对延迟退休至70岁者每月增加0.33%至1%的奖励性补贴	对提前退休者就没有任何惩罚，甚至还保留鼓励提前退休的部分政策
芬兰	每延迟一个月退休养老金增加0.6%	对早于63岁退休者，每提前一个月退休养老金减少0.6%；对早于65岁退休者，每提前一个月退休养老金减少0.4%
罗马尼亚	每延迟一个月退休养老金增加0.3%	若提前退休，工作期间的在职培训、军队服役等时间不计算在养老金计发年限中
斯洛文尼亚	对延迟退休者按月增加一定比例的养老金	对提前退休者按月减少一定比例的养老金

续表

国家	延迟退休	提前退休
斯洛伐克	每延迟退休 30 天养老金增加 0.5%	每提前退休 30 天养老金减少 0.5%
瑞典	延迟退休在 65 岁前没有任何奖励，但延迟退休至超过 65 岁，其收入和养老金会同时增长	*
英国	延迟退休者不需要支付政府养老金	提前退休者无法领取任何政府养老金
美国	每延迟退休一年养老金增加 3% 至 8%，随出生年份增加而增加	每提前一个月退休养老金减少 0.556%；提前超过 36 个月者，每减少一个月养老金减少 0.417%
日本	延迟退休超过 65 岁者，每年增加 8.4% 养老金补贴	提早退休者每年削减 6% 养老金
马来西亚	老年职工只需缴纳较少的养老金费用	*
新加坡	延迟退休者每月可获最多 3% 的薪酬补贴	*

资料来源：Hamblin，2013；Bitinas，2012；U.S. SSA.

从表中可以看出：第一，大部分国家都对延迟退休有不同程度的养老金奖励。26 国中的 18 个国家对延迟退休者直接奖励，少数国家则采取减免延迟退休期间养老金缴费的方式。第二，大部分国家以较小的时间间隔单位计算奖励。大部分国家都以一年或更小的时间单位计算甚至有 8 个国家以月份为单位计算。第三，大部分国家对提前退休实施的惩罚比对延迟退休实施的奖励要轻微。7 个国家对提前退休的惩罚力度要小于延迟退休的奖励力度，9 个国家对提前退休不实施任何惩罚，只有 3 个国家对提前退休的惩罚比对延迟退休的奖励重。

总的来看，各国"奖惩分明"的养老金政策，形成了有效经济激励并强调政策的公平性。具体而言，对自愿延迟退休者增发养老金、补贴养老福利，或减免延迟退休期间的养老金缴费；对提前退休者，惩罚性地减发养老金，甚至有的国家禁止提前退休领取养老金。有部分国家允许无限期延迟退休，对延迟退休的福利补贴不设上限，但有部分国家设有最长延迟年限。在计发方法上面，各国倾向以较小的时间间隔作为计算单位，这可能出于对老年职工就业以稳定性较差的短期就业为主、较易面临失业等就业特点的考虑。另外，出于政策平稳过渡的考虑，各国对于提前退休的惩罚力度均较轻。

三、鼓励就业的配套政策与服务

除了在法定退休年龄和养老金制度上进行调整，以达到延迟老年人退休的目的以外，各国往往还配套出台一些政策和服务帮助这部分老年人继续就业或者再就业。这些举措和帮助也非常重要。

1. 欧盟

在20世纪90年代，欧盟各国开始提出"积极老龄化（active ageing）"的概念，意在寻求一种积极应对人口老龄化带来的社会福利负担以及劳动力老化问题。"积极劳动市场政策"是"积极老年化"的重要组成部分，它一共包含三个层次的具体政策：第一，雇佣和社会保障系统层次，包括减少提早退休的政策激励、通过养老金改革鼓励延迟退休、增加老年人的就业机会等；第二，公司和其他社会组织层次，包括鼓励终身学习、改善工作环境、充分利用老年员工在经验方面的优势等；第三，社会层次，包括改变社会观念、举办宣传活动等（OECD，2002）。

总的来说，欧盟国家的老年人就业政策较为相似。欧盟各国倾向提供更有利于老年人工作的公共设施和场地，实施技术培训计划，通过立法和加大宣传减少社会中的年龄歧视，以税收和社保缴费减免以及补贴等方式鼓励企业留用和招聘老年员工，以及以工资辅以就业补贴的方式鼓励老年人停止领取失业津贴转而投入劳动力市场。另外，欧盟各国普遍认同渐进式退休的理念，认为兼职工作是一个十分好的老年员工过渡性就业选择，通过工作时间的逐渐减少，让老年人逐渐从工作向退休的生活和收入状态转变。

对于因病退休人员，芬兰政府规定，在领取残疾退休金之前必须进行职业康复，不仅包括身体上的康复，同时也包括对其工作的重新安排、心理辅导、帮助适应、再培训和资金支持等。德国鼓励"微小就业"，即工资较低、工时较短的工作，以维持大部分人的就业状态。德国政府还对女性和少数族裔的老年人有特定的帮扶措施。奥地利政府则提出工资与政府补贴相结合的方式，对在职的老年员工进行额外补贴，提高其待遇、增加其参加工作的意愿（Hamblin，2013）。

2. 美国

除了延迟法定退休年龄之外，美国政府实行了一系列社会政策以及与老年人就业相关的公共服务。美国政府十分注重消除就业市场的年龄歧视，设有平等就业机会委员会制定各种关于就业过程中年龄歧视的法令,同时该委员会也面向雇主提供消除年龄歧视的培训。除立法以外,政府专门为低技能老年职工提供各种就业技能培训项目,以改善该群体的失业情况。同时,政府也为该群体提供创业管理的课程,以鼓励该群体进行自雇。美国职业安全与健康管理局积极推广工作场所中的安全与健康,使工作环境更好地适应老年职工的职业和健康特点(OECD,2012)。

3. 日本

在日本,员工达到法定退休年龄之后再就业十分普遍。即便没有到公司再就业,退休员工也会寻求自雇佣机会或者创业,而非直接退休。对日本人来说,退休通常由两个阶段组成:一是从雇佣到达法定退休年龄的过程;二是法定退休年龄之后继续以较低收入被雇佣,直到完全退出劳动市场的过程。日本拥有一系列帮助退休员工继续留在劳动市场再就业的政策。例如,许多公司会返聘自己公司的退休员工,提供推荐(或以补贴形式)帮助退休员工到分公司或者委托公司就业。在日本,有三分之一退休员工是以这样的形式再就业的(Clark and Ogawa,1997)。员工不能被原公司返聘,他们也会在分公司或合约方公司继续就业。如果不能在相关公司实现再就业,退休员工则会退而就职于不相关的公司。如果连这都不行的话,退休员工也会想尽办法自雇佣或创业,而不是直接退出劳动市场。政府机构也会帮助其退休员工到合约方公司再就业(Mizoguchi,Quyen and Amakudari,2012)。

4. 韩国

韩国政府颁布了反年龄歧视的相关就业政策,鼓励公司根据工作表现和生产效率而非年龄来核定工资,对雇佣老年职工的公司给予适当补贴,大力鼓励多样年龄构成的工作环境和氛围。对老年职工而言,韩国政府对继续就业的老年职工个人也给予相应补贴和税收减免,为其提供培训机会,与企业合作提供专门针对者的岗位,降低老年劳动者的工时要求,改善工作环境和生产安全条件,等等(OECD,2012)。在韩国,鼓励自雇和短期就业成为老年职工过渡性退休安排中的主要就业选择(Fu and Lu,2011)。

第三节 效果评估与经验总结

上述三个方面的改革政策是否取得了预期的成效,我们以老年职工的实际退休年龄和就业率作为评估指标来进行评判。

一、职工的实际退休年龄推迟了吗?

20世纪90年代中期以来,OECD国家开始采取政策鼓励职工推迟退休,并通过养老金待遇调整来引导职工的退休行为(Gruber and Wise, 2010; Kalwij and Kapteyn, 2010)。表13-3报告了27个OECD国家1980—2012年间男女平均实际退休年龄的数据。

表13-3　OECD国家的男女实际平均退休年龄(1980—2012)

指标 国家 年份	AR_m	AR_f	AR_m	AR_f	AR_m	AR_f	AR_m	AR_f	AR_m	AR_f	AR_m	AR_f
	澳大利亚		比利时		加拿大		丹麦		芬兰		德国	
1980	64.13	60.1	61.5	59.03	64.94	63.86	65.47	64.29	65.92	62.66		
1985	62.56	58.89	60.64	57.45	63.6	62.84	65.87	63.83	62.96	61.98		
1990	62.53	60.42	58.48	56.07	63.27	61.78	65.42	61.9	61.27	60.69		
1995	62.32	59.53	58.29	56.36	62.52	60.11	62.94	59.3	60.61	60.09		
2000	62.02	59.71	58.48	57.07	62.67	60.76	63.42	59.76	60.18	59.85	60.98	60.23
2005	63.74	61.44	58.7	57.51	63.3	61.5	63.21	61.92	60.52	60.11	61.74	60.71
2010	65.06	63.17	60.56	58.94	63.43	62.43	64.03	61.86	61.79	61.52	61.97	61.18
2012	64.95	62.86	59.63	58.68	63.84	62.51	63.36	61.93	61.79	61.92	62.08	61.65
国家 年份	瑞典		爱尔兰		英国		美国		荷兰		新西兰	
1980	65.31	63.98	68.18	70.03	65.97	62.65	66.4	66.28	62.98	64.06	66.24	63.77
1985	64.27	62.96	66.13	67.47	62.84	60.81	65.84	65.15	60.9	61.57	64.23	62.12
1990	64.24	62.54	63.99	63.84	62.83	60.67	64.68	64.95	59.75	58.81	63.01	61.34
1995	62.73	61.79	63.24	64.46	62.03	60.71	64.21	63.58	61.08	60.06	63.01	60.82
2000	63.71	62.31	65.25	65.99	62.39	60.85	64.69	63.54	60.59	58.7	64.32	59.94
2005	65.13	62.44	64.94	65.27	63.31	61.43	64.56	63.14	61.12	59.94	65.78	63.88
2010	65.75	63.91	63.45	63.83	64.13	61.88	65.53	65.26	62.93	61.43	65.95	65.39
2012	66.12	64.25	64.58	62.6	63.68	63.24	64.97	65.05	63.56	62.34	66.75	66.32

续表

指标 国家年份	AR_m	AR_f	AR_m	AR_f	AR_m	AR_f	AR_m	AR_f	AR_m	AR_f	AR_m	AR_f
	卢森堡		挪威		西班牙		瑞士		匈牙利		斯洛伐克	
1980	60.79	63.98	67.33	65.9	64.8	66.56	69.47	66.8	65.21	61.78		
1985	59.83	60.93	66.88	63	63.52	63.09	68.32	66.96	64.04	59.44		
1990	60.29	60.08	63.3	62.55	62.94	64.88	67.77	65.88	63.04	58.94		
1995	59.28	58.54	64.56	62.66	60.75	63.03	67.11	65.61	62.04	57.53		
2000	59.69	60.28	63.95	63.69	61.73	61.91	65.49	62.33	58.28	55.77	59.36	55.92
2005	59.19	61.38	63.3	61.76	61.16	63.56	65.27	64.9	58.91	57.27	59.24	55.54
2010	57.78	58.57	63.75	64.2	62.32	63.05	65.28	63.32	60.34	58.92	59.88	56.86
2012	57.6	59.58	64.79	64.32	62.34	63.21	66.12	63.9	60.86	59.64	60.93	58.74

国家年份	法国		波兰		希腊		奥利地		日本		韩国	
1980	63.5	64.1	68.01	65.13	65.91	62.99	64.8	62.6	70.7	66.57	68.42	64.39
1985	61.2	61.4	66.53	63.36	65.16	65.13	62.5	61.4	69.91	65.97	66.36	63.62
1990	60.02	60.04	66.24	63.3	63.73	60.93	62.7	60.8	70.44	66.42	69.99	69.76
1995	59.28	60	63.86	61.43	63.23	60.79	60.9	59.6	70.95	66.08	70.55	66.84
2000	58.79	58.87	61.58	59.22	63.22	62.7	60.31	58.87	70.13	66.24	67.09	65.87
2005	58.62	59.38	61.36	57.96	62.36	61.2	58.9	58.1	69.34	66.25	70.22	67.73
2010	59.29	59.57	61.57	59.08	61.94	60.32	59.91	57.88	70.05	67.12	71.16	69.69
2012	59.71	60.03	62.27	60.17	61.92	60.32	61.91	59.44	69.15	66.73	71.13	69.84

国家年份	意大利		葡萄牙		捷克	
1980	62.16	61.82	68.73	67.73		
1985	63.31	61.78	66.44	67.02		
1990	62.29	59.32	65.43	64.21		
1995	60.51	57.59	63.34	62.31		
2000	60.19	58.83	65.07	62.44	61.67	58.06
2005	60.64	61	66.15	65.89	61.48	58.45
2010	60.51	59.13	66.54	64.63	62.33	58.93
2012	61.09	60.52	68.39	66.42	63.14	59.84

注:AR_m、AR_f分别代表男、女实际平均退休年龄。

资料来源:Casey,1998。

观察数据可以发现 OECD 国家职工实际退休年龄出现了四种不同走势:

(1) 第一类国家的退休年龄都表现出从 1980 年开始下降，但大致在 1995—2000 年间开始回升的走势（澳大利亚、比利时、加拿大、丹麦、芬兰、德国、意大利、荷兰、新西兰、瑞典、爱尔兰、葡萄牙、卢森堡、西班牙、斯洛伐克、英国、美国等 17 国）。

(2) 第二类国家的退休年龄也表现出先下降、后回升的趋势，但在 2000 年之后才开始回升（捷克、瑞士、挪威和匈牙利等 4 国）。

(3) 第三类国家在 1980—2010 年间的退休年龄呈现出不断下降的单一趋势（法国、奥地利、希腊、波兰等 4 国）。

(4) 第四类国家男女的平均退休年龄相比其他 OECD 国家的要更高，并且比较稳定，没有呈现出明显的走势（韩国、日本）。

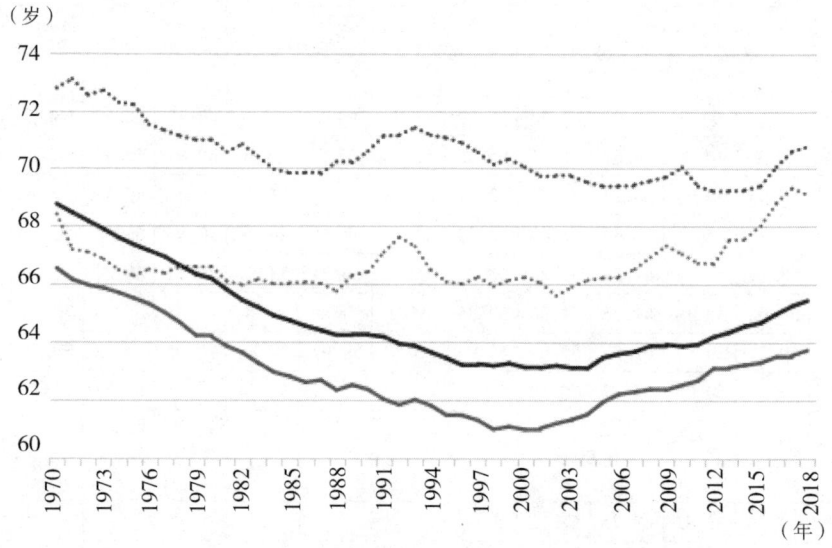

图 13-1　OECD 国家 1970—2018 年间的实际平均退休年龄

注：OECD 数据库，http://www.oecd.org/els/emp/average-effective-age-of-retirement.htm。

改革后，男女职工的实际退休年龄总体都出现回升，但政策影响存在时滞效应。相比而言，女性退休年龄的反应更为敏感，1998—2000 年开始出现回升，到 2018 年回升到 63.7 岁。男性退休年龄的反应相对滞后，1995—2004 年基本稳定，到 2005 年才整体开始回升，2018 年回升到 65.4 岁。尽管如此，离 20 世纪 70 年代男性职工 68.8 岁、女性职工 66.5 岁退休还有较大差距。由此，只能认定职工的实际退休年龄出现了反弹，但无法确定是否为长期持续上升的反转趋势（见图13-2）。

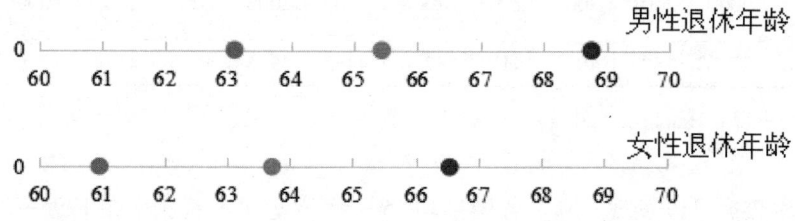

图 13-2　OECD 国家实际平均退休年龄（三个时间节点）

资料来源：OECD Database on Average Effective Retirement Age.

二、老年职工的就业率上升了吗？

欧盟从 20 世纪 90 年代末开始积极倡导"积极老龄化"，并于 2002 年提出了具体的政策框架。表 13-4 报告了 15 个欧盟成员国 2000—2010 年间 55—64 岁的老年人就业率情况。

表 13-4　15 个欧盟成员国的 55—64 岁老年人就业率（2000—2010 年）

年份 国家	2000	2001	2002	2003	2004	2005	2006	2007	2008	2009	2010
奥地利	28.8	28.9	29.1	30.3	28.8	31.8	35.5	38.6	41.0	41.1	42.4
比利时	26.3	25.1	26.6	28.1	30.0	31.8	32.0	34.4	34.5	35.3	37.3
丹麦	55.7	58.0	57.9	60.2	60.3	59.5	60.7	58.6	57.3	57.5	57.6
芬兰	41.6	45.7	47.8	49.6	45.7	52.7	54.5	55.0	56.5	55.5	56.2
法国	29.9	31.9	34.7	37.0	37.8	38.5	38.1	38.2	38.2	38.8	39.7
德国	37.6	37.9	38.9	39.9	41.8	45.4	48.4	51.5	53.8	56.2	57.7
希腊	39.0	38.2	39.2	41.3	39.4	41.6	42.3	42.4	42.8	42.2	42.3
爱尔兰	45.3	46.8	48.0	49.0	49.5	51.6	53.1	53.8	53.7	51.0	50.0
意大利	27.7	28.0	28.9	30.3	30.5	31.4	32.5	33.8	34.4	35.7	36.6
卢森堡	26.7	25.6	28.1	30.3	30.4	31.7	33.2	32.0	34.1	38.2	39.6
荷兰	38.2	39.6	42.3	44.3	45.2	46.1	47.7	50.9	53.0	55.1	53.7
葡萄牙	50.7	50.2	51.4	51.6	50.3	50.5	50.1	50.9	50.8	49.7	49.2
西班牙	37.0	39.2	39.6	40.7	41.3	43.1	44.1	44.6	45.6	44.1	43.6
瑞典	64.9	66.7	68.0	68.6	69.1	69.4	69.6	70.0	70.1	70.0	70.5
英国	50.7	52.2	53.4	55.4	56.2	56.8	57.3	57.4	58.0	57.5	57.1

续表

年份 国家	2000	2001	2002	2003	2004	2005	2006	2007	2008	2009	2010
平均①	37.8	38.8	40.2	41.7	42.6	44.2	45.3	46.5	47.4	47.9	48.4

资料来源：Hamblin（2013），SSA.

观察数据可以发现，欧盟各国平均55—65岁老年人就业率在1995—2010年间持续上升，从36%上升至48.4%。其中，以2000年左右为时间节点，在此之后欧盟各国的老年人就业率呈现更快速的上升趋势。具体而言，各国呈现出三类不同的变化过程：

(1) 第一类国家老年人就业率在1995—2010年间持续上升（比利时、丹麦、德国、卢森堡、荷兰、瑞典、英国等7国）。

(2) 第二类国家老年人就业率在1995—1998年间经历上升，大约在1998—2002年间经历下降，其间甚至下降到了低于起始水平，而后又经历持续上升的过程。但就长期而言，这些国家的老年就业率是上升的（奥地利、法国、希腊、意大利等4国）。

(3) 第三类国家则经历大约10年的上升期，然后经历一段小幅下降时期，但就长期而言，这些国家的老年就业率也是上升的（葡萄牙、西班牙）。

总的来说，1995—2010年间欧盟国家的老年人就业率出现显著提升，但也有部分国家由于社会历史原因或经济周期波动的影响，就业率变化不明显。

三、经验总结

从过去20年以上两项指标的数据来看，各国政策总体上取得了正向、积极的效果，实际退休年龄和老年人劳动参与率均有一定程度的提高。首先，从实际退休年龄指标来看，以促进老年职工就业为目标的一系列组合政策对多数国家是有效的。但少数国家的实际退休年龄没有变化，有些甚至反而下降了，说明政策也存在一定的时间滞后性和效果不稳定性。其次，从老年人就业率指标来看，组合政策也可以认为是有效的。就欧盟国家的经验来说，组合政策的效果虽然会出现反复，但长期来说是有效且具有较好普适性的。特别是自"积极老龄化"的观点和系列政策在欧盟形成和推广之后，欧盟成员国家的老年人就业率有了明显提高。国内外已有研究支撑上述结论。

同时我们也发现，各国在政策的改革趋势上也呈现出较高的一致性：第一，

---

① 为表中提到的15个欧盟成员国的平均数。

从政策内容构成来看，在供给侧，各国主要是鼓励老年职工就业，包括延迟养老金领取年龄、增加延迟退休者的养老金给付、减少提前退休者的养老金给付等；在需求侧，各国政策重点在于鼓励企业留用或聘请老年职工，包括对企业进行养老金缴费减免、额外补贴、税收减免等，或由政府直接为老年人提供就业机会；在社会环境和公共服务方面，各国政府纷纷为老年职工就业提供各种公共服务，包括健康维持计划、培训和学习计划等；在促进劳动市场的公平性方面，主要是消除制度的歧视性规定、颁布促进平等的法例和消除社会对老年职工的歧视等。第二，从政策导向来看，各国均以延迟退休、鼓励老年职工就业作为未来老年人口政策的目标。第三，从政策的实施方法来看，大多数国家采取综合性的政策手段，通过多种促进政策和抑制政策来鼓励延迟退休、控制提前退休。第四，从政策框架来看，"积极老龄化"已成为大多数国家老年人口政策的基本框架。第五，从政策伦理来看，这类政策主要是认为老年职工就业是有利于老龄人身心健康和社会代际稳定更替的。

第四节　对中国的启示与政策建议

案例国家在延迟退休年龄、鼓励老年职工就业方面的政策实践为中国提供了很好的经验证据，主要有以下几个方面：

（1）逐渐延迟退休年龄是行之有效的政策之一。从世界各国的经验来看，退休年龄延迟 5 岁左右同时缩小甚至消除男女差距是比较普遍的做法，延迟后退休年龄将为 65 岁左右。而我国目前法定退休年龄为男性 60 岁、女性 55 岁①，男女实际退休年龄差距过大，这样的调整幅度和重点对中国也是比较适用的。

（2）养老金政策是重要的经济激励手段。在养老金政策方面，国际经验是对延迟退休者给予奖励，对提前退休者给予惩罚。然而，当前我国养老金制度却反其道而行，具有对提前退休的收益激励，却没有对延迟退休年龄的引导作用。我国可参考各国的做法，将基础养老金的计发要与职工的退休年龄挂钩。提高延迟退休职工的养老金水平，适当降低提前退休职工的养老金待遇，或削减延迟退休职工的养老金缴费。

（3）严格管理提早退休行为，是养老金制度改革的成败关键。国际研究指出，退休年龄政策调整成功与否，在一定程度上取决于能否有效控制提前退休

---

①　非工人。

行为。各国养老金制度对提前退休的各类适用情况都以法律形式做出明确规定,同时在执行管理上也十分严格。然而,我国由于缺乏相应的审查和监督机制,导致因病退休管理混乱,对提前退休的养老金缴费条件限制过于宽松,企业在批准提前退休的程序中拥有过大的自主权。这对我国养老金基金管理和退休养老政策的实际效果造成了不利影响。

(4)鼓励老年职工就业的配套政策与服务,是政策顺利实施必不可少的。在我国,社会上和工作场所中缺乏对老年职工的支持性和保护性服务和设施,老年职工在劳动市场受到较为严重的歧视和偏见,老年职工退休后的社会定位较为尴尬。如何妥善处理这些问题是我国未来城市管理中值得思考的问题。

目前,我国已将延迟退休年龄提上日程,但仍未对养老金待遇和其他配套服务及政策做出具体的政策安排。在如何确保政策顺利过渡、促进老年职工就业方面,我国政府仍有较大的政策调整和改进空间。从更宏观的角度看,保持国内经济健康、稳定、持续增长,控制好社会整体失业率是促进就业的基础。因此对我国而言,延迟退休年龄方案在就业政策和公共服务提供等方面应当与新型城镇化、工业现代化建设过程紧密结合。促进劳动人口合理转移、有效支撑产业结构转型升级,是促进老年职工就业的应有之义。

第五部分 05
代际经济关系

导 读

　　代际经济关系是老年人与子女及孙辈之间的经济关系，包括老人对子孙辈的经济资助和子孙代对老年父母的经济供养。在贝克尔（2008）看来，人们"购买"子女是因为他们预期能获得的效用足以补偿他们的那些支出，如同购买某种耐用消费品；并且相比子女，父母更是利他主义者。也有一种观点认为，从本质上来看，代际经济关系属于代与代之间的交换关系。养老都是一代人用自己创造的产品和劳务换取下一代为自己的养老提供产品和劳务，属于自己在劳动期间所创造价值的一部分，是劳动报酬的延期支付（王爱珠，1996）。只不过大部分养老金制度采用了现收现付的财务模式，而产生了一种是在职职工在养活退休职工的错觉。

　　老龄化时代一个不可回避的事实是，各国政府在老年人群体上的公共财政支出不断膨胀。过去很长时间一国在枪支与黄油之间的权衡问题，将要转变为在枪支与拐杖之间权衡的问题（Torrey，1982）。一个基本的经济学原理是，每年用于支付退休职工养老金（养老支出）的这部分国民收入在很大比例上是由当前的劳动力人口创造出来的。在一个较低人口出生率和死亡率，从而老年人越来越长寿、老年人口比例越来越高的时代，下一代、下几代年轻人很难去负担退休时间越来越长的父母、祖父母，甚至祖祖父母。大量的收入与财富正在由年轻一代转移给老一辈人口（Chakravarty and Weisman，1988）。著名经济学家萨缪尔森（1994）尖锐地指出："将如此重的税负强加于职工身上，以支付老年人的养老金，而这些老年人中有很多却很富有和健康，这公平吗？"人口老龄化所引发的代际经济冲突，以及如何实现代际经济平衡已成为一个无法回避的焦点问题。

　　对一个典型的三代人家庭而言，第二代要承担"一老一小"的抚育或赡养责任，要承担食物、衣物、医疗、住房等支出，还要占有养老育小的时间。这些时间也是一种支出，因为存在着机会成本。因此，从家庭层面来看，人口老龄化的问题是在拐杖与奶瓶之间的权衡（Preston，1984）。赡养老人在家庭决策中是否被置于次要地位？甚至被忽视？老年人自身的经济状况对代际经济交换行为的影响？老人在退休期是否仍一如既往采取利他主义行为，例如，通过家务、照看第三代来减少第二代在职子女的工作—家庭冲突？尤其在中国，放开"二孩"之后，新生或补生"二孩"计划是否会进一步降低子女的养老意愿，甚至真正的养老资源投入？

人口老龄化所引发的代际经济冲突真的无法平衡吗？鱼与熊掌不能兼顾吗？事实上，研究发现，一国人群的福利水平与"人口老龄化"之间基本上没有很大联系，但却与科技进步、人力资本投资、物质资本投资、基础设施投入、管理水平以及所有能对经济发展产生较大影响的其他非老龄化因素有很大关系。因此，关键问题在于，应如何促进国民经济增长（Schulz，2000）。通俗地说，解决的关键并不在于如何切好代际的国民财富蛋糕分配，而是在人口老龄化的背景下如何去做大国民财富的蛋糕。科技进步、制度创新是关键，人口老龄化只是起到一个有所减速的作用。

对中国而言，一方面要在21世纪中叶达成基本实现现代化战略目标，另一方面又面临老龄化、高龄化不断深化的严峻挑战。中共中央、国务院《国家积极应对人口老龄化中长期规划》提出，要夯实应对人口老龄化的社会财富储备、打造高质量的为老服务和产品供给，又要提高出生人口素质、提升新增劳动力质量。我国是否有能力为老年人提供更多的养老金和更优质的养老服务？这取决于我国能否实现经济持续中高速增长的趋势，并是否继续用经济增长来为老年人提供更好的生活水平。但这是否会降低年轻一代的消费水平？或减少对儿童教育、营养等公共支出？这些问题和矛盾会一直充斥着未来30年甚至50年的经济社会发展进程之中。

第十四章

老年人就业对青年失业率的影响

——来自 OECD 国家的经验证据[1]

随着我国人口老龄化程度加重和人口出生率下降，养老保险的制度赡养比不断提高，保费当年收不抵支的省份逐渐增多，未来的养老金支付危机引起社会各界的关注和担忧。一般认为，延迟退休年龄有利于增收减支，缓解养老保险基金的支付压力。为此，2012 年 6 月 8 日人力资源和社会保障部表示将适时提出推迟退休年龄、弹性延迟领取养老金年龄的政策提议。据人民网的民意调查显示，96.7% 的民众对此表示反对[2]。他们担心退休年龄推迟之后，老年职工退出劳动力市场的时间更晚，会挤出青年就业，使青年失业率上升。其假设前提是就业岗位数量一定、老年和青年在就业上相互替代。

由于青年缺乏工作经验，在劳动力市场上竞争力不强，失业问题一直较为严重。2005 年，劳动和社会保障部劳动科学研究所公布《中国首次青年就业状况调查报告》显示，15—29 岁青年的总体失业率为 9%，高于 6.1% 左右的社会平均失业率，其中一年以上的长期失业者占到 72%[3]。刘帆、修晶和毕先萍 (2006) 对中国 2005—2020 年的青年劳动力需求和供给状况进行模拟预测的结果表明，无论是失业率还是失业人数，青年失业问题至少在未来 15 年内都难以缓解，甚至有恶化趋势。在这种背景下，如果推迟退休会挤出青年就业，加剧青年失业，则可能遭到青年的强烈反对，从而影响社会稳定。

事实上，推迟退休年龄究竟会挤入，还是挤出青年就业，在国内外一直存在很大争论。绝大部分国外学者的已有研究都是使用某一国的时间序列数据，目前还少有利用面板数据分析退休年龄对青年失业率的定量影响，导致所得结论缺乏普遍适用性。在我国，由于还没有实行延迟退休年龄的制度改革，已有文献都是定性分析，并没有实证研究。由于定量证据匮乏，无法提供最为基础

---

[1] 原文发表于《中国人口科学》2014 年第 4 期。
[2] 数据来源：人民网 2012 年 11 月 2 日的网络调查结果，回应者约 228 万人。
[3] 彭小兵. 大学生就业困境与菲利普斯曲线失灵 [EB/OL]. 人民网，2006-06-10.

的理论依据和实证支撑,给决策者和广大民众带来很大的困惑和争议。为弥补现有的研究不足,本章利用 27 个 OECD 国家在 1980—2010 年间的面板数据,探讨退休年龄与青年失业率之间的定量关系,并剖析推迟退休对青年失业率的影响。本章的研究发现可为我国推迟退休改革提供定量证据,奠定科学的决策基础。

本章的结构安排如下:第一节为文献回顾,第二节为研究设计,包括数据来源,主要变量说明及描述性统计,第三节为实证研究,首先利用 1980—2010 年的总体数据上研究退休年龄与青年失业率之间的定量关系,然后按时间段对数据进行分组检验,并利用分性别的青年失业率数据、不同国家类型进行稳健性检验;第四节为结论及对我国的启示。

第一节　文献回顾

推迟退休年龄是否会影响到青年失业率,首先取决于两个前提条件:第一,当政府宣布延长退休年龄之后,是否会影响到职工的工作意愿,他们是否会选择更晚退休,从而推迟了实际的退休年龄;第二,雇主是否愿意继续雇佣他们(Michello and Ford, 2006)。只有当这两个前提条件得到满足时,推迟退休年龄才可能会影响到青年就业。很多研究发现,1995 年以后,由于各国采取了限制提前退休、鼓励延迟退休的改革措施,职工的平均退休年龄确实延长了(Schirle, 2008; Baker, Gruber and Milligan, 2010)。至今,关于延长退休年龄影响青年就业或失业的已有研究大致形成了四种不同的观点。

第一种观点认为延迟退休会挤出青年就业。这是基于一国经济的工作数量固定、老年和青年就业相互替代的基本假设,认为老年职工会挤占青年的就业岗位,增加青年失业率。在这种观点的影响下,20 世纪七八十年代,在青年失业率较高时,发达国家纷纷推出鼓励职工提前退休的政策,试图降低青年失业率,改善经济环境(Gruber and Wise, 2010)。至今,仍然有不少学者认为延长退休年龄会挤出青年就业。怀斯(2004)指出老年职工离开劳动力市场,能改善年轻职工的就业状况,主张老年职工尽早或提前退休,为青年腾出工作岗位。米杰罗和福特(2006)认为,鼓励老年人口延迟退休的政策会使整体失业率上升。

第二种观点认为,延迟退休对青年就业没有显著影响。各国鼓励提前退休并没有降低青年失业率,而且随着国际经济形势恶化,各国失业率反而持续攀升。人们纷纷质疑老年与青年劳动力存在替代性的理论框架。20世纪90年代至21世纪初，一些学者指出老年就业与青年就业之间并没有显著的替代关系。基于对12个国家的研究发现，总体经济规模不变的假设并不成立，老年人就业率上升并没有显著地降低青年就业率（Gruber and Wise，2010）。卡尔维奇、卡普顿和德沃斯（2010）对22个OECD国家的实证研究发现，老年和青年在就业上不存在替代性，相反存在一定的互补性，延迟退休年龄并不会挤出青年就业。

第三种观点认为，长期来看延迟退休不仅不会挤出青年就业，反而会促进青年就业。这种观点兴起于21世纪初，认为社会并不是封闭、静止的经济体，可以通过调整结构扩大经济规模，突破现有的发展水平，改善各项指标。延迟退休可以增加劳动力供给，提高社会生产率，还能降低工薪税率，从而降低劳动力成本。这些在长期有利于经济增长和提供更多就业岗位（World bank，1994；OECD，2002）。博尔施-苏潘和施纳贝尔（2010）对德国的研究发现，基于经济总量不变假设而认为老年挤出青年就业的传统看法并不成立。相反，劳动力供给增加所带来的总体经济增长会拉动总需求，从而增加劳动力需求。过早退休会增加青年的社保负担，从而增加劳动成本，减少劳动需求（van Dalen and Henkens，2002）。塞勒姆、布兰切特、博奇奥、罗杰（2010）对法国的研究发现，在控制总产出不变的情况下，老年和青年并不存在就业替代关系，老年劳动参与率提高伴随着青年就业率增加和失业率下降。

第四种观点认为，延迟退休年龄的影响是结构性的，对不同性质岗位、不同性别的影响程度不同。老年和青年在不同性质岗位中存在不同的替代关系。在体力要求较高的岗位上，老年职工会因健康原因而被迫退出，对青年就业产生的影响会比较小（Beehr et al.，2000）。在技术要求较低的岗位中，老年劳动力具有技术性较低、经验较丰富等特点，因而就业信心较强，成功率较高，更容易替代青年就业。在技术要求较高、更新较快的行业中，老年人重返就业市场的影响则十分微小（DWP，2002）。弗林（2010）指出，在不同细分群体中，老年人延迟退休的意愿和重返岗位的能力是不同的。女性因为寿命更长和经济状况相对欠佳而倾向于工作得更久，但由于性别歧视，男性老年人能获得较多的就业机会。与女性市场相比，男性劳动力市场上老年人对青年的就业挤出就可能更明显（Gough，2001；Bardasi and Jenkins，2002；Lissenburgh and Smeaton，2003）。

近些年，国内对延迟退休和青年就业的关系也进行了激烈争论。李珍（1997）认为鼓励老年职工提前退休不但不能有效解决青年就业问题，反而有可能加剧失业程度。王海燕（2006）认为青年失业的主因之一是结构性矛盾，而退休年龄与青年就业率之间不存在高度负相关性，也不存在老年人与青年人就业之间的绝对替代关系。金刚（2010）认为老年人与青年的工作岗位之间并不是一对一的替代关系，青年的工作岗位以初级岗位为主，而老职工由于经验、能力、工龄等方面的优势，以高级岗位为主。工作岗位的错位可能使推迟退休对青年就业的实际挤出效应不大。同时，由于人口老龄化带来的劳动力绝对数量下降，将进一步降低推迟退休对青年就业的挤出效应。也有一些学者认为推迟退休年龄会挤出青年就业。蒲晓红（2001）指出考虑到青年的就业压力，不宜采取延迟退休年龄的办法来缓解养老压力。周辉（2011）认为虽然青年和老年劳动力不一定存在直接替代关系，但一定存在间接的替代关系。在岗位没有大量增加的情况下，延迟退休年龄势必带来更大的就业压力。

总的来看，关于退休年龄对青年失业率的影响，各种观点之间至今仍存在很大争议，难以达成共识。在国内，已有文献都是定性分析，对该命题的讨论更是很不深入。这主要是因为缺少基于实证研究的定量证据。本研究将就此提供边际贡献。

第二节　研究设计

一、数据来源

20 世纪后半期开始，OECD 国家的退休政策可以分为两个不同的阶段：第一阶段鼓励提前退休。从 20 世纪 70 年代后期开始，为解决青年失业问题，采取改革措施鼓励职工提早退休，各国职工的退休年龄出现下降的趋势。第二阶段鼓励推迟退休。到 20 世纪 90 年代中期，由于人口老龄化导致养老金支付危机，各国又改变政策，鼓励职工推迟退休（Gruber and Wise, 2010; Kalwij, Kapteyn and De Vos, 2010）。到 1995 年之后，职工的退休年龄出现了明显回升（Schirle, 2008）。OECD 国家调整退休年龄的改革历程，为研究退休年龄与青年失业率之间定量关系提供了丰富的数据，也为我国推迟退休年龄改革提供了可供借鉴的证据与经验。为此，我们收集整理了 27 个 OECD 国家在 1980—2010 年间的数据来分析退休年龄对青年失业率的影响。

二、主要变量说明及其描述性统计

（1）被解释变量：青年失业率。数据来源于世界银行数据库，青年被界定为 15—24 岁的劳动力人口。该数据库提供了三种不同的青年失业率数据：总体的青年失业率、男青年失业率和女青年失业率。以下，我们将首先利用青年失业率进行实证研究,再利用不同性别的青年失业率进行稳健性检验。

(2) 解释变量:各国职工的平均退休年龄。OECD 国家实行的是弹性退休制度,允许职工按个人意愿,参照法定退休年龄选择最终的实际退休年龄。OECD 数据库提供了各成员国每一年的男职工平均退休年龄和女职工平均退休年龄。这里的退休年龄指的是职工的实际平均退休年龄。显然,影响青年就业的正是职工的实际平均退休年龄,故选取其作为解释变量。

(3) 控制变量。根据有关文献,我们还选取了实际 GDP 增长率、消费物价指数(Phelps, 1967)、人口增长率、失业津贴支出占 GDP 比重、就业保护力度(ILO, 2012)等作为控制变量。其中,人口增长率数据来自世界银行数据库,其他变量的数据均来自 OECD 数据库。就业保护力度(Strictness of Employment Protection, SEP)是 OECD 衡量成员国的相应政策对保护解雇员工和短期劳动合同等方面严格程度的综合指标。该指标主要衡量三个方面的内容:对被解雇雇员的保护力度、雇主解雇的额外成本和短期劳动合同的规范性。该指标的刻度范围为 0—6,0 代表保护力度最弱,6 代表保护力度最强。该指标的取值越高,代表成员国政策对就业的保护力度越强,因而劳动力的失业率越低。由此推知,青年失业率也会相应更低。被解释变量、解释变量以及主要控制变量的描述性统计结果如表 14 – 1 所示。

表 14 – 1 主要变量的描述性统计

变量	符号	观测数	均值	标准差	最小值	最大值
青年失业率	URY	732	15.61	8.62	2.60	43.90
男青年失业率	URYm	732	15.04	7.78	2.10	43.50
女青年失业率	URYf	732	16.40	10.37	2.40	50.60
男职工平均退休年龄	ARm	789	63.34	3.00	57.34	71.80
女职工平均退休年龄	ARf	789	61.83	2.95	54.54	70.03
实际 GDP 增长率	realGDP_g	790	2.63	2.72	-11.61	12.27
消费物价指数	CPI	802	5.72	20.77	-0.36	567.88
人口增长率(‰)	population_g	836	0.53	0.49	-1.09	2.39

续表

变量	符号	观测数	均值	标准差	最小值	最大值
失业津贴支出占GDP的比重	unemploy-ment_ex	650	1.09	0.84	0.08	4.79
就业保护力度	SEP	591	2.02	0.98	0.21	4.19

注：以上数据来自世界银行和OECD数据库。由于部分数据缺失，样本数不尽相同。

观察数据可以发现，OECD国家的退休年龄出现了三种不同的走势：

第一类为澳大利亚、比利时、加拿大、丹麦、芬兰、德国、意大利、荷兰、新西兰、葡萄牙、卢森堡、斯洛伐克、瑞典、英国、美国（见图14-1）。这15个国家的退休年龄都表现出先下降、后回升的趋势，并且在20世纪90年代中期开始回升。除了德国、卢森堡、葡萄牙、瑞典，其他11个国家的退休年龄延迟后，青年失业率都出现了下降趋势。德国、卢森堡、葡萄牙、瑞典的退休年龄延迟后，青年失业率上升了。另外，这些国家的青年失业率在2008年之后都上升了，这主要是因为该年爆发了全球金融危机，冲击了青年就业。但德国比较例外，2008年之后的青年失业率反而下降了。这得益于德国工业制造业的强劲竞争力，使得德国受金融危机的影响最小。

第二类为捷克、法国、匈牙利、日本、韩国、挪威、波兰、西班牙（见图14-2）。这8个国家的退休年龄也表现出先下降、后回升的趋势，但在2000年之后才开始回升，晚于第一类国家。除了匈牙利，其他7个国家的退休年龄延迟后，青年失业率下降了。匈牙利的退休年龄延迟后，青年失业率上升了。这些国家的青年失业率在2008年之后也上升了。

第三类为奥地利、希腊、爱尔兰、瑞士（见图14-3）。这4个国家在1980—2010年间的退休年龄呈现不断下降的单一趋势。其中，奥地利、希腊和瑞士在退休年龄一直下降的过程中，青年失业率都是先上升后下降，只有爱尔兰的青年失业率在下降。希腊、爱尔兰的青年失业率也受到了金融危机的冲击。

总结可知：第一，当23个国家的退休年龄延迟时（4个国家的退休年龄一直在下降），有18个国家的青年失业率下降了，只有5国家的青年失业率上升。第二，当26个国家的退休年龄下降时（斯洛伐克1996年之前的数据缺失），有20个国家的青年失业率要高于退休年龄延迟时的青年失业率，只有德国、卢森堡、瑞典、匈牙利、爱尔兰、芬兰6个国家的青年失业率降低了。这说明，绝大部分国家的退休年龄延迟时，青年失业率降低了，而不是增加；退休年龄降低时，青年失业率增加了，而不是降低。只有少数国家的退休年龄延迟时，青年失业率增加了，退休年龄降低时，青年失业率减少了。

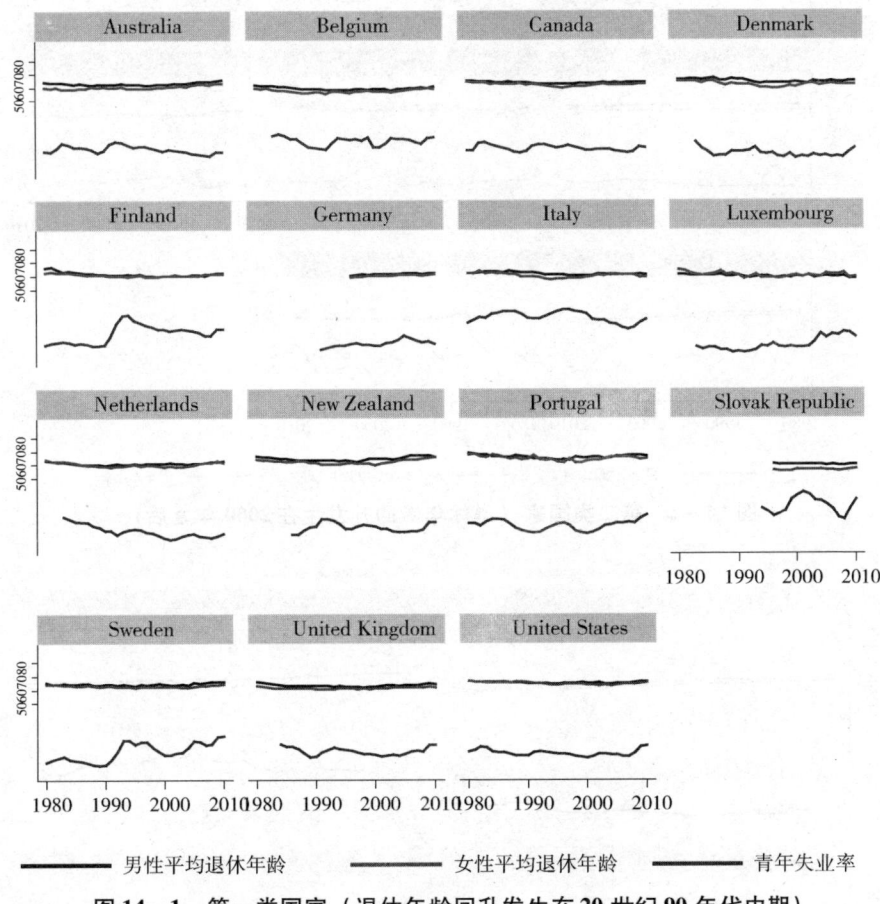

图 14-1　第一类国家（退休年龄回升发生在 20 世纪 90 年代中期）

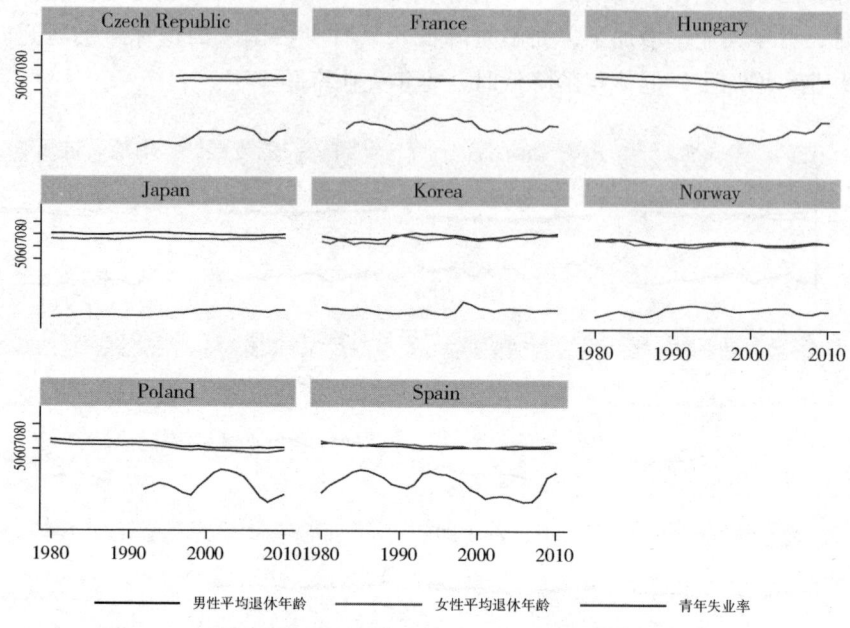

图 14-2　第二类国家（退休年龄回升发生在 2000 年之后）

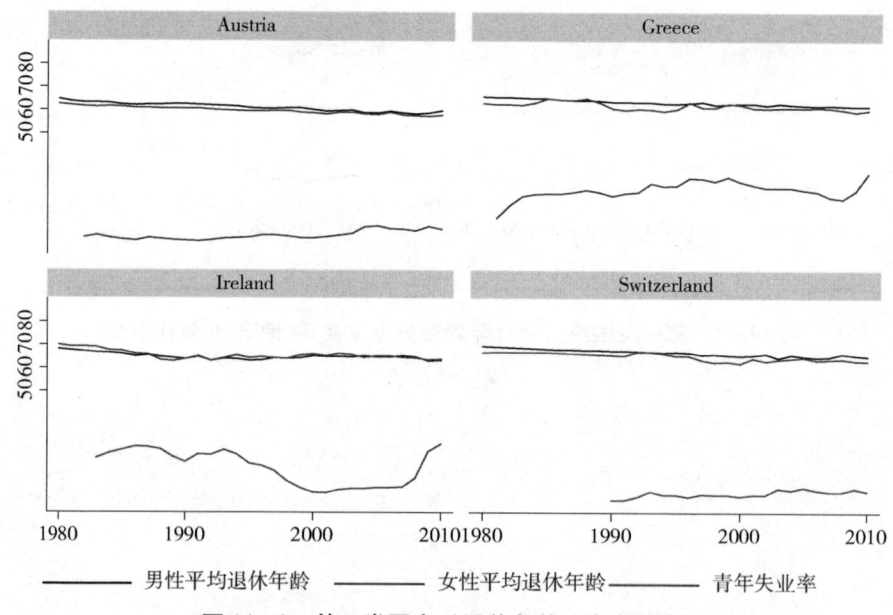

图 14-3　第三类国家（退休年龄一直在下降）

第三节 实证分析

基于上文分析,我们进一步运用计量模型来实证检验退休年龄与青年失业率之间的定量关系。整个实证研究分为两个部分:第一部分以青年失业率为被解释变量,分析退休年龄对青年失业率的总体影响,并以1995年为界进行分组检验;第二部分以分性别的青年失业率作为被解释变量、按OECD国家不同类型,进行稳健性检验。

一、模型

我们一共使用了3个模型来考察退休年龄对青年失业率的影响。第一步,首先用本年的平均退休年龄对本年的青年失业率进行水平回归,见公式(14-1)。第二步,考虑到退休年龄变化对青年失业率的影响可能存在时间滞后效应,我们在模型2中考虑了该时滞效应的影响。我们分别测试了滞后1、2、3、4年的影响,发现只有1年滞后的回归结果是显著的。因此,在模型2中选择了滞后1年的退休年龄。第三步,由于青年失业率可能受到经济周期波动的影响,学者们常使用取5年差分的方法来消除经济周期波动的影响(Gruber and Wise,2010)。因此,我们也在模型3中对各项变量求得前后5年的差分,并对各变量取自然对数,使数据进一步平稳,见公式(14-3)。各个模型如下所示:

$$URY_{it} = \alpha + \beta_1 R_{it}^m + \beta_2 R_{it}^f + \theta X_{it} + \varepsilon_{it} \tag{14-1}$$

$$URY_t = \alpha + \beta_1 R_{t-1}^m + \beta_2 R_{t-1}^f + \theta X_t + \varepsilon_t \tag{14-2}$$

$$\ln URY_{t+5} - \ln URY_t = \alpha + \beta_1 (\ln R_{t+5}^m - \ln R_t^m) + \beta_2 (\ln R_{t+5}^f - \ln R_t^f) + \theta (\ln X_{t+5} - \ln X_t) + \varepsilon_{t+5} - \varepsilon_t \tag{14-3}$$

其中,i代表OECD成员国,t代表年份。URY:青年失业率;Rm:男职工平均退休年龄;R_f:女职工平均退休年龄;X:控制变量,包括实际GDP增长率、CPI、人口增长率、失业津贴占GDP的比重和就业保护力度。各个变量的说明及其定义详见表14-1。

二、实证结果

1. 全样本的实证研究

首先,我们使用1980—2010年间所有面板数据进行回归分析,从总体上检验退休年龄与青年失业率之间的关系。根据Hausman检验结果采用了固定效应模型,估计结果如下:

表14-2 退休年龄影响青年失业率（URY）的回归结果

模型	(1)	(2)	(3)
AR^m	-0.398*	-0.403*	-2.995***
	(-1.898)	(-1.926)	(-2.667)
AR^f	0.280	0.098	2.576***
	(1.581)	(0.556)	(3.522)
realGDP_g	-0.197**	-0.188**	-0.025**
	(-2.527)	(-2.423)	(-1.966)
CPI	-0.882***	-0.737***	-0.042**
	(-4.198)	(-3.458)	(-2.210)
population_g	-43.757***	-43.960***	-0.063***
	(-8.874)	(-8.942)	(-4.067)
unemployment_ex	3.871***	3.904***	0.500***
	(14.034)	(14.240)	(15.146)
SEP	-0.852*	-0.849*	-0.181
	(-1.723)	(-1.716)	(-1.513)
常数	24.798**	36.108***	0.037**
	(2.357)	(3.518)	(2.356)
N	541	538	303
R^2	0.467	0.471	0.587
R^2_a	0.432	0.437	0.540
F	63.499	64.203	55.131

注：被解释变量为青年失业率（URY）。***、**、*分别表示在1%、5%、10%水平上显著；括号内为t值。

表14-2呈现的是退休年龄影响青年失业率的回归结果。在控制了其他因素的影响之后，模型（1）—（3）的结果均表明，男职工平均退休年龄对青年失业率的影响一直显著为负。这说明，男职工平均退休年龄越高，青年失业率越低，意味着男职工平均退休年龄提高后，不但没有提高青年失业率，反而使之进一步降低。对女职工，模型（1）—（3）的回归系数是均为正，但模型（1）和（2）的回归系数不显著。然而，模型（3）的回归系数是显著的。由于模型（3）对数据取了5年差分和自然对数，消除了经济周期波动的影响且数据更加平稳，因而其结果更具可靠性和稳健性。因而可以认为，女职工平均退休

年龄与青年失业率之间是正相关,女职工平均退休年龄提高后,会提高青年失业率。

观察表14-2中的回归结果,男职工平均退休年龄对青年失业率的影响一直是显著的,而回归系数又大于女职工平均退休年龄的回归系数。另外,在一国劳动力市场中,男性的就业率和就业人数都要比女性多,由此可以推知:OECD国家平均退休年龄提高后,其净效应更有可能是总体上降低了青年失业率。这很有可能是因为,年长职工延迟退休,可以增加总的劳动力供给,提高社会生产率,带来的总体经济增长会拉动总需求,从而增加劳动力需求;另一方面,推迟退休还能降低企业和职工的工薪税率,降低了劳动力成本,长期而言,有利于经济增长和提供更多就业岗位(World bank,1994;OECD,2002)。

在上述回归结果中,男女职工平均退休年龄出现不同的影响,我们认为这主要是因为女职工和青年劳动力之间在就业上存在很多类似之处,如技能较低、工作岗位较低、经验较少,使得二者在就业上存在更高的替代性。这与金刚(2010)的判断比较吻合。他认为青年的工作岗位以初级岗位为主,而老职工由于经验、能力、工龄等方面的优势,以高级岗位为主。相比女职工,男职工更有可能在工作后期获得单位中的高级职务。

另外,实际GDP(国内生产总值)增长率、CPI(居民消费价格指数)、人口增长率对青年失业率的影响均显著为负,说明GDP增长越快、CPI越高、人口增长率越大,青年失业率越低。这些回归结果与通常的经济学理论和实证研究结论都是一致的。失业津贴支出占GDP比重对青年失业率的影响显著为正,说明失业津贴支出越多,青年失业率越高。该结论与其他学者的研究结论也是一致的,他们发现失业津贴支出越多,增加了失业率和失业时间(鲍哈斯,2010)。就业保护力度(SEP)对青年失业率的影响显著为负,说明就业保护力度越强,青年失业率越低。该结果与SEP指标的衡量尺度和内涵是一致的。

2. 按时间段的分组样本研究

OECD国家调整退休年龄的改革政策分为两个非常明显的阶段:20世纪90年代中期之前,为降低青年失业率,鼓励提前退休,各国的平均退休年龄呈下降态势;90年代中期之后,各国又鼓励推迟退休,平均退休年龄又呈回升态势。为进一步检验退休年龄与青年失业率的定量关系,了解退休年龄提前和推迟的不同影响,我们以1995年为界对样本进行分组检验。由于当前我国考虑要推迟职工的退休年龄,因而我们重点关注1995年后平均退休年龄延长对青年失业率的影响。实证结果如下:

表 14-3 退休年龄影响青年失业率（URY）的实证结果（分时间段）

模型	1995 年之前			1995 年之后		
	(1)	(2)	(3)	(1)	(2)	(3)
AR^m	1.087***	0.582*	-2.970*	-0.734***	-0.642***	-4.422***
	(3.250)	(1.684)	(-1.672)	(-2.981)	(-2.612)	(-3.204)
AR^f	-0.210	-0.032	1.317	0.544***	0.361*	3.813***
	(-0.896)	(-0.132)	(1.140)	(2.773)	(1.866)	(4.057)
realGDP_g	0.115	0.136	0.051**	-0.291***	-0.291***	0.010
	(1.214)	(1.387)	(2.556)	(-2.926)	(-2.934)	(0.698)
CPI	-1.375***	-1.258***	-0.062*	-0.069	-0.052	-0.033
	(-3.349)	(-3.010)	(-1.934)	(-0.995)	(-0.750)	(-1.437)
population_g	7.011	5.557	-0.040*	-5.103***	-4.972***	-0.066***
	(0.713)	(0.540)	(-1.693)	(-7.813)	(-7.683)	(-3.139)
unemployment_ex	5.509***	5.470***	0.540***	2.732***	2.751***	0.441***
	(12.535)	(12.140)	(12.071)	(5.533)	(5.673)	(9.387)
SEP	-0.912	-4.418***	-0.918***	2.257***	2.374***	0.120
	(-0.831)	(-2.912)	(-4.269)	(3.335)	(3.458)	(0.827)
常数	-36.097*	-15.827	-0.025	25.545**	30.582**	0.023
	(-1.908)	(-0.843)	(-0.786)	(1.977)	(2.341)	(0.669)
N	183	183	128	358	333	175
R^2	0.678	0.662	0.714	0.336	0.294	0.572
R^2_a	0.619	0.601	0.637	0.269	0.216	0.483
F	46.272	43.175	35.709	23.446	17.770	27.503

注：被解释变量为青年失业率（URY）。***、**、*分别表示在1%、5%、10%水平上显著；括号内为t值。

首先我们来分析1995年之前数据的回归结果。根据表14-3，男职工平均退休年龄对青年失业率的回归系数在模型（1）、（2）中为正，但在模型（3）中变为显著为负。女职工平均退休年龄的回归系数也存在同样的问题。在模型（1）、（2）中的系数为负，但在模型（3）中则变为正。这说明针对1995年前数据的回归结果并不稳健，很难得出退休年龄提前影响青年失业率的可靠且一致的结论。

我们进一步来分析针对1995年之后数据的回归结果，该结果也是本节的研究重点。根据表14-3，在模型（1）-（3）中，男职工平均退休年龄对青年失业率的影响系数均在1%水平上显著为负，说明结果非常稳健。这表明男职工平均退休年龄提高后降低了青年失业率。女职工平均退休年龄对青年失业率的影响系数在模型（1）-（3）中也均显著为正，说明结果也是稳健的。这表明女职工平均退休年龄提高后增加了青年失业率。按时间段的分组检验结果，进一步证实了针对总体数据的实证结果是可靠的。

三、稳健性检验

1. 使用分性别的青年失业率作为被解释变量

世界银行数据库不但提供了青年失业率数据，还提供了不同性别的青年失业率数据。为检验前文根据青年失业率数据所得实证结果是否可靠，我们可以利用分性别的青年失业率数据进行稳健性检验。另外，由于不同性别青年在就业行为上存在较大的差异，进一步对不同性别青年失业率进行实证研究，也有利于我们更深入地了解退休年龄对不同性别青年失业率的不同影响。为此，我们继续分别以男青年失业率（URYm）、女青年失业率（URYf）作为被解释变量，并采用公式（14-1）-（14-3）的模型进行回归分析。根据 Hausman 检验结果采用了固定效应模型，估计结果如下：

表14-4 退休年龄影响不同性别青年失业率的实证结果

模型	男青年失业率（URY^m）			女青年失业率（URY^f）		
	(1)	(2)	(3)	(1)	(2)	(3)
AR^m	-0.478**	-0.488**	-3.249***	-0.333	-0.340	-2.731**
	(-2.265)	(-2.328)	(-2.603)	(-1.482)	(-1.511)	(-2.440)
AR^f	0.226	0.076	2.698***	0.366*	0.151	2.540***
	(1.267)	(0.434)	(3.321)	(1.927)	(0.798)	(3.487)
realGDP_g	-0.346***	-0.335***	-0.008	-0.025	-0.017	-0.043***
	(-4.415)	(-4.315)	(-0.587)	(-0.294)	(-0.207)	(-3.468)
CPI	-0.961***	-0.823***	-0.032	-0.785***	-0.630***	-0.054***
	(-4.553)	(-3.851)	(-1.502)	(-3.487)	(-2.743)	(-2.874)
population_g	-39.205***	-39.417***	-0.062***	-49.702***	-49.884***	-0.062***
	(-7.906)	(-7.995)	(-3.638)	(-9.400)	(-9.417)	(-4.065)
unemployment_ex	4.160***	4.212***	0.568***	3.552***	3.565***	0.428***
	(14.999)	(15.321)	(15.475)	(12.010)	(12.066)	(13.024)

续表

模型	男青年失业率（URY^m）			女青年失业率（URY^f）		
	(1)	(2)	(3)	(1)	(2)	(3)
SEP	-1.579***	-1.538***	-0.077	-0.028	-0.065	-0.270**
	(-3.176)	(-3.100)	(-0.577)	(-0.053)	(-0.123)	(-2.267)
常数	33.824***	43.389***	0.063***	14.796	28.354**	0.013
	(3.196)	(4.216)	(3.605)	(1.311)	(2.564)	(0.812)
N	541	538	303	541	538	303
R^2	0.490	0.496	0.581	0.419	0.420	0.547
R^2_a	0.457	0.463	0.533	0.381	0.382	0.495
F	69.631	70.821	53.675	52.161	52.115	46.714

注：***、**、*分别表示在1%、5%、10%水平上显著；括号内为回归系数的t值。

首先分析表14-4中男性平均退休年龄对青年失业率的影响。男职工平均退休年龄对男青年失业率的影响系数始终显著为负。这说明男职工平均退休年龄提高后，降低了男青年失业率。男职工平均退休年龄对女青年失业率的影响系数始终为负，且模型（3）的系数在5%水平显著。这说明，男职工平均退休年龄提高后，也降低了女青年失业率。

接着分析女性平均退休年龄对青年失业率的影响。女职工平均退休年龄对男青年失业率的影响系数都为正，且模型（3）的结果在1%水平显著。这说明女职工平均退休年龄提高后，增加了男青年失业率。女职工平均退休年龄对女青年失业率的影响系数都为正，且模型（1）、（3）的结果均显著。这说明女职工平均退休年龄提高后，也增加了女青年失业率。

从根据分性别的青年失业率数据的实证结果可知，男职工退休年龄提高后既降低了男青年失业率，也降低了女青年失业率；女职工退休年龄提高后，既会增加男青年失业率，也会增加女青年失业率。该结果与前文根据总体的青年失业率数据所得实证结果是一致的，说明本节的回归结果是稳健的。

2. 根据OECD国家的不同类型分组

上一节指出，OECD国家退休年龄有三种不同的走势。第一类、第二类国家的退休年龄都呈现先下降、后回升的走势，而第三类国家的退休年龄则一直在下降。我们可以对其进行分组检验，进一步完善退休年龄对青年失业率的影响。因此，我们将第一类、第二类国家作为一组（只报告1995年之后的结果），将第三类国家作为另一组。实证结果如下：

表14-5 根据 OECD 国家不同类型分组的稳健性检验

模型	第一、第二类国家			第三类国家		
	(1)	(2)	(3)	(1)	(2)	(3)
AR^m	-0.649**	-0.433*	-0.476	-1.183***	-1.320***	-8.949***
	(-2.022)	(-1.268)	(-0.291)	(-3.587)	(-4.124)	(-3.528)
AR^f	0.879***	0.651**	5.264***	0.043	0.147	2.531*
	(3.282)	(2.291)	(5.018)	(0.179)	(0.667)	(1.824)
realGDP_g	-0.407***	-0.406***	0.012	0.001	-0.059	0.011
	(-3.391)	(-3.294)	(0.685)	(0.006)	(-0.541)	(0.417)
CPI	-0.718**	-0.847***	-0.029	0.233	0.559*	-0.009
	(-2.512)	(-2.767)	(-1.127)	(0.675)	(1.725)	(-0.175)
population_g	-67.488***	-61.151***	-0.058**	-7.430	-11.723	-0.020
	(-8.678)	(-7.485)	(-2.523)	(-0.952)	(-1.609)	(-0.628)
unemployment_ex	3.210***	2.864***	0.575***	6.199***	6.228***	0.335***
	(6.062)	(4.551)	(9.401)	(8.834)	(9.609)	(4.335)
SEP	2.559***	2.909***	-0.084	3.190**	3.644***	0.671
	(2.938)	(2.821)	(-0.469)	(2.436)	(3.026)	(1.627)
常数	0.501	0.297	-0.014	74.011***	94.046***	0.001
	(0.029)	(0.016)	(-0.593)	(4.741)	(6.363)	(0.026)
N	303	282	142	90	90	57
R^2	0.378	0.342	0.566	0.789	0.820	0.561
R^2_a	0.312	0.266	0.467	0.763	0.797	0.466
F	23.683	18.698	21.396	42.297	51.424	8.408

从不同类型的 OECD 国家来看，在退休年龄出现回升的国家里，男职工平均退休年龄对青年失业率的影响均显著为负，而女职工平均退休年龄的影响则显著为正。在那些退休年龄一直下降的国家里，结果也是一致的。即男职工平均退休年龄对青年失业率的影响均显著为负，而女职工平均退休年龄的影响则显著为正。这也再次检验，前文所得的结论是稳健的。

第四节 结论

推迟退休年龄是当前我国重要的制度改革，而推迟退休是否会挤出青年就业、增加青年失业率是民众普遍关注，也是争论最为激烈的焦点之一。由于定量证据匮乏，给决策者和广大民众带来很大的困惑和争议。本章利用 27 个 OECD 国 1980—2010 年间的面板数据，实证考察了退休年龄与青年失业率之间的定量关系。数据表明，当 23 个国家的退休年龄延迟时（4 个国家的退休年龄一直在下降），有 18 个国家的青年失业率下降了，只有 5 国家的青年失业率上升了。当 26 个国家的退休年龄提前时，有 20 个国家的青年失业率要高于退休年龄延迟时的青年失业率，只有 6 个国家的青年失业率降低了。这说明，绝大部分国家的退休年龄延迟时，青年失业率降低了，而不是增加；退休年龄降低时，青年失业率增加了，而不是降低。只有少数国家的退休年龄延迟时，青年失业率增加了，退休年龄降低时，青年失业率减少了。进一步运用了水平回归、1 年滞后回归、5 年差分回归的实证结果表明：男职工平均退休年龄与青年失业率之间是显著负相关，男职工平均退休年龄提高后，降低了青年失业率；女职工平均退休年龄与青年失业率之间是显著正相关，女职工平均退休年龄提高后，增加了青年失业率。由于男职工平均退休年龄的影响效应要大于女职工，因此退休年龄提高后，总体上更有可能是没有挤出青年就业，反而降低了青年失业率。分组检验与稳健性检验的结果均表明上述结论同样成立，说明结论是可靠的。

本章的实证结果还表明，一国的经济周期、失业保险制度、就业制度、劳动力结构、人口增长等因素，也是影响青年就业的重要因素。要缓解青年失业问题，更应该从经济周期波动，青年本身的就业观念、教育和技能水平，以及一国的劳动力市场、失业保险制度等主要因素中去寻找对策，而不应将青年失业归咎于退休年龄的变化，归咎于老年职工离开劳动力市场的时间更晚，没有为青年劳动力腾出工作岗位。因为 OECD 国家的经验证据表明，总体上，推迟退休政策不仅延长了职工的平均退休年龄，而且还降低了青年失业率。该政策是应对人口老龄化危机的有效措施之一。

OECD 国家的经验证据是否适用于我国则需要进一步分析。在过去，由于我国劳动力供大于求，就业压力很大，解决青年就业问题是政府的工作重点。这也是广大民众反对推迟退休年龄的主要担忧。近些年，由于人口老龄化、出生率下降，加上我国退休年龄较低、提前退休较为严重，我国的劳动力供给结构发生了转折性的变化。据国家统计局数据，我国15—64岁劳动年龄人口的比重在2011年为74.4%，比上年微降0.10个百分点，出现了首次下降①。这意味着我国的劳动力供给已从过剩向供给平衡乃至短缺转变。目前我国的人口结构与OECD国家推迟退休年龄改革时的基本一致。这意味着，我国推迟退休年龄改革的条件已经逐渐成熟。从解决养老金支付危机的角度来看，推迟退休年龄改革宜早不宜迟。

从OECD国家的经验来看，担心挤出青年就业不应成为反对我国推迟退休年龄的主要理由。但在推迟退休年龄的过程中，要特别注意以下几点：第一，转变青年本身的就业观念，提高其教育和技能水平，增强就业能力和竞争优势；第二，改革我国劳动力市场、就业制度、失业保险制度等不利于促进青年就业的因素；第三，由于女职工与青年之间的就业替代性比较强，因此要特别注意延长女性退休年龄对青年就业的不利影响。第四，虽然推迟退休年龄在总体上能降低青年失业率，但在不同性质岗位、就业部门仍然可能会挤出青年就业。因此，推迟退休年龄的方案应有所差异，不宜一刀切地整齐推进，可以首先考虑在那些替代性较小的工作岗位、就业部门推迟退休年龄，尽量减少对青年就业的不利影响。

---

① 数据来源：统计局：2011劳动年龄人口比重74.4% 2002来首下降［EB/OL］. 中国经济网，2012-01-18.

第十五章

老年人养老金不平等对代际经济交换的影响

——基于联立方程模型①

由于人口红利等原因,在该制度推出后的前30多年参加现收现付(PAYG)养老金制度的职工领取的养老金总额大于缴费总额,是净获益者。但到了20世纪70年代末,由于人口条件改变等原因,后面几代参保人的养老金财富却受损了。这就产生了后几代向前几代的养老金财富转移(Aaron, 1982; World Bank, 1994; Chan and Stevens, 2004; Wolff, 2007; Hanel and Riphahn, 2012)。对于早期几代人的养老金获益,巴罗(1974)指出老人会增加遗产给下一代,或减少后代的经济供养。阿伦(1982)也发现很多老人会有意无意地留下遗产,即使没有遗产留下,也减少了后代的经济支持。贝克尔(1976)则指出当前一代与子孙后代的相对资源的每一种变化,都会被来自遗赠但方向相反的变化所抵消,既不会提高当前一代的实际财富(或消费),也不会减少后代的实际财富(或消费)。赫德(1993)进一步指出这取决于社会保障给付增加的边际消费倾向,当边际消费倾向等于0时,遗赠可以完全抵消掉年轻一代向老人的转移;如果消费倾向等于或大于1,则会抵消一部分。卡巴莱和福斯特(2010)指出社会保障对代际转移的影响在很大程度上也取决于父代的利他主义动机。这些研究说明养老金会进一步影响家庭内部的代际经济交换行为。

问题在于,同一代人的不同人群之间也存在着养老金财富转移,如低收入与高收入、未婚职工与已婚夫妇、长寿者与早逝者,等等(World Bank, 1994; Meyer, 1996; Kotlikoff et al., 2000)。这意味着,尽管早期几代人都会从养老金制度的代际转移中获益,但有的人群获益更多,有的人群则获益较少,二者并不是对等的。考虑到对家庭代际经济交换的影响,养老金赚得多的老人给子孙的会更多或拿得更少,养老金赚得少的老人则给得少或拿得多。

这种差异在中国"碎片化"的养老金制度下可能更为突出。目前,我国一

---

① 原文发表于《社会保障研究》2019年第4期。

些老人还没有养老金（覆盖率约85%①），而有养老金的老人的待遇也很不平等。2017年城乡居民基础养老金月标准为110元，城镇企业职工月均基本养老金约2500元②，而机关事业的退休金是企业退休人员的2—3倍，离休金还会更高③。"干部"很可能将比较多的养老金财富转移给子孙，需要子孙的供养最少。"职工"转移的养老金会少一些，需要的供养则要多一些。但"农民"很可能没有养老金转移，需要子孙的供养最多。

这"一加一减"的影响效应具体有多大？从文献检索的结果来看，目前还少有来自实证研究的经验证据和估计结果。鉴于此，本章利用CLHL最新发布的2014年调查数据实证检验我国养老金制度对家庭代际经济交换的影响效应。边际贡献主要包括：第一，将养老金这种延迟收入纳入代际经济交换的影响因素，而已有研究都盯着工资、奖金、津贴、补贴等当期收入；第二，已有研究往往只考察单向（一加或一减）的代际经济交换，而本章将从双向代际经济交换（一加一减的净值）来考察，并考虑了代际经济交换中可能存在的中介效应，从而更能刻画养老金影响代际经济交换的真实结果、全部面貌。本章研究还可以丰富对我国养老金制度分配效应的考察，不再囿于代际、代内两种分配效应。

第一节 文献回顾

学者们很早就发现中国养老金制度存在的代际财富转移。刘贵平（1999）利用劳动部全国城镇职工养老保险费用数据测算发现，2025年前工资增长率与劳动人口增长率之和大于利率，2025—2035年间"阿伦条件"不再成立，但2035年之后"阿伦条件"又会重新成立。任若恩等（2004）采用代际核算方法分析发现，2002年出生的这一代城镇男性的养老保险缴费为878.7亿元、养老金收入为249.4亿元（是受损者），而2032年这一代男性的养老保险缴费达到最大值200109亿元（最吃亏）；如果不推行机关事业单位养老保险制度改革，则未来代的负担将比现存代高78%—115%，代际不平衡的情况更加严重。何立新（2007）发现在1997年改革方案下，养老保险缴费与待遇基本持平的是2002

---

① 数据来源：2018年6月9号人力资源和社会保障部前副部长胡晓义在中国社会保障学会首届养老金高峰论坛上的讲话。
② 数据来源：人力资源社会保障部2017年公布数据。
③ 去年企业养老金替代率不足机关事业单位一半［N］.新京报，2012-09-14.

年35岁左右那代人（1967年生），而在2005年改革方案下基本持平的是2002年30岁左右那代人（1972年生）。

更突出的问题是"覆盖缺口""碎片化""双轨制"等造成的养老金不平等。李实、赵人伟和高霞（2013）利用CHIP数据测算2002年离休人员养老金比退休人员高71%，党政机关退休金比国企高30%—40%，比集体所有制企业高65%左右；全体离退休人员养老金分配的基尼系数1988年为0.219，1995年为0.274，2007年为0.304，四次调查20年间养老金差距扩大了近40%。侯慧丽和程杰（2015）利用CULS3数据测算发现，相比老年人与年轻人之间的代际养老金差距，退休人口的代内养老金收入差距更为突出，机关事业单位人均退休金为2530元，企业职工平均退休金是1604元，而其他人员的平均退休金为915；除身份之外，地区、退休前的收入和行业也是养老金差距扩大的主要因素。童素娟等（2014）对浙江省的调查发现机关退休金月均5000多元，事业单位月均4000多元，而企业平均为2091元。王亚珂（2011）利用2008年CHARLS数据发现，由于覆盖面较低，养老保险制度没有改变全体居民的财产分布差距，仅对制度内参保人具有再分配效应。李培和刘苓玲（2016）则分析发现养老保险扩面具有明显的收入分配和再分配效应，且再分配效应是累进的。

在同一制度内，王晓军和康博威（2009）使用统计模拟和精算方法，发现城镇企业职工基本养老保险对不同就业类型、收入水平、性别、缴费年限、寿命等人群起到了预期的收入分配作用。张勇（2010）基于终身收入法构建了我国基础养老金精算模型，发现2005年改革后高收入者再分配效应的增量要大于低收入者，降低了养老保险制度在不同收入者之间的再分配效应。许志涛（2014）发现养老保险制度能调节不同所有制企业职工之间的收入分配差距，但不存在地区之间的收入再分配。

可见，我国的养老金不平等，既表现在不同制度的参保人之间（机关事业单位、企业、农民或居民、无养老金者），也包括同一制度下的不同参保群体。同时，类似于发达国家的情形，代与代之间也存在养老金财富转移，同一代不同人群也存在养老金财富转移。

对我国家庭代际经济交换的研究文献比较丰富。郭志刚和陈功（1998）将财富从子女流向老年人定义为供养，而从老年人流向子女定义为抚养，并将净供养定义为供养金额减去抚养金额的差值；他们发现城市从总体上是子女在供养老人，每个老人平均能从子女一代得到净供养53.4元，但男性老人是在抚养子女，净给子女89.78元；农村男女老人都是从子女获得净供养，大约为229.71元。于宁（2007）调查了400名上海退休职工，发现约有30%退休人员的养老金收入被"啃老",用于补贴子女甚至孙子女的生活。此外,中国家庭代际转移还呈现隔代向下的特征,老人给孙辈提供经济帮助也很普遍(江克忠等,2013)。

一些学者也注意到了养老金对代际经济交换的影响。刘西国(2015)检验了养老保险制度是否会"挤入"或"挤出"子女给老人的经济供养。而一些学者则关心养老金是否会影响老人对后代的经济抚养。张航空和孙磊(2011)利用上海市2003年数据估计发现,城市老年人的养老金每增加1元,其向子女提供的经济支持就会增加1.2元。王翌秋和陈青霞(2017)使用2011、2013年CHARLS数据估计发现,领取"新农保"养老金增加了老人对孙子女的经济支持和照料时间。

不难看出,这些研究都只是检验了养老金的单向效应。但由于中国家庭呈现很强的双向代际经济流动特征(费孝通,1982;郭志刚和陈功,1998),如果只考察单向的经济转移将不能反映真实的代际间交换关系(没有研究净效应、净值)。本章将从子孙供养老人、老人抚养子孙两个方向的净值来考察养老金对代际经济交换的影响,并进一步考虑了代际经济交换中存在的中介效应,从而更完整地刻画了养老金影响效应的全貌。

第二节 研究设计

一、数据来源

本节选用了全国老年人口健康状况调查(CLHL)2014年数据。CLHL数据具有广泛的代表性和高质量,是国内研究老年人经济行为最常用的数据库之一。2014年调查了全国23个省,7192人。被访者年龄1%分位数为64岁、5%分位数为70岁,最高年龄117岁,平均85岁,属于高龄老人。该数据也调查了老年人领取的退休金或养老金,以及老人对子孙的经济支持和子孙对老人的经济支持,符合本节研究的数据需求。

二、变量来源

(1)被解释变量。CLHL问卷分别询问"近一年来,您给儿子儿媳、女儿女婿、孙子女(包括同住不同住)提供现金(含实物折合)多少元",还询问"近一年来,您的儿子儿媳、女儿女婿、孙子女(包括同住不同住)给您现金(含实物折合)多少元"。我们将老人给子孙的金额(抚养费)减去子孙给老人的金额(供养费),得到老人给子孙的净转移金额,包括老人给儿子儿媳的净转移金额（net_son）、给女儿女婿的净转移金额（net_dau）、给孙子女的净转移金额（net_grand）。我们还对这3个变量求和，得到老人给子孙的净转移总额（net）。我们将分别使用这4个不同的净值来做被解释变量。

(2) 解释变量。分两步来设定关于养老金的解释变量。

第一步，确认被访老人是否有养老金。被访老人中，有的养老金来自原机关事业单位的退休金制度，有的来自城镇企业职工基本养老保险制度，有的则来自"新农保"或城乡居民养老保险制度。我们设定两种不同的养老金虚拟变量。其一，当老人报告有养老金，设为1；报告没有养老金，设为0。变量名为pension，取值为1的有3805个老人，取值为0的有3251人；其二，采用更严格的确认方式。当老人从任一制度领取有养老金（报告有金额）才设为1，没有领取养老金则为0①。变量名为pension2，取值为1的有2674人，取值为0的有4310人。由此可见，有1131位老人虽然报告说有养老金，但却没有报告具体金额。由于pension2的界定标准比pension更为严格，我们使用pension做基本估计，再使用pension2做稳健性检验。

第二步，确定被访老人的退休前身份，主要从两个方面来认定：第一，CLHL问卷询问："您是否享受离退休制度（指旧制度）？"该问题有3个回答结果"没有、是（职工）、是（干部）"，分别为5583人、1164人和207人，据此确定退休老人的职工（worker）和干部（cadre）身份。第二，CLHL问卷还询问："您是否参加了养老保险制度（含城乡居民）？"回答"是"的老人则根据其60岁之前的职业来确定。如果该老人有养老金（pension=1），且退休前职业为农林牧渔业，则身份确定为农民（farmer），并且每月养老金低于200元的也归入此类。最终领有养老金的农民共1327人（含145个城镇居民）。有养老金且退休前职业为专业技术人员、商业服务业及产业职工、自雇者，有养老金且每月领取金额大于500元的，都归入城镇职工（worker），共1217个。有养老金且退休前职业为机关事业单位、军队的归入干部（cadre），共105人。最后，有养老金但无法归类的25人，设为缺失值。

由此得到解释变量退休身份（retire_type），取值0、1、2、3。在回归时，实际上是将没有养老金（取值为0）的老人作为对照组，而剩余的老人（取值1、2、3）则是有养老金的农民（含居民）farmer、职工worker、干部cadre。

(3) 控制变量。包括：2013年全家总收入（income），取对数；老人的开

---

① 首先将pension赋值为0，如果老人能从任一制度领取有养老金（>0），则设为1；在不同制度下的取值都是缺失值时，pension则设为缺失值。

支决定权（money_decide），取值 1—5，代表"对任何开支都不能做主、只能对自己的开支做主、一些非主要家庭开支由我做主、一些主要家庭开支有我做主、几乎所有家庭开支都是由我做主"；生活质量（life），取值 1—5，代表"很不好—很好"；年龄（age）；性别（gender）；婚姻状况（marry），已婚有配偶=1，其他=0；健康（health），取值 1—5，代表很不好—很好；自付总医疗费用（total），含自付的门诊、住院，并取对数。

三、计量模型

1. 养老金影响老人（给儿孙）净转移额的回归模型

$$net\_son_i = \lambda_0 + \lambda_1 retire\_type_i + \lambda_2 Z_i + \varepsilon_i \tag{15-1}$$

$$net\_dau_i = \lambda_0 + \lambda_1 retire\_type_i + \lambda_2 Z_i + \varepsilon_i \tag{15-2}$$

$$net\_grand_i = \lambda_0 + \lambda_1 retire\_type_i + \lambda_2 Z_i + \varepsilon_i \tag{15-3}$$

$$net_i = \lambda_0 + \lambda_1 retire\_type_i + \lambda_2 Z_i + \varepsilon_i \tag{15-4}$$

方程（15-1）—（15-4）分别选择老人给儿子儿媳净转移额（net_son）、给女儿女婿净转移额（net_dau）、给孙子女净转移额（net_grand）、给子孙净转移总额（net）做被解释变量。retire_type 是有养老金的农民、职工、干部等身份，对照组是无养老金老人。因此，回归系数的含义是相比没有养老金的老人，有养老金的农民、职工和干部经济转移净额的差值。

2. 联立方程模型

我国家庭代际经济交换既有邻代传递，也可能跨代传递（江克忠等，2013）。爷爷在代际经济交换中可能会通盘考虑，与子代的经济交换可能也会影响与孙代之间的转移额，从而产生一定的中介效应。鉴于此，我们进一步使用联立方程模型来检验。如方程（15-5）所示。

$$net\_son_i = \rho_0 + \rho_1 retire\_type_i + \gamma_1 Z_i + \varphi_i$$

$$net\_dau_i = \delta_0 + \delta_1 retire\_type_i + \gamma_2 Z_i + \zeta_i$$

$$net\_grand_i = \lambda_0 + \lambda_1 retire\_type_i + \lambda_2 net\_son_i + \lambda_3 net\_dau_i + \gamma_3 Z_i + \varepsilon_i$$

$$\tag{15-5}$$

方程（15-5）中，被解释变量为净转移额。退休身份 retire_type 既直接影响老人给儿子儿媳的转移额（net_son）、给女儿女婿转移额（net_dau）和给孙子女转移额（net_grand），并且可能间接影响与孙子女之间的净转移额。

第三节 实证结果分析

一、描述性统计结果

表 15-1 描述性统计结果

变量	变量符号	N	mean	sd	min	max
有养老金	pension	6485	0.412	0.490	0	1
养老金给付额	benefit	2681	1340	1474	0	10000
净给儿子儿媳	net_son	5598	-974.5	4211	-80000	80000
净给女儿女婿	net_dau	5472	-788.9	2501	-40000	38000
净给孙子女	net_grand	5588	1.750	2704	-65000	60000
净转移额	net	5274	-1769	6497	-89000	99700
家庭收入	income_f	5941	23794	21877	0	99988
财务决定权	mone_decide	6477	2.920	1.470	1	5
生活质量	life	6577	3.800	0.790	1	5
年龄	age	7192	85.32	10.77	47	117
性别	gender	7192	0.460	0.500	0	1
婚姻	marry	6986	0.400	0.490	0	1
健康	health	6572	3.360	0.880	1	5
自付医药费	total	3445	3029	7240	0	150000

表 15-1 中，有养老金的占 41.2%，没有养老金的占 58.8%。老人领取的养老金月平均为 1340 元。其中"农民"爷爷的养老金平均为 320 元，"职工"爷爷的养老金平均为 2289 元，而"干部"爷爷的养老金平均为 3499。"干部"爷爷的养老金是"职工"爷爷的 1.5 倍，是"农民"爷爷的 10.9 倍。可见，同一代的不同老人领取的养老金存在很大差异。从图 15-1、15-2、15-3 的直方图及正态分布曲线也可以看出，不同老人养老金的频数、均值以及偏度、峰度等分布特征存在明显差异。

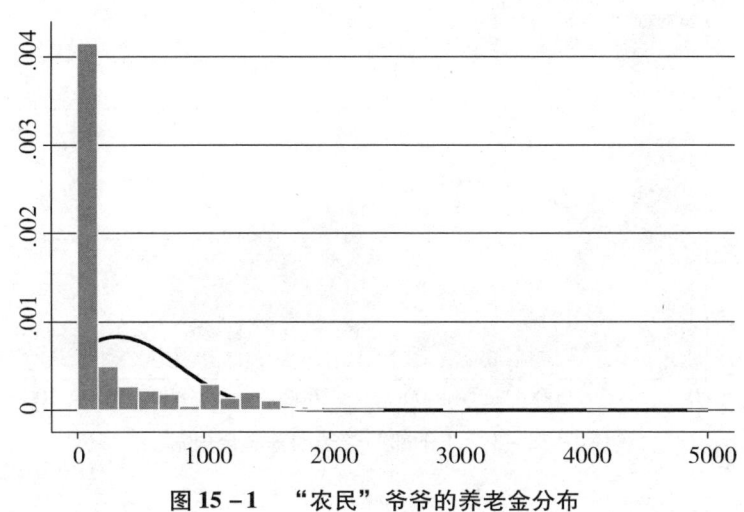

图 15−1 "农民"爷爷的养老金分布

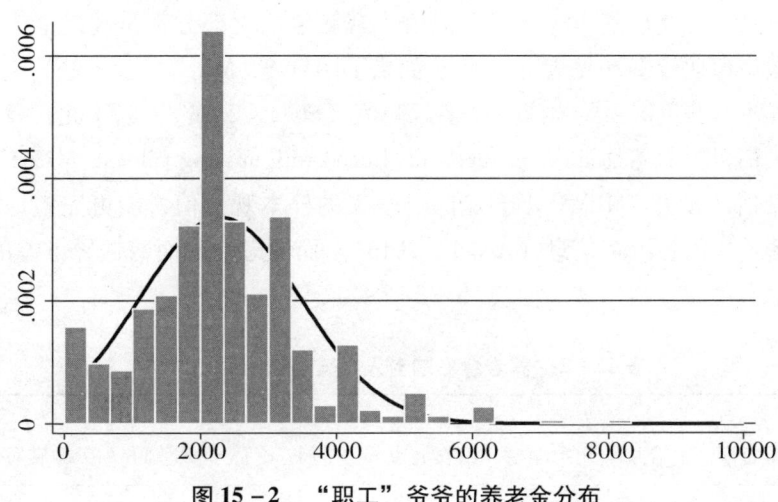

图 15−2 "职工"爷爷的养老金分布

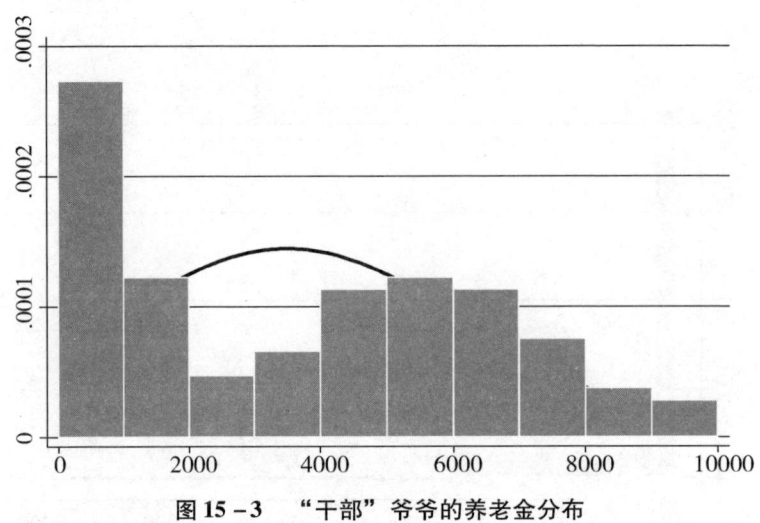

图15-3 "干部"爷爷的养老金分布

二、回归模型估计结果

1. 养老金对净转移额的影响

尽管被解释变量是连续变量,但由于观测值绝大部分都是高龄老人,回答结果的缺失值比较多(见表15-1)。如果采用OLS、ML等估计方法,会删除有缺失的样本观测值①,导致损失过多观测值(Stata,2013)。鉴于此,我们选择保留缺失值极大似然估计(maximum likelihood with missing values,MLMV)这种完全信息估计方法。MLMV不会删除有缺失的样本观测值,能更完整地提取出样本观测值中的各阶矩信息(Acock,2013)。而考虑到截面数据异方差的影响,采用稳健标准误。估计结果如表15-2所示:

表15-2 养老金影响老人净转移额的回归结果

回归方程 被解释变量	(1) 给儿子儿媳净额	(2) 给女儿女婿净额	(3) 给孙子女净额	(4) 净转移总额
无养老金者	-347.67*	-36.20	-21.06	-302.53
	(-1.84)	(-0.31)	(-0.48)	(-1.03)
农民*养老金	94.00	6.29	51.72	202.38
	(0.69)	(0.08)	(0.98)	(0.97)

---

① 对缺失值,OLS、ML的处理办法是删除有缺失值的个案(listwise deletion 或 pairwise deletion)。

续表

回归方程 被解释变量	（1） 给儿子儿媳净额	（2） 给女儿女婿净额	（3） 给孙子女净额	（4） 净转移总额
职工 * 养老金	1375.34***	507.44***	416.08***	2240.62***
	(5.52)	(3.20)	(4.04)	(5.61)
干部 * 养老金	2187.74***	669.72**	2332.52***	3670.29***
	(3.09)	(2.28)	(2.90)	(3.31)
年龄	8.13	-2.79	5.24	-4.65
	(1.35)	(-0.58)	(1.21)	(-0.36)
性别	104.20	52.40	-161.53**	19.39
	(0.68)	(0.58)	(-2.47)	(0.09)
教育	22.50	-10.11	49.53**	86.42
	(0.75)	(-0.44)	(2.43)	(1.60)
财务决定权	58.10	-30.69	98.98***	70.04
	(1.30)	(-0.95)	(4.30)	(0.86)
家庭收入	-46.59	-99.32***	153.79***	-123.64
	(-0.75)	(-2.97)	(4.23)	(-1.21)
自付医药费	-59.93	-40.09	0.81	-106.37
	(-1.08)	(-1.30)	(0.03)	(-1.14)
生活质量	-86.29	-11.46	134.81***	4.45
	(-0.92)	(-0.21)	(3.11)	(0.03)
婚姻	-225.32	-200.99**	235.07***	-219.71
	(-1.52)	(-2.53)	(3.29)	(-0.99)
健康	32.73	7.01	-22.17	44.22
	(0.40)	(0.16)	(-0.67)	(0.35)
常数	-678.04	794.48	-2470.43***	-165.60
	(-0.77)	(1.12)	(-4.02)	(-0.09)
N	7192	7192	7192	7192
ll	-152265.62	-146223.59	-150509.69	-151364.86
R^2	0.015	0.008	0.04	0.026

注：估计方法为 MLMV、稳健标准误，括号内是 z 值，* $p<0.1$，** $p<0.05$，*** $p<0.01$。

从表 15-2 回归结果来看，农民交互项（farmer * pension）回归系数在方程（1）—（4）中也都为正，但都不显著，说明相比没有养老金的对照组老人，有养老金的农民（含城市居民）在给子孙后代的净转移额上并没有显著差异。这是因为目前我国城乡居民的养老金水平还比较低。职工交互项（worker * pension）回归系数都在 1% 水平显著为正，说明相比没有养老金的基准组老人，有养老金的"职工"爷爷给子孙后代的净转移额会显著更高，转给儿子儿媳的净额显著更高 1375.34 元/年，转给女儿女婿的显著更高 507.44 元/年，转给孙子女的显著更高 416.08 元/年，而净转移总额显著更多 2240.62 元/年。干部交互项（cadre * pension）回归系数也都在 1% 或 5% 水平显著为正，说明相比没有养老金的基准组老人，有养老金的"干部"爷爷给子孙后代的净转移额也会显著更高，转给儿子儿媳的显著更高 2187.74 元/年，转给女儿女婿的显著更高 669.72 元/年，转给孙子女的显著更高 2332.52 元/年，而净转移总额会显著更多出 3670.29 元/年。并且"干部"爷爷给子孙的净转移额要多于"职工"爷爷的净转移金额。

实证结果说明退休职工、退休干部由于经济状况更好，给子孙的更多，向子孙索取的更少，从而使净转移额相比"无养老金爷爷"及"农民爷爷"更高。这也意味着我国的养老金不平等既会调节老人给子孙的抚养费，也会调节子孙给老人的供养费，从两个方向显著影响代际经济交换。可见，我们不能只从单一方向考察养老金对代际经济交换的影响。

三、稳健性检验

1. 更换解释变量

本部分将使用养老金资格界定更为严格的 pension2（不仅回答"有"，还要报告具体金额），与退休身份构造交互项做解释变量，包括 farmer * pension2、worker * pension2、cadre * pension2。参数估计方法仍采用保留缺失值极大似然估计 MLMV，也采用稳健标准误（robust）。估计结果如表 15-3 所示：

表 15-3 养老金影响老人净转移额的稳健性检验结果

方程	(5)	(6)	(7)	(8)
被解释变量	给儿子儿媳净额	给女儿女婿净额	给孙子女净额	净转移总额
无养老金者	-219.72*	7.33	43.90	-143.39
	(-1.87)	(0.09)	(0.85)	(-0.74)
农民 * pension2	18.78	-14.90	88.24	115.21
	(0.12)	(-0.17)	(1.06)	(0.51)

续表

方程	(5)	(6)	(7)	(8)
被解释变量	给儿子儿媳净额	给女儿女婿净额	给孙子女净额	净转移总额
职工 * pension2	1307.58***	479.06***	562.30***	2220.18***
	(6.20)	(3.31)	(4.80)	(6.35)
干部 * pension2	3746.57***	1185.24***	2474.16***	6651.29***
	(3.21)	(3.25)	(2.85)	(3.71)
控制变量	是	是	是	是
常数	-218.93	956.77	129.42	773.26
	(-0.26)	(1.36)	(0.15)	(0.44)
N	7192	7192	7192	7192
ll	152273.52	-148225.61	-149627.50	-151368.30
R^2	0.021	0.01	0.046	0.033

注：括号内是 z 值，* $p<0.1$，** $p<0.05$，*** $p<0.01$。

相比表 15-2 的结果，表 15-3 中核心解释变量（worker * pension2、cadre * pension2）回归系数的方向并未改变，但显著性变得更高（都在 1% 水平显著），而对净转移额的回归系数也变得更大。尤其是对"干部"群体，养老金影响代际经济净转移的金额变得更大。这可归功于资格界定更为严格的 pension2 将一部分只报告有养老金但却并未报告金额的观测值排除在外了总体而言，使用了更严格的养老金资格界定标准 pension2 之后，模型的估计结果仍保持稳健。

2. 联立方程模型估计结果

老人在代际经济交换时可能会通盘考虑。例如，老人将养老金转给儿子儿媳或女儿女婿之后，可能还会进一步考虑与孙子女之间的经济交换额。这里就会存在一定的中介效应。故我们使用中介效应模型来进行检验。估计结果如图 15-4 所示。

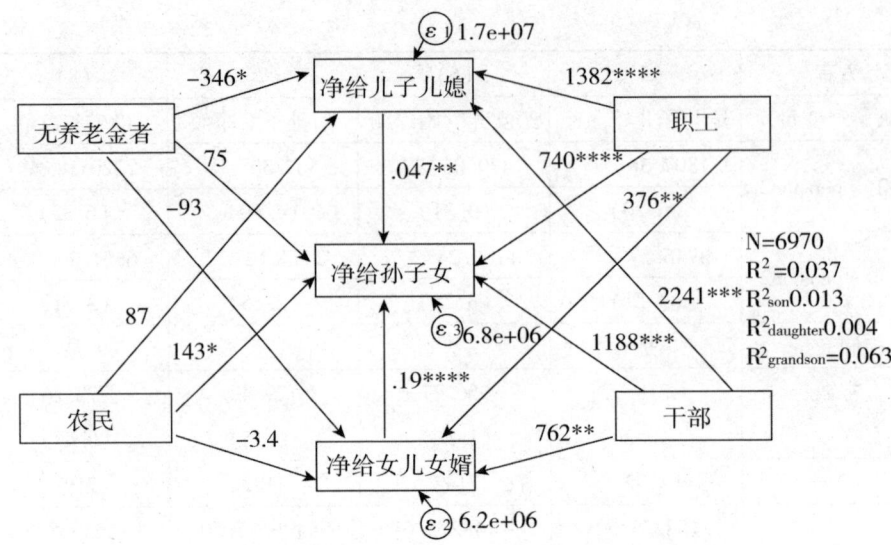

图 15-4　养老金影响老年人净转移额的路径模型

注：控制变量同表 15-2、表 15-3；* p<0.1，** p<0.05，*** p<0.01，**** p<0.001。

从图 15-4 的估计结果来看，一个回归系数为 0.047，在 5% 水平显著；另一个回归系数为 0.19，在 0.1% 水平显著。这说明养老金不平等既会直接影响老人与子代、老人与孙代之间的净转移额，而与子代的交换结果也会影响其与孙代之间的经济交换。表 15-4 归纳了该中介效应模型的估计结果。对照组仍为没有养老金的老人。

表 15-4　养老金身份对代际经济转移净额的影响效应

效应分解		直接效应	间接效应	总效应
儿子儿媳	农民	87		87
	职工	1382****		1382****
	干部	2241***		2241***
女儿女婿	农民	-3		-3
	职工	376**		376**
	干部	762**		762**

续表

效应分解		直接效应	间接效应	总效应
孙子	农民	143*	3	146*
	职工	740****	138***	878****
	干部	1188***	254**	1442***

注：* $p<0.1$，** $p<0.05$，*** $p<0.01$，**** $p<0.001$。

表15-4中，相比没有养老金的爷爷，有养老金的农民爷爷给孙子女的直接效应显著多出143元，间接效应是3元，净转移总额是146元。职工爷爷给孙子女的直接效应是显著多出740元，间接效应是138元，净转移总额是878元。而干部爷爷给孙子女的直接效应是显著多出1188元，间接效应是254元，净转移总额是1442元。把给儿子儿媳、女儿女婿、孙子女三项加起来，得到退休职工、退休干部的净转移额分别多出2636元/年、4445元/年。

此外，从表15-4也可以看出：第一，从养老金影响代际经济转移净额来看，干部＞职工＞农民，而农民与无养老金者的差异不显著；第二，不管老人是农民、职工或干部，都是转给儿子儿媳最多，其次为孙子女，而转给女儿女婿的最少。实际上，"农民"爷爷在一定数量上可能还需要女儿女婿的支持或赡养（净转移额为负）。

第四节 结论

覆盖面缺口、"碎片化""双轨制"是中国养老金制度的典型特征。老人按"农民""职工""干部"不同身份领取的养老金待遇差异可达数倍，甚至10倍以上。考虑到中国非常强的家庭代际经济交换行为，代内的养老金不平等很可能会影响代际经济转移。这在以往研究中还未引起足够的重视，尚缺乏基础的检验和估计。

本章基于中国老年人口健康状况调查（CLHLS）2014年数据，从净转移额（抚养费—供养费）进行估计的结果显示，与没有养老金的老人相比，城乡居民的转移净额差异并不大，但退休职工、退休干部给予子孙的更多，而向子孙索取的更少，净转移额分别多出2241元/年、3670元/年。进一步考虑代际经济交换中的中介效应，估计结果显示间接效应是显著的。此时，退休职工、退休干部的净转移额分别多出 2636 元/年、4445 元/年。

以往学者们在研究收入分配时往往盯着工资、奖金、津贴、补贴等当期收入，而不太关注养老金这种退休后的延迟收入。本章实证结果显示，中国养老金的代内不平等不仅拉大了老年人各群体之间的收入差距，当进一步考虑代际经济交换时，还会传递下去，拉大子孙代之间的收入差距。养老金引发的代际转移差异使得整个制度在分配上具有较强的累退性。这种逆向分配效应比较隐蔽，没有引起足够的重视，会给测量我国收入分配带来一定的误差。根据本章估计结果，以数据所在的 2014 年为例，仅仅由于爷爷退休身份不同从而领取的养老金不同，其子孙获得的经济净转移额每年会多出 2636 元、4445 元，分别占当年城镇居民人均可支配收入 31195 元的 8.5% 和 14.2%[①]。由此给我国收入分配带来的影响是不容忽视的。

要缩小这种收入差距，第一，要尽早实现我国基本养老金制度的全覆盖，让所有老年人都有一份养老金；第二，尽早完成城乡居民养老保险制度合并，实现城镇机关事业单位与企业职工养老保险制度的并轨；第三，降低机关事业单位退休金的年度增速，逐步缩小企业退休职工与之的养老金差距，大幅提高城乡居民的养老金水平；第四，通过超额收入税、赠予税、遗产税等税收手段调节过高的养老金收入，并对过低的养老金收入进行补差（确保最低给付额）。

[①] 数据来源：国家统计局，《2015 年国民经济和社会发展统计公报》。

主要结论与研究展望

自1999年我国进入老龄社会以来,至今已有20余年。近10年来,老年人口比重在以每年0.3%、0.4%、0.6%的加速度增加。截至2019年底,我国60岁以上人口已有2.54亿人,65岁以上人口有1.76亿,各占总人口的18.1%和12.6%。30年后,即到21世纪中叶,老年人口预计将达到4.37亿人,超过总人口的1/3以上。在人口老龄化不断加深的背景下,未来经济将是老龄经济。相应地,探讨和研究老年经济行为、经济决策、经济影响等问题的老年经济学将会是经济学发展的一个重要方向。

通过本书的退休决策、老年人经济状况与生活质量、养老支出健康绩效、老年人就业、代际经济关系等五个部分的研究和探讨,基于研究内容和经验证据,我们可以得出九个主要结论,并相应提出一些研究展望。

一、关于退休的基本事实

有一种观点认为,如果一个人还没有想到、没有考虑退休问题,则他(她)还没有觉得自己老了。从欧美国家的退休制度及改革实践可以看出退休制度的一些要点。

1. 退休决策具有异质性、时变性

退休是每个劳动者都要做出的抉择,或达到法定年龄正常退休,或提前退休,或延迟退休。由于养老金待遇、健康、教育、家庭、工作、偏好等因素各有不同,每个职工基于个人终生效用最大化的最优退休年龄会有很大差别。虽然大多数工业国家都规定了法定退休年龄,但在劳动者退休之前,无法知道其真实偏好及最终抉择。很多时候,职工也不能确定自身的退休倾向。很多职工都是到临近退休的几年才真正开始考虑退休问题。并且这种决策往往会因为一些意外事件、外部冲击而改变,如意外支出、子女负担、工作变动,等等。退休决策具有异质性、千人千面,并具有时变性,越年轻与最后的退休选择之间的差异就越大。

2. 法定退休年龄可以不同于养老金领取年龄、不等于实际退休年龄

"退休"存在多种定义：终止工作或不再寻找工作、终止全职工作、工作时间少于一定数量、领取养老金或社会保障、职工自己认为已经退休，等等（Montalto, Yuh and Hanna, 2000）。其中，最常使用的概念是"停止全职工作"（Diamond and Hausman, 1984; Sickles and Taubman, 1986）。而在退休制度实务中，有三个年龄特别重要：法定退休年龄（normal retirement age）、养老金领取年龄（pensionable age）和实际退休年龄（real retirement age）。

各国政府通常规定一个法定退休年龄。目前大多数工业国家为65岁。在弹性退休制度下，法定退休年龄是一个职工可以领取全额养老金的年龄。但法定退休年龄并不必然等于领取养老金年龄。职工可以在法定退休年龄之前（削减养老金作为惩罚），或之后（进行养老金奖励）领取养老金。从前文所述的改革实践来看，工业发达国家较少降低法定退休年龄，而是降低养老金领取年龄（降低法定退休年龄是一个法律问题，降低养老金领取年龄更多是一个行政问题）。在强制退休制度下，法定退休年龄与养老金领取年龄被紧密联系在一起，延迟法定退休年龄就会同时推迟职工的养老金领取年龄。尽管如此，在强制退休国家，依然有一些可以提前或延迟退休的"特殊通道"。例如，我国的"病退""内退""特殊工种"等提前退休方式。

不管是弹性退休还是强制退休，职工在考虑退休年龄时，都会把本国的法定退休年龄作为主要参照，但也会考虑其他因素。历史上，一国政府也通常根据人口结构、就业形势等因素主动地调整养老金政策，激励职工尽早或延迟退休。在这些因素综合作用下，法定退休年龄与实际退休年龄之间往往不一致，只是选择在法定年龄退休的职工相对更多。

3. 推迟法定退休年龄的最终目的在于延迟实际退休年龄，但实际效果可能差强人意

20世纪90年代中期，OECD国家鼓励职工推迟退休，并取消或惩罚提前退休。根据OECD数据库显示，从其效果来看，男性职工的实际平均退休年龄开始回升，5年移动平均值从1999—2004年的63.1岁提升到2013—2018年的65.4岁，20年间回升了2.3岁；女职工从1996—2001年的61岁回升到2013—2018年的63.7岁，20年间回升了2.7岁。可见，延迟法定退休年龄并不是目的，只是手段和工具，真正落地的是职工的实际退休年龄。而推迟法定退休年龄的实际效果较为渐进、缓慢，并非立竿见影、百治百效。

4. 延迟职工实际退休年龄的主要抓手在于提高老年职工的就业意愿和能力

推迟法定退休年龄，只是延迟实际退休年龄的一种间接办法。关键在于如

何更直接、有效地提升老年职工的就业意愿和能力，赋予其一定的就业灵活度，延长老年职工的实际就业时间，相应就提高了职工的实际退休年龄。即使部分职工选择一边领取养老金一边继续就业，但通过扩大就业规模、提高人力资本总量、增加国民产出等途径，促进经济社会发展，就能从宏观层面改善养老金支付压力。问题的核心在于如何鼓励、支持老年职工就业，涉及劳动技能培训、就业支持条件、奖励性政策、劳动权益保障等方面。

二、对我国退休制度改革的几点认识

目前我国是世界上实际退休年龄最低的国家之一。2015 年城镇男职工平均退休年龄为 58.7 岁，女职工为 52.9 岁[1]，远低于 OECD 国家的男性 65.4 岁、女性 63.7 岁，也低于其他"金砖国家"。早在 2008 年，我国就开始考虑延迟职工退休年龄。2013 年，党的十八届三中全会提出"研究制定渐进式延迟退休年龄政策"[2]。这是党中央重要文件第一次明确提及延迟退休年龄。2014 年 3 月，原人力资源和社会保障部部长尹蔚民表示，我国将在 2020 年前推出渐进式的延长退休年龄方案（根据参保人出生年份相应推迟其退休年龄，最终实现男女职工 65 岁退休）。[3] 2017 年 7 月，《人力资源和社会保障事业发展"十三五"规划纲要》明确提出要在"十三五"期间制定出台渐进式延迟退休年龄方案。按此规划，2020 年将是相关政策出台的最后时限。在此，有必要厘清关于我国职工退休和退休相关制度的基本认识。

1. 我国职工的实际退休年龄呈下降趋势

尽管我国法定退休年龄未曾变化，但职工的实际退休年龄呈下降趋势。根据 2015 年的第四次中国城乡老年人生活状况调查，85 岁以上、80—84 岁、75—79 岁、70—74 岁、65—69 岁、60—65 岁的平均退休年龄分别为 58.26 岁、56.82 岁、56.44 岁、56.2 岁、55.67 岁。男女职工的实际平均退休年龄都处于下降趋势。其中，男性职工的平均退休年龄从 59.57 岁下降到 58.58 岁，下降较为平缓；女职工退休年龄下降趋势更为明显，从 56.58 岁降至 51.58 岁。男女职工实际平均退休年龄的差距越来越大。

2. 并非所有职工反对延迟退休

目前，反对延迟退休的调查主要来自网络，其结果未必完全代表民意。公

---

[1] 全国老龄办. 第四次中国城乡老年人生活状况抽样调查总数据集 [M]. 北京：华龄出版社，2018.
[2] 中共中央关于全面深化改革若干重大问题的决定 [EB/OL]. 人民网，2013 – 11 – 15.
[3] 延迟退休方案 2020 年前肯定出台 [EB/OL]. 人民网，2014 – 03 – 10.

众在延迟退休问题中的多数认知,往往缺乏准确判断,夹杂着很多"非理性质疑"的政策情绪。他们往往不是真正反对延迟退休政策,而是在反对与之相关的"养老金出现缺口、入不敷出""延迟退休导致就业挤出效应""个人养老金财富受损"等问题(林毓铭、刘冀楠,2016)。

当变换调查方式时,统计结果将出现较大差异。一项对53人的现场、网络和电话调查结果显示,在19名小于40岁的调查者中,16人明确反对"延迟退休",他们也普遍期盼"父母不要晚退休";但在40岁以上的34人中,8人反对"延迟退休"、17人认为"无所谓,早退晚退都可以"、9人希望"能晚退休"(其中有8人担任"一定职务")。① 这说明职工的退休意愿会因年龄、职务等变化而改变。搜狐网收集到的300份问卷调查结果显示,有64.44%的被访者反对延迟退休,而有24.65%的同意延迟退休。② 2013年人民网联合专业第三方调研机构——清研咨询、优数咨询所做的一项问卷调查显示,受访的1062人中反对延迟退休的占68.6%,无所谓的占4.4%,而支持的占27%。③ 我们使用潜类别模型对中国劳动力动态调查(CLDS)2014年数据的6112个被访者进行识别归类。被解释变量"退休"为分类型潜变量,估计之后,非延迟退休者(含提前、正常)占62.04%,而延迟退休者占37.95%(阳义南、肖建华,2018)。这说明网络调查结果存在较大偏差。相比网络调查,现场调查、电话调查、问卷调查等方式,尤其是大样本随机抽样得到的延迟退休反对比例要少得多。

3. 延迟退休不一定减少养老金财富

有研究表明,对大多数人而言,延迟退休可增加总财富,延迟退休年龄越大,总财富增加越多;对收入较低者而言,延迟退休带来的总财富增加较少。延迟1年退休只会导致7%的男性和4%的女性总财富下降(封进,2017)。我们构建了职工个人养老金财富的期望现值精算模型。基于参数假定的数值模拟结果表明:职工个人的基本养老金财富是关于其退休年龄的倒U型曲线。推迟退休既可能减少但也可能增加养老金财富,主要取决于职工性别和参保年龄。推迟退休会减少32岁之前参保男性职工的养老金财富,但可以增加32岁之后参保男性职工的养老金财富,以及所有女性职工的养老金财富(阳义南、曾燕、瞿婷婷,2014)。由此可知,所谓"退休越晚,养老金财富越少"的判断并不准

---

① 延迟退休调查:赞成者大多"有一定职务"[EB/OL]. 人民网,2017-04-23.
② 中国延迟退休调查报告:延迟退休,你准备好了吗?[EB/OL]. 搜狐网,2017-06-26.
③ 近七成受访者反对延迟退休 73.5%支持弹性退休[EB/OL]. 人民网,2013-11-01.

确。推迟不同性别职工的法定退休年龄需要分类具体探讨。

4. 延迟退休究竟是个什么问题

工作年限缩短是一个全球现象。技术进步、生产自动化，使得劳动力就业时间在近现代几百年里一直在缩短。让职工享受更多闲暇，提高生活水平和生命福祉，本身就是经济社会发展的最终目的。既然如此，我们必须思考为什么要延迟退休？为什么要让民众（职工）工作得更久？实际上，目前关于延迟退休年龄的原因和理由并不清楚。甚至我们并未认清延迟退休年龄的本质。笔者认为，延迟退休本质上是两个问题：老年人健康问题、老年人就业问题。

延长退休年龄首先是一个健康问题。人均预期寿命延长构成延长工作年限的理由吗？很显然，人均预期寿命延长只是延长工作年限的基础和必要条件，不是充分条件。况且目前并没有充足证据表明，延长的预期寿命都是健康的预期寿命。延迟退休需要尊重职工健康条件。

延长工作年限也是一个就业问题，取决于职工的就业意愿、就业能力和企业的用人需求，是一个劳动力市场均衡问题。《2002年马德里国际老龄行动计划》提出"只要老年人有工作能力，应该允许他们想工作多少年都可以"，但如果强制生理健康状况较差、社会参与能力较差的人群延迟退休，使其无法及时获得养老金、照护等基本公共资源，就有可能错失机能恢复或改善的机会，造成生理状况的进一步恶化（WHO，2016）。如果不顾职工的就业意愿和企业的实际用人需求，不仅会损害职工的效用、福祉，也会影响企业的生产效率和市场竞争力、长远发展。现实中，企业往往采用养老金奖励、退职费等方式诱导老年职工尽早退休，而不是相反。尤其是正规就业部门。

当前提出延长工作年限的主要考虑是因为养老保险基金受到老龄化冲击，存在财务赤字危机。这显然主要是一个财务问题，更多的应采用财务手段去解决。如实现养老保险基金的精算平衡、提高投资收益率、注入战略储备资金、划拨国有资产、提高资金使用效率（如全国统筹），等等。事实上，经济学家的研究已经表明，解决这个问题主要依靠技术进步、提高生产效率、制度革新等宏观经济手段，即"做大蛋糕"才是治本之策。

故而，除非万不得已、别无他策，我们不宜使用老人劳动力延迟退休的"健康问题""就业问题"去解决养老基金赤字这个"财务问题"。就业问题就用就业的办法去解决，财务问题宜以财务手段去化解。否则，用A问题去解决B问题（前文已指出，延迟法定退休年龄能推迟实际退休年龄的效果是有限的），继而还会带来C问题、D问题……

三、消除基本养老保险制度的扭曲性激励

从前文研究不难知道,当下的"一刀切"强制退休或将要试行的"分刀切"渐进式延迟退休,都缺乏合理性。而由于现有的基本养老保险制度存在诱导尽早退休的收益激励,强制延长法定退休年龄将遭到广大职工的强烈反对。因此,我国延迟退休改革不能简单地依靠行政命令强制推动。推动退休制度改革、实现职工延迟退休,应主要依托发挥养老保险制度的经济激励作用,需要基本养老保险制度的配套改革先行。具体可分为三步。

第一步,消除基本养老保险制度对提前退休的诱导性激励,否则延迟退休将很难推进。待遇计发公式要实现职工实际退休年龄的精算平衡,避免提前退休者获得更多的养老金,同时确保延迟退休者避免不必要的养老金损失,使养老金制度对职工退休行为的影响保持"中性"。这样,职工才会根据其他因素而不是获得养老金的多少,考虑自身退休年龄。

第二步,精算平衡的计发公式具体可设计为:将最早参保年龄对应的最优养老金财富(养老金收入减去养老保险缴费的期望净现值)年龄,设定为等于法定退休年龄。例如,18岁参保、符合连续工龄对应的最优养老金财富年龄为60岁,19岁参保对应61岁,20岁参保对应62岁,以此类推。不同年代职工的年龄间隔则可以参考其健康预期寿命。由此激励不同参保年龄职工为获取尽可能多的养老金财富而自愿推迟退休。这样既符合职工的切身利益,也有助于实现延迟退休的目标。这里将养老金制度作为诱导职工延迟退休的经济手段,而不是强制手段。

第三步,在最低退休年龄基础上实行弹性退休制度,允许职工根据个人特点和意愿自主选择退休年龄。但要把法定退休年龄60岁作为弹性退休年龄窗口的最低年龄,并将各个年龄参保的最优养老金财富年龄设置为晚于60岁。在此基础上,职工可以选择提前退休(但不能早于60岁),或延迟退休。由于实现了精算平衡,提前退休者不能"多赚"养老金或拿不到最优养老金财富,而延迟退休者既能"赚取"更多养老金,又能满足继续工作的就业意愿。

四、老人健康是必要条件,关键在于提升就业意愿和就业能力

老人健康是延长退休年龄的前提和基础。延长法定退休年龄只是延长实际退休年龄的办法之一,关键在于提升老年职工的就业意愿和能力。当前我国老年人口的年龄结构比较年轻,低龄老人占大多数。据统计,2018年末我国60岁以上人口24949万人,65岁以上人口16658万人,可知60—65岁低龄老年人口

为8291万。① 加上在60岁之前的低龄退休职工,我国可供开发的老年人力资源初步估计超过1亿人。因此,未来10年将是我国利用和开发低龄老年人口红利的最好机会,应及时抓住老年人力资源开发的黄金期,提高总体就业率。我国应践行"健康老龄化"和"积极老龄化"理念,做好"健康、参与、保障"三方面工作,积极鼓励和支持老年人"老有所学"和"老有所为",确保老年职工"能就业、想就业、就得了业"。只要能提升职工健康水平、延长健康预期寿命,同时提高老年职工就业能力、增强就业意愿,不仅能遏制实际退休年龄不断降低的趋势,还可以真正向后推迟退休年龄。

2019年11月,中共中央国务院印发的《国家积极应对人口老龄化中长期规划》明确将改善人口老龄化背景下的劳动力有效供给作为具体工作任务,要求构建老有所学的终身学习体系,实现更高质量和更加充分就业。② 目前来看,我国还需加强以下方面建设:建立老年人力资源库,制定老年人力资源开发计划和管理办法,为老年职工提供继续教育和职业技能培训,发展针对老年人口就业的就业中介,并完善相关劳动立法,明确保护老年职工就业的劳动关系和合法权益,等等。

五、优化养老支出结构,提升健康绩效

健康是重要的个人财富,是老人就业、社会参与、生活质量等的基础和必要条件。健康也是老龄化问题的命脉,解决健康问题就能基本化解老龄化负面影响(邬沧萍、姜向群,1996;李婷,2015)。而老人健康在很大程度上取决于养老服务、医疗服务、照护服务等支持性体系。随着我国老龄化程度的不断加深,养、护、医三项支出都在急剧上涨,资金压力不断攀升。三个项目中,我国长期把保障老年人健康的资源配置重心放在"医"上,寄希望于"以医促养"。其标志性事件就是前十年的"旧医改",以及近十年的"新医改"。"健康中国"在很大程度上被引入了"医疗中国"的运行轨迹。但事实证明,以疾病治疗为核心的健康保障体系虽耗费了较多的医疗资源和医药费用,但对提高健康水平并不理想,甚至存在较为普遍的过度医疗、无效医疗问题,影响了我国老年人医疗费用支出效益。

本书第三部分的系列研究表明,养、护、医三者对提升老年人健康水平具

---

① 国家统计局.2018年国民经济和社会发展统计公报[EB/OL].中国政府网,2019-02-28.
② 中共中央国务院印发国家积极应对人口老龄化中长期规划[N].人民日报,2019-11-22.

有独特的作用规律,其路径、效果差异较大:

第一,相比医疗支出,养老支出具有更正面、积极的健康促进作用。养老支出还能通过多种途径提高主观健康和增进生理健康。但医疗支出与主观健康呈负相关关系,对减缓患小病、重病和慢性病也没有显著的贡献。

第二,相比医疗支出,照护支出有助于提高老年人的生活质量、生活自理能力,进而形成一种良性循环。照护支出还能降低老人的小病发病率、患重病次数、患慢性病种类数。

第三,养老支出与自付医疗支出呈倒 U 型关系。养老金低于拐点值时,自付医疗支出随养老金增加而增加,但超过拐点值后,自付医疗支出则会趋于下降。而照护支出与自付医疗支出呈 U 型关系,即照护支出低于拐点值时,照护支出投入的边际效果明显,能够降低自付医疗支出。这说明提高养老保障支出的经济绩效,首先要保障较高的养老金水平,使老年人有余力改善生活条件,从而改善自己的身体状况;提高养老金水平还能促进老年人对照护服务的购买和支付能力。同时,提早照护服务的投入时期,从日常的生活照料和身体保健入手,更好地改善老年人的身体状况。

可见,以往对"以医促养"的认识有失偏颇。"医"并不能促"养",其健康绩效最多限于"以医保养""以医助养"。老年健康保障不能再以"医"当先,而是以"养、护"为重,做到"以养促养""以护促养",最终实现"以养节医",从而打破传统健康老龄化治理模式的低效乃至无效困境。因此,厘顺进而遵从养、护、医的健康促进路径,优化结构,提高养老资源的配置和使用效率。我国应逐步转向依托养老金、照护等方式,有效提高老年人的生活质量和生活自理能力的美好生活保障体系。

第一,"养要好"。调整优化养老支出结构,将更多养老资源以养老金的形式分配给国民,提高老年人对养老服务、健康资本投入的支付意愿和购买能力,扩大消费自由度和自主权。鉴于不少老人的养老金不愿花、不敢花、不会花,要进一步拓宽养老金促进老年人健康的途径,丰富和完善养老服务体系和产品线,提升养老服务的专业化水平。为更大程度发挥养老金的健康绩效,发挥出"预防为主"、健康管理的更大作用,可以考虑将养老金支付方式从现在的递增型生存年金改为递减型生存年金。将养老金支付的大头在老年期的早期进行投放,购买养老服务和健康服务,增强老人身体健康和生活自理能力,从而在根本上改变目前的事后疾病治疗模式。事实表明,以疾病治疗为中心的事后体系有陷入"无底洞"的极大风险。必须从根本上转型重构为"以人为中心""以健康为中心",预防为主。

第二,"护要早"。重视长期照护的基础性作用,尽早建立长期照护体系,帮助老年人由对抗疾病转向预防疾病的新模式。同时,加大在老年人早期的照护服务力度,以取得更好的健康绩效。

第三,"医要快"。医疗的作用主要在于救治疾病,使患者恢复健康,降低死亡率,延长生命。因此,医疗的关键在于患者能得到及时救治、及时就医,切实解决民众的"看病难"问题。从我国整体来看,相较于一味地加大医疗资源投入,优化医疗资源配置和医疗布局取得的绩果会更好。

第四,"补短板"。着重保障女性、高龄老人、农村老人、独居或机构养老老人等弱势群体,尤其是同时兼具这几种特征的特殊老年群体。例如,丧偶独居的农村高龄女性老人,是老年人中最需要关注和加强保障的脆弱群体。

六、老人偏好居家、社区型的"养护医"融合服务

认清养、护、医的健康治理路径和次序,并调整优化支出结构相对容易,但在实践中,当使用这些支出去购买服务时,遇到的更大障碍是我国的养、护、医体系是分离、分开运行的。养老机构普遍缺少医疗、照护、临终关怀等功能,"有养无医"矛盾突出;而医院"治病不养老",不能提供长期住院服务。针对"医养分离"问题,2014年全国两会首次提出"医养结合"。2017年,党的十九大进一步强调"推进医养结合"。实践中,"医养结合"主要有养增加医、医介入养、医支持养等形式。仍以机构型为主,而老人更需要的居家型、社区型发展滞后。现在明确的是,相比机构养老,社区和家庭养老具有更好的健康绩效。老人真正偏好的是居家、社区养老,90%居家、7%社区,只有3%在机构解决。

此外,当前我国的养老、照护、医疗等资源由民政、卫健、人社各部门分散管理,缺乏协同。养老机构归民政部门审批和管理,医疗服务机构归卫生部门审核和管理,医保定点机构资格和报销归医保部门管,而长期照护保险目前又由人社部门在试点。甚至同一家医养结合机构,养老床位归民政部门管,护理床位归卫健部门管(王浦劬等,2018)。

"医养结合"偏重形式上的外部合作,整合作用不力,难以实质性推进,未真正统筹医疗卫生与养老资源(朱丽等,2019),出现了"医不动、护不全、社区不接、养着急"局面。"医养结合"需要进一步优化资源配置和创新服务机制,走向整合型的"医养融合"。近几年,杭州、深圳、青岛等城市进一步探索"养护医""医养护""医护养""医养康护"等一体化模式,提供融合型服务。养、护、医从碎片化体系转向以老年人为中心、融为一体的综合关怀模式是国际趋势(WHO,2016),在回应老人健康需求上具有显著优势(Tucker,2012)。

总体上,经过长期探索,我国已逐渐认识到养、护、医分离必须走向"医

养结合",并进一步走向"医养融合""养护医融合",而且要立足于居家、社区层面来满足老人的健康服务需求。

七、破除社会保障对接"养护医"服务的"中梗阻"

一个更棘手的问题是,当前我国的社会保险体系并不支持"医养融合"服务。近20年来,我国政府高度重视养老金的覆盖面扩大、待遇提高、按时发放,力争实现人人都有养老金。但对这些养老金发放之后如何使用,如何保障和提高老年生活和健康水平,则没有进一步的关注和追踪。尤其是一些属于公共财政资金的老年救助、老年福利、老年优待等公共支出项目。事实上,老人的养老金收入、社会保障收入等很多时候要用于儿女、孙辈,即社会上普遍存在的"啃老"现象。据2015年中国城乡老年人生活状况第四次调查数据,代际经济转移是老人每年排第二的支出项目,有34.5%的老年人为子女提供经济支持。即使是85岁以上的老年人还有接近1/4的给予困难子女经济支持,健康状况差的老年人中仍有超过1/5给予困难子女经济支持。这使得养老金、老年社会保障并没有专项专款用于老人购买养老服务。不少老年人的养老金、社保收入也存在不愿花、不敢花、不会花等现象。

当前,医疗保险只能报销在定点医院的医药、住院费用。"医养结合"机构往往不是医保定点单位,并不能给老人报销医药费。普通养老机构更难以获得医保定点资质,或难以获得医疗执业资格。全国养老网注册的养老机构有24160家,但医保定点的养老机构只有924家,占3.8%(王成利和王洪娜,2017)。老人不能长期住院,回到养老机构、家里或社区又面临不能报销的问题。一些老人采取分解住院、反复出院住院、"压床"等办法。这又加大了医院稀缺医疗资源的紧张或浪费。

在老龄化日益加深,老年医药、护理费用占大头且快速增长的背景下,医疗保险仍只是局限于事后的报销审核,无法前移到事先的健康管理、健康干预,无法引导并支持具有疾病预防、健康促进或维护作用的"医养结合"服务。这使我国医疗保险基金在承受越来越大支付压力的情况下而无法扭转这种被动局面。因此,我们必须考虑如何将医疗保险基金对接越来越需要的基于家庭、社区的"养护医"服务,尤其是能起到预防、维护、促进的养老服务、照护服务。通常,预防疾病的花费要比治疗费少得多,据估计投资1美元于适度体能活动,可节约3.2美元的医药费(世界卫生组织,2003)。

目前我国尚未建立起长期护理保险制度,2017年由人社部负责,只在全国选了15个城市作为开展试点,但迄今并没有进一步扩大试点,或进一步向全国推广。老人很难支付得起昂贵的长期照护费用。而造成医保支付困难的原因之一也在于缺少专门用于照护的长期照护保险。在护理服务付费方面，医保支付只覆盖了老年护理院的护理床位费，而养老床位大多数不能纳入医保结算，很多老人就选择护理床位，造成资源浪费。此外，也未覆盖养老机构和居家的护理费。

其他老年社会救助、社会福利也存在类似的问题，没有与老人所需的养护医服务实现有序衔接。可见，尽管从20世纪80年代中期我国启动社会保障改革以来，迄今已有40来年，但实际上都在解决老人养老的筹资问题。而对于这些资金如何使用、实际绩效，是否能恰好对接、支持老年养老所需的服务模式、服务内容、服务载体等，则没有进一步梳理、监测和引导。

八、协调代际冲突，平衡代际经济关系

尽管长期来看，一国的国民财富会不断增长。但具体到每一期，国民财富的规模总是一定的。故而在每一期国民财富分配时，必然会存在不同代际的冲突、难以平衡的问题。而如果国民财富增长速度无法赶上人口老龄化速度，则长期来看，老年人在国民财富的分配中将会占有越来越大的份额。因此，不管是短期，还是长期，都需要统筹考虑"拐杖"或"奶瓶"的权衡问题、老人与青年人问题，等等。

"健康长寿"是我们一直在追求的目标，但也要一分为二地看待实现老年健康。健康老龄化不仅会带来机遇，也会带来新风险、新问题，也是一柄"双刃剑"。例如，健康长寿的老年人延迟退休可能会影响青年就业、影响子女的生育意愿，等等；老人健康长寿可能会影响我国养老、医疗、护理等社保基金的财务稳健性，影响我国社会抚养支出结构，等等；而在实现健康老龄化的进程中，还要正确妥善处理政府与市场的关系、公平与效率的关系、权利与义务的关系、个人责任与政府责任的关系，等等。否则，也会引发新的问题、新的矛盾。故此，我们要有心理预期，超前去分析、研究社会经济体系如何应对健康老龄化带来的新风险、新矛盾和新问题，以及如何从总体上去疏通、引导和利用健康老龄化的影响，从而化解风险、更好地服务于解决我国的健康、养老、人口老龄化等重大现实问题。而不能想当然地认为实现健康老龄化就"万事大吉"了。

而在家庭内部资源分配上，养老、抚幼也必然会有顾此失彼的难题，或年轻夫妇存在家庭—工作冲突等现实困难。如何保障老人在家庭中的经济地位、财务自主，减少养老的环境风险，防止老人被忽视、虐待，也至关重要。家庭成员之间相互依存和代际团结都是积极老龄化的重要原则（世界卫生组织，2002）。这对我国的家庭社会政策、企业的家庭友好型员工福利都提出了更多的要求，如家庭津贴、税收抵免、灵活工作计划、远程办公等。

九、扩充老人收入和养老财富，实现老年人"美好生活"

老龄化问题首先是一个经济问题。老年人是极易受到伤害、贫困、经济脆弱的群体。如果没有可靠或足够的收入来源，将严重削减他们所能获得的营养食品、住房和健康服务。尤其是老年妇女和没有财富积累的老年男性。第二届世界老龄大会发布的《2002 年马德里国际老龄行动计划》指出，"老年人必须全面参与发展过程并且分享发展的收益，每个人都不应被剥夺从发展中获益的机会"。

投资老人健康并不仅仅是支出，也将获得丰厚的经济回报。一国在经济上以最小的老龄化支出而获得最大化的老年人各种贡献是可能的。相应地，我们未来的研究讨论要从过去一直在争论的所谓"最小化人口老龄化的损失或冲击"，转变为"如果社会不做出改变和进行投资可能失去的利益"（WHO，2016）。只有基于这种认识转变，扭转政策制定者和服务提供者看待人口老龄化的方式，才能最大限度利用老年人力资源。

未来 30 年，我国既要保持经济持续适度增长，又要确保老人分享经济社会发展成果。我们亟须通过完善国民收入分配体系，优化政府、企业、居民之前的分配格局，稳步增加养老财富储备。但目前我国除了社会保险基金结余、社会保障战略储备基金之外，尚未有成规模、制度化、稳定的养老财富储备来源和机制。我国仅仅于 2019 年底才提出要积累养老财富。而企事业等用人单位则基本上没有任何养老储备。事实上，国有企业退休职工、举办企业年金的企业、事业单位职业年金等，都负有对其退休老年职工的福利债务（尽管有些负债是隐性的），而且随着老年职工越来越多，这些负债也会增大。而众所周知，中国家庭的财富绝大部分都是以房产的形式存在，专门用于养老的财富积累十分微薄。而过去曾被寄予较高期望的老人住房反向抵押贷款、住房反向抵押养老保险等途径，到目前为止都没有取得成功。应对老龄化的养老财富储备，无论是思想上，还是行动上，我国基本上还没有开始准备。

十九大提出了"美好生活"的宏伟目标，自然也包括老年人在内。目前对老龄化的要求是"活着、健康"，更高的要求包括"尊严、自主、独立性"等。很显然，这些都只是老年人"美好生活"的一个维度或阶段性目标。而优化健康老龄化体系、"养护医"服务、社会保障等都只是促成老年人"美好生活"的途径。老年人"美好生活"才是老龄事业、健康老龄化的目标指引和最终归宿。我们要不要延迟退休、要不要提高养老金或社保支付待遇、各种"养护医"服务、代际经济关系协调，最终的衡量尺度应是老年人的生活质量、生命价值、老人主观的获得感、安全感、满意度、幸福感，以及最终所能达到的"美好生活"水平。

参考文献

[1] 白晨,顾昕. 高龄化、健康不平等与社会养老保障绩效研究——基于长期多维健康贫困指数的度量与分解[J]. 社会保障研究,2019(2).

[2] 鲍哈思·J. 乔治. 劳动经济学[M]. 第3版. 北京:中国人民大学出版社,2010.

[3] 贝克俊. 我国养老保险结构调整刻不容缓[N/OL]. 中国工商时报,2012-07-03.

[4] 贝克尔·S. 加里. 人类行为的经济分析[M]. 第2版. 上海:上海三联书店,上海人民出版社,2008.

[5] 曹炳良. 中国人口老龄化发展趋势百年预测研究报告[J]. 中国社会工作,2009(17).

[6] 车翼,王元月,马驰骋. 养老金影响退休者再就业决策的Logistic经验研究[J]. 管理评论,2006(12).

[7] 陈东,张郁杨. 不同养老模式对我国农村老年群体幸福感的影响分析——基于CHARLS基线数据的实证检验[J]. 农业技术经济,2015(4).

[8] 陈鹏军,张寒. 我国延迟退休的职工意愿及影响因素分析——基于全国28个省级行政区的调查研究[J]. 经济体制改革,2015(6).

[9] 程令国,张晔,沈可. 教育如何影响了人们的健康?——来自中国老年人的证据[J]. 经济学(季刊),2015(1).

[10] 程令国,张晔. "新农合":经济绩效还是健康绩效?[J]. 经济研究,2012(1).

[11] 戴月娥,等. 基于个体的退休心理模型[J]. 心理科学进展,2017(3).

[12] 党俊武,李晶,等. 中国老年人生活质量发展报告(2019)[M]. 北京:社会科学文献出版社,2019.

[13] 党俊武,等,中国城乡老年人生活状况调查报告(2018)[M]. 北京:社会科学文献出版社,2018.

[14] 丁建定,郭林. 我国企业职工基本养老金调整机制:变迁、问题与优

化[J].保险研究,2011(9).

[15] 丁仁船,张薇.退休年龄与社会养老金的定量关系研究[J].市场与人口分析,2006(1).

[16] 董娜,江蓓.苏州女性延迟退休意愿的影响因素研究[J].社会保障研究,2015(3).

[17] 杜鑫.中国城市地区不同户籍群体劳动力市场状态分析[J].中国人民大学学报,2011(4).

[18] 范淑春,朱保华.预期寿命增长、年龄结构改变与我国国民储蓄率[J].人口研究,2012(4).

[19] 方敏,吴少龙."新医改"让医疗费用下降了吗?——基于CHARLS对甘肃、浙江的追踪数据[J].北京行政学院学报,2017(6).

[20] 费孝通.论中国家庭结构的变动[J].天津社会科学,1982(3).

[21] 封进,胡岩.中国城镇劳动力提前退休行为的研究[J].中国人口科学,2008(4).

[22] 封进,余央央,楼平易.医疗需求与中国医疗费用增长——基于城乡老年医疗支出差异的视角[J].中国社会科学,2015(3).

[23] 封进.延迟退休对养老金财富及福利的影响:基于异质性个体的研究[J],社会保障评论,2017(4).

[24] 葛延风,丁宁宁,贡森,等.对中国医疗卫生体制改革的评价与建议(概要与重点)[J].中国发展评论,2005,7(A01).

[25] 郭科,顾昕.过度医疗的解决之道:管制价格、强化竞争还是改革付费?[J].广东社会科学,2017(5).

[26] 郭志刚,陈功.老年人与子女之间的代际经济流量的分析[J].人口研究,1998(1).

[27] 何立新,封进,佐藤宏.养老保险改革对家庭储蓄率的影响:中国的经验证据[J].经济研究,2008(10).

[28] 何立新.中国城镇养老保险制度改革的收入分配效应[J].经济研究,2007(3).

[29] 何文炯,洪蕾,陈新彦.职工基本养老保险待遇调整效应分析[J].中国人口科学,2012(3).

[30] 何文炯,洪蕾.高龄津贴:制度定位与财务可行性[J].学术研究,2012(7).

[31] 何文炯.改革开放40年:中国养老保险回顾与展望[J].教学与研究,2018(11).

[32] 何晓群. 多元统计分析 [M]. 第4版. 北京: 中国人民大学出版社, 2015.

[33] 侯慧丽, 程杰. 老龄化社会中养老金代际代内收入差距与养老金再分配 [J]. 人口与发展, 2015 (1).

[34] 胡宏伟, 张澜, 李佳怿, 等. 城镇居民基本医疗保险会加重老年人医疗负担吗?——基于家庭医疗负担的制度评价 [J]. 老龄科学研究, 2015 (4).

[35] 胡家祥. 马斯洛需要层次论的多维解读 [J]. 哲学研究, 2015 (8).

[36] 黄枫, 甘犁. 过度需求还是有效需求?——城镇老人健康与医疗保险的实证分析 [J]. 经济研究, 2010 (6).

[37] 贾国年. 老年人的再就业与晚年生活, 人口研究 [J], 1994 (2).

[38] 贾俊平, 何晓群, 金勇进. 统计学 [M]. 第6版. 北京: 中国人民大学出版社, 2015.

[39] 江克忠, 裴育, 夏策敏. 中国家庭代际转移的模式和动机研究——基于CHARLS数据的证据 [J]. 经济评论, 2013 (4).

[40] 姜德超, 吴少龙, 魏予辰. 新医改缓解了看病贵吗? [J]. 公共行政评论, 2015 (5).

[41] 姜向群, 陈艳. 对我国当前推迟退休年龄之说的质疑 [J]. 人口研究, 2004 (5).

[42] 解垩. 中国老年家庭的经济脆弱性与贫困 [J]. 人口与发展, 2014 (2).

[43] 金刚. 中国退休年龄的现状、问题及实施延迟退休的必要性分析 [J]. 社会保障研究, 2010 (2).

[44] 科林, 吉列恩, 约翰, 等. 全球养老保障——改革与发展 [J]. 北京: 中国劳动社会保障出版社, 2002.

[45] 课题组. 老年人收入与健康支出状况研究——以北京市为例 [J]. 管理世界, 2008 (12).

[46] 黎文武, 唐代盛. 弹性退休制度与养老保险保障制度整合初论 [J]. 西北人口, 2004 (3).

[47] 李军. 老龄经济学的宏观经济内涵及学科价值分析 [J]. 老龄科学研究, 2014 (3).

[48] 李军, 刘生龙. 人口老龄化对经济学发展的影响 [J]. 老龄科学研究, 2019 (2).

[49] 李海明. 人口老化的经济分析: 近期研究文献述评 [J]. 经济评论, 2010 (1).

[50] 李建华. 如何理解美好生活需要 [J]. 中国地质大学学报（社会科学版），2017（6）．

[51] 李建民. 老年经济学与老龄化经济学 [J]. 市场与人口分析，2001（5）．

[52] 李培，刘苓玲. 我国基本养老保险扩面的收入分配效应研究 [J]. 财经研究，2016（4）．

[53] 李琴，彭浩然. 谁更愿意延迟退休？——中国城镇中老年人延迟退休意愿的影响因素分析 [J]. 公共管理学报，2015（2）．

[54] 李实，赵人伟，高霞. 中国离退休人员收入分配中的横向与纵向失衡分析 [J]. 金融研究，2013（2）．

[55] 李实，杨穗. 养老金收入与收入不平等对老年人健康的影响 [J]. 中国人口科学，2011（3）．

[56] 李婷. 老龄健康研究方法新视角 [M]. 北京：中国人口出版社，2015．

[57] 李珍. 关于退休年龄的经济学思考 [J]. 经济评论，1997（9）．

[58] 李志宏. 老年人生活质量的理论探析 [M]//党俊武，李晶，等. 中国城乡老年人生活状况调查报告. 北京：社会科学文献出版社，2019．

[59] 梁宏. 广州市老年人的收入差异状况分析 [J]. 南方人口，2011（2）．

[60] 梁玉成. 市场转型过程中的国家与市场——一项基于劳动力退休年龄的考察 [J]. 中国社会科学，2007（5）．

[61] 廖楚晖，刘千亦. 事业单位职工延迟退休意愿及其影响因素的实证分析 [J]. 大连理工大学学报（社会科学版），2015（2）．

[62] 廖少宏. 提前退休模式与行为及其影响因素 [J]. 中国人口科学，2012（3）．

[63] 林毓铭，刘冀楠. 公共政策的网络舆情演化分析——以延迟退休年龄政策为例 [J]. 情报杂志，2016（8）．

[64] 林忠晶，龚六堂. 退休年龄、教育年限与社会保障 [J]. 经济学（季刊），2008（1）．

[65] 刘昌平，汪连杰. 社会经济地位对老年人健康状况的影响研究 [J]. 中国人口科学，2017（5）．

[66] 刘帆，修晶，毕先萍. 中国青年失业趋势预测 [J]. 中国青年政治学院学报，2006（3）．

[67] 刘贵平. 人口变化与我国城镇职工养老保险的代际再分配 [J]. 人

口学刊,1999(5).

[68] 刘桂莲.中国城乡基本养老保险非均衡发展分析——基于2013年31省数据实证分析[J].财经理论与实践,2015(5).

[69] 刘宏,高松,王俊.养老模式对健康的影响[J].经济研究,2011(4).

[70] 刘军强.专栏导语:新医改是否降低了医疗负担?[J].公共行政评论,2015(5).

[71] 刘同昌.老年歧视与社会责任[J].人口与经济,2000(1).

[72] 刘西国.社会保障会"挤出"代际经济支持吗?——基于动机视角[J].人口与经济,2015(3).

[73] 刘云龙.养老金发展提升国家战略 应对老龄化陷阱[EB/OL].人民网,2013-01-10.

[74] 柳清瑞,苗红军.人口老龄化背景下的推迟退休年龄策略研究[J].人口学刊,2004(3).

[75] 路征,赵佳敏,万春林.个人人力资本水平与延迟退休决策——基于三期OLG模型[J].广东财经大学学报,2018(3).

[76] 罗楚亮.城镇居民健康差异与医疗支出行为[J].财经研究,2008(10).

[77] 罗晓晖.中国老年人生活质量指标体系的构建[M]//党俊武,李晶,等.中国老年人生活质量发展报告.北京:社会科学文献出版社,2019.

[78] 罗哲,张俊锋.后工业社会中的延迟退休、社会保障与工作能力[J].学术月刊,2018(7).

[79] 马忠东,吕智浩,叶孔嘉.劳动参与率与劳动力增长:1982~2050年[J].中国人口科学,2010(1).

[80] 年成文.马克思的群众观及其哲学变革[J].中国社会科学,2012(2).

[81] 穆光宗,张团.我国人口老龄化的发展趋势及其战略应对[J].华中师范大学学报(人文社会科学版),2011(5).

[82] 潘杰,雷晓燕,刘国恩.医疗保险促进健康吗?——基于中国城镇居民基本医疗保险的实证分析[J].经济研究,2013(4).

[83] 潘锦棠.养老社会保险制度中的性别利益——兼评关于男女退休年龄的讨论[J].中国社会科学,2002(2).

[84] 蒲晓红.非正常"提前退休"对养老保险制度的影响[J].经济体制改革,2001(6).

[85] 钱锡红,申曙光. 在职人员的社会经济地位对退休期望的影响[J]. 保险研究,2012(7).

[86] 钱雪飞. 城乡老年人收入来源的差异及其经济性影响[J]. 华南农业大学学报(社会科学版),2011(1).

[87] 邱皓政. 潜在类别模型的原理与技术[M]. 北京:北京大学出版社,2008.

[88] 瞿婷婷,易沛. 延迟退休与中国社会养老保险制度:相容还是互斥?[J]. 金融经济学研究,2015(2).

[89] 全国老龄办. 第四次中国城乡老年人生活状况抽样调查总数据集[M]. 北京:华龄出版社,2018.

[90] 任兰兰,崔红威. 适龄在职人群延迟退休意愿与政策走向研究[J]. 河北学刊,2015(5).

[91] 任若恩,蒋云赟,徐楠楠,等. 中国代际核算体系的建立和对养老保险制度改革的研究[J]. 经济研究,2004(9).

[92] 沈毅,张爱军. 以新发展理念破解养老保障不平衡不充分的主要矛盾[J]. 中国社会工作,2017(32).

[93] 世界卫生组织. 积极老龄化政策框架[M]. 北京:华龄出版社,2003.

[94] 世界卫生组织. 关于老龄化与健康的全球报告[EB/OL]. 世卫官网,2015.

[95] 世界银行. 老年保障:中国的养老金体制改革[R]. 世界银行,1998.

[96] 宋世斌. 中国老龄化的世纪之困[M]. 北京:经济管理出版社,2010.

[97] 苏志霞. 中国户籍制度城乡福利分配职能辨析[J]. 经济问题探索,2006(3).

[98] 孙玄. 关于退休年龄的思考[J]. 人口与经济,2005(3).

[99] 唐钧. "健康中国"不能被误导为"医疗中国"[J]. 中国医疗保险,2016(10).

[100] 田立法,梁学平,强福荣,等. 渐进式延迟退休年龄政策的接受意愿影响因素研究——以天津市为例[J]. 科学决策,2017(1).

[101] 田雪原,胡伟略. 中国老年人口(经济)[M]. 北京:社会科学文献出版社,2007.

[102] 童素娟,陈诗达,米红,等. 基于收入再分配效应视角的养老金双

轨制改革研究——以浙江省为例［J］．经济社会体制比较，2014（4）．

［103］汪泽英，曾湘泉．中国社会养老保险收益激励与企业职工退休年龄分析［J］．中国人民大学学报，2004（6）．

［104］王爱珠．老年经济学［M］．上海：复旦大学出版社，1996．

［105］王爱珠，奚全治．老年人共享社会发展成果的理论思考［J］．复旦学报（社会科学版），1999（3）．

［106］王德文，蔡昉，张学辉．人口转变的储蓄效应和增长效应——论中国增长可持续性的人口因素［J］．人口研究，2004（5）．

［107］王广州，戈艳霞．中国老年人口丧偶状况及未来发展趋势研究［J］．老龄科学研究，2013（1）．

［108］王海燕．对低龄退休有利于青年就业之说的质疑［J］，南京人口干部管理学院学报．2006（3）．

［109］王红漫．老年人再就业状况及影响因素分析——来自北京大学燕园地区的调查［J］，市场与人口分析，2001（1）．

［110］王宏禹，王啸宇．养护医三位一体：智慧社区居家精细化养老服务体系研究［J］．武汉大学学报（哲学社会科学版），2018（4）．

［111］王金营，蔺丽莉．中国人口劳动参与率与未来劳动力供给分析［J］．人口学刊，2006（4）．

［112］王军，王广州．中国城镇劳动力延迟退休意愿及其影响因素研究［J］．中国人口科学，2016（3）．

［113］王孟成．潜变量建模与Mplus应用·基础篇［M］．重庆：重庆大学出版社，2014．

［114］王孟成，毕向阳．潜变量建模与Mplus应用·进阶篇［M］．重庆：重庆大学出版社，2018．

［115］王浦劬，等．超越多重博弈的医养结合机制构建论析［J］．国家行政学院学报，2018（2）．

［116］王胜今，舒莉．积极应对我国人口老龄化的战略思考［J］．吉林大学社会科学学报，2018（6）．

［117］王天宇，邱牧远，杨澄宇．延迟退休、就业与福利［J］．世界经济，2016（8）．

［118］王先菊．统筹解决养老服务供给不平衡不充分问题［J］．开放导报，2018（5）．

［119］王晓军，康博威．我国社会养老保险制度的收入再分配效应分析［J］．统计研究，2009（11）．

［120］王新军，郑超．医疗保险对老年人医疗支出与健康的影响［J］．财经研究，2014（12）．

［121］王亚柯．基于精算估计方法的养老保险再分配效应研究［J］．中国软科学，2011（5）．

［122］王燕霞．立法保障老年人享受到时代的幸福［J］．法治与社会，2015（3）．

［123］王翌秋，陈青霞．养老金收入对农村家庭代际转移的影响［J］．金融经济学研究，2017（5）．

［124］王震．养老保险中的性别政策评述［J］．经济学动态，2009（7）．

［125］邬沧萍，姜向群．"健康老龄化"战略刍议［J］．中国社会科学，1996（5）．

［126］吴联灿，申曙光．新型农村合作医疗制度对农民健康影响的实证研究［J］．保险研究，2010（6）．

［127］萧振禹．个人和家庭因素对城市老年就业的影响［J］，人口与经济，1996（3）．

［128］熊必俊．老龄经济学［M］．北京：中国社会出版社，2009．

［129］徐自强，李增元．延迟退休政策问题建构中的网络舆情变迁研究［J］．河海大学学报（哲学社会科学版），2017（6）．

［130］许志涛．不同所有制企业职工基本养老保险收入再分配效应［J］．财经论丛，2014（4）．

［131］闫萍．中国老年人的医疗费用分担问题分析［J］．兰州学刊，2014（1）．

［132］阳义南．我国职工退休年龄影响因素的实证研究［J］．保险研究，2011（11）．

［133］阳义南，才国伟．推迟退休年龄和延迟领取基本养老金年龄可行吗——来自广东省在职职工预期退休年龄的经验证据［J］．财贸经济，2012（10）．

［134］阳义南．基本养老保险制度激励提前退休的实证研究［J］．财贸研究，2013（3）．

［135］阳义南，谢予昭．延迟退休年龄对青年失业率的影响——OECD国家的经验证据［J］．中国人口科学，2014（4）．

［136］阳义南，曾燕，推迟退休会减少职工个人的养老金财富吗［J］．金融研究，2014（1）．

［137］阳义南，城镇养老金水平影响退休职工再就业决策实证研究［J］．

江西财经大学学报，2014（4）.

［138］谢予昭，阳义南，刘德浩. 留住城镇老年职工：延迟退休、养老金激励与鼓励就业［J］. 城市发展研究，2016（12）.

［139］阳义南. 照护还是医疗：老年人健康支出的产出效率比较［J］. 统计研究，2016（7）.

［140］阳义南. 肖建华，参保职工真的都反对延迟退休吗？——来自潜分类模型的经验证据［J］. 保险研究，2018（11）.

［141］阳义南，肖建华，黄秀女. 我国养老金不平等对家庭代际经济交换的影响［J］. 社会保障研究，2019（4）.

［142］阳义南，肖建华，"以医促养"还是"以养促养"：养老金与医疗保险的健康绩效比较［J］. 保险研究，2019（6）.

［143］阳义南，肖建华，养老金与照护支出"以养节医"经济绩效研究［J］. 金融经济学研究，2019（3）.

［144］阳义南. 老年人"美好生活"水平测度与政策洞见［J］. 社会保障研究，2020（3）.

［145］杨翠迎，金昊. 延迟退休年龄到底有多难？——兼论延迟退休与养老保险基金的关系［J］. 黑龙江社会科学，2014（3）.

［146］杨继军，张二震. 人口年龄结构、养老保险制度转轨对居民储蓄率的影响［J］. 中国社会科学，2013（8）.

［147］杨俊，宋媛. 养老保险制度对提前退休影响的性别差异分析［J］. 浙江社会科学，2008（7）.

［148］杨燕绥. 中国亟待进行养老金结构调整［EB/OL］. 中国网，2012-08-10.

［149］杨宜勇. 体制内外悬殊根在"二元制"［J］. 人民论坛，2007（6）.

［150］于翠婷，喻继银. 高校教师对延迟退休年龄意愿的实证研究——基于成都市高校教师的调查［J］. 人口与发展，2013（4）.

［151］于宁. 养老金水平与退休生活质量："啃老"现象、影响与对策研究——基于上海的实证调查［J］. 上海经济研究，2007（6）.

［152］俞立平，刘骏. 主成分分析与因子分析法适合科技评价吗？——以学术期刊评价为例［J］. 现代情报，2018（6）.

［153］张车伟，蔡翼飞. 中国劳动供求态势变化、问题与对策［J］. 人口与经济，2012（4）.

［154］张川川. 延迟退休年龄：背景、争议与政策思考. 武汉大学学报（哲社版），2017（7）.

[155] 张航空, 孙磊. 代际经济支持、养老金和挤出效应——以上海市为例 [J]. 人口与发展, 2011 (2).

[156] 张孔娟. "四有老人"将成为养老产业发展的主力军 [N]. 中国老年报, 2016-11-28 (004).

[157] 张乐川. 上海地区弹性退休制度构建研究 [J]. 长江大学学报（社会科学版）, 2010 (4).

[158] 张乐川. 上海地区延长退休年龄意愿研究——基于Logistic回归分析 [J]. 人口与经济, 2013 (1).

[159] 张启良, 沈江铃. 全面小康社会与国民幸福感调查——幸福感与国民幸福指数解读 [J]. 统计与咨询, 2015 (6).

[160] 张士斌, 王祯敏, 陆竹. 退休年龄政策调整的国际实践与中国借鉴 [J]. 经济社会体制比较, 2014 (4).

[161] 张文娟. 中国老年人劳动收入的影响因素及其地区差异 [J]. 人口研究, 2008 (6).

[162] 张晓琼, 侯亚丽. 晚年何以安度：农村空巢老人安全保障问题研究——基于山东省部分新型农村社区的实证调查 [J]. 华中农业大学学报（社会科学版）, 2015 (6).

[163] 张岩波. 潜变量分析 [M]. 北京：高等教育出版社, 2009.

[164] 张熠. 延迟退休年龄与养老保险收支余额：作用机制及政策效应 [J]. 财经研究, 2011 (7).

[165] 张翼, 李江英. "强关系网"与退休老年人口的再就业 [J]. 中国人口科学, 2000 (2).

[166] 张翼. 受教育水平对退休老年人再就业的影响 [J]. 中国人口科学, 1999 (4).

[167] 张勇. 中国养老保险制度的再分配效应研究 [J]. 财经论丛（浙江财经大学学报）, 2010 (4).

[168] 赵耀辉, 徐建国. 我国城镇养老保险体制改革中的激励机制问题 [J]. 经济学（季刊）, 2001 (1).

[169] 赵忠, 侯振刚. 我国城镇居民的健康需求与Grossman模型——来自截面数据的证据 [J]. 经济研究, 2005 (10).

[170] 郑春荣, 杨欣然. 退休年龄对女性基本养老金影响的实证分析 [J]. 社会科学家, 2009 (2).

[171] 郑莉莉. 社会医疗保险中的过度需求和供给诱导研究——来自CHNS的证据 [J]. 保险研究, 2018 (10).

[172] 周辉. 我国延迟退休年龄限制因素分析与建议 [J]. 学术交流, 2011 (2).

[173] 周领. 中国国家资产负债表研究 [R]. 财政部财政科学研究所, 2014.

[174] 周四军, 庄成杰, 刘红, 等. 湖南省国民幸福指数 NHI 的统计测度与评价 [J]. 消费经济, 2008 (4).

[175] 周小菲, 薛建礼, 陈滔. 经济增长、社会医疗保险和国民健康的相互影响——基于 FAVAR 模型的实证研究 [J]. 保险研究, 2019 (2).

[176] 朱丽, 等. 健康老龄化视域下医养结合的认知、探索与融合路径 [J]. 人口与社会, 2019 (7).

[177] 朱铭来, 史晓晨. 医疗保险对流动人口灾难性医疗支出的影响 [J]. 中国人口科学, 2016 (6).

[178] 朱铭来, 宋占军. 大病保险对家庭灾难性医疗支出的风险分散机制分析 [J]. 中国卫生政策研究, 2012 (12).

[179] 朱铭来, 于新亮, 王美娇, 等. 中国家庭灾难性医疗支出与大病保险补偿模式评价研究 [J]. 经济研究, 2017 (9).

[180] 朱楠. 中国延长退休年龄的财务平衡预算及其方案设计 [J]. 中央财经大学学报, 2009 (8).

[181] 朱晓, 范文婷. 中国老年人收入贫困状况及其影响因素研究——基于 2014 年中国老年社会追踪调查 [J]. 北京社会科学, 2017 (1).

[182] 邹铁钉. 中国城乡户籍与性别的重叠效应——身份公平的养老改革 [J]. 经济管理, 2014 (6).

[183] AARON H J. Economic effects of social security [M]. The Brookings Institution Press, 1982.

[184] Aaron H J. Behavioral Dimensions of Retirement Economics [M]. The Brookings Institution Press, 1999.

[185] ACOCK A C. Discovering structural equation modeling using stata [M]. The Stata Press, 2013.

[186] ADAMS G A. Career – related variables and planned retirement age: An extension of Beehr's model [J]. Journal of Vocational Behavior, 1999, 55 (2).

[187] ADLER N E, Ostrove JM. Socio – economic status and health: What we know and what we don't [J]. Annals of the New York Academy of Sciences, 2010, 896 (1).

[188] BARDASI E, Jenkins SP. Income in later life: work history matters

[M]. Policy Press, 2002.

[189] BARFIELD R E, Morgan JN. Early retirement: The decision and the experience [M]. The University of Michigan, 1969.

[190] BARRO R J. Are government bonds net wealth? [J]. Journal of political economy, 1974, 82 (6).

[191] BECKER G S. The economic approach to human behavior [M]. University of Chicago Press, 1978.

[192] BEEHR T A. The process of retirement: A review and recommendations for future investigation [J]. Personnel Psychology, 1986, 39 (1).

[193] BEEHR T A, Glazer S, Nielson NL, et al. Work and nonwork predictors of employees" retirement ages [J]. Journal of Vocational Behavior, 2000, 57 (2).

[194] BITINAS A. Pension System in Japan: Issues for Reform [J]. Jurisprudence, 2012, 19 (1).

[195] BŎRSCH – SUPAN A. Incentive effects of social security on labor force participation: evidence in Germany and across Europe [J]. Journal of Public Economics, 2000, 78 (1−2).

[196] BŎRSCH – SUPAN A, Schnabel R. Early retirement and employment of the young in Germany, in Social Security Programs and Retirement around the World: The Relationship to Youth Employment [M]. University of Chicago Press, 2010.

[197] BOSKIN M J. Social security and retirement decision [J]. Economic Inquiry, 1977, 15 (1).

[198] BROOK R H, WARE J E, ROGERS W H, et al. Does free care improve adults' health? Results from a randomized controlled trial [J]. The New England Journal of Medicine, 1983, 309 (23).

[199] BURKHAUSER R V. The pension acceptance decision of older workers [J]. Journal of Human Resources, 1979, 14 (1).

[200] BURKHAUSER R V, Quinn JF. Is mandatory retirement overrated? Evidence from the 1970s [J]. Journal of Human Resources, 1983, 18 (3).

[201] BURNIAUX J M, Duval RF. Jaumotte, Coping with ageing: a dynamic approach to quantify the impact of alternative policy options on future labour supply in OECD countries" [R]. OECD Economics department working papers. ECO, 2003.

[202] BURTLESS G, MOFFITT R A. The joint choice of retirement age and postretirement hours of work [J]. Journal of Labor Economics, 1985, 3 (2).

[203] CABALLE J, FUSTER L. Pay – as – you – go Social Security and the Dis-

tribution of Altruistic Transfers [J]. Review of Economic Studies, 2003, 70 (3).

[204] CAHILL K E, Giandrea MD, Quinn JF. Retirement patterns from career employment [J]. The Gerontologist, 2006, 46 (4).

[205] CAHILL K E, GIANDREA M D, QUINN J F. Reentering the labor force after retirement [J]. Monthly Labor Review, 2011, 134 (6).

[206] GALBRAITH J K. The Affluent Society [M], Houghton Mifflin Company, 1958.

[207] CAMPBELL J C, IKEGAMI N. Long-term care insurance comes to Japan [J]. Health Affairs, 2000, 19 (3).

[208] CARD D, DOBKIN C, MAESTAS N. The impact of nearly universal insurance coverage on health care utilization: evidence from Medicare [J]. American Economic Review, 2008, 98 (5).

[209] CASE A. Does money protect health status? Evidence from South African pensions [M] University of Chicago Press, 2004.

[210] CASEY B. Incentives and disincentives to early and late retirement [R]. Organization for Economic Co-operation and Development, 1998.

[211] CHAKRAVARTY S N, WEISMAN K. Consuming Our Children [N]. Business Week. 1988, November, 14.

[212] CHAN S, STEVENS A H. Do changes in pension incentives affect retirement? A longitudinal study of subjective retirement expectations [J]. Journal of Public Economics, 2004, 88 (7-8).

[213] CLARK R, KREPS J, SPENGLER J. Economics of aging: A survey [J]. Journal of Economic Literature, 1978, 16 (3).

[214] CLARK R L, OGAWA N. Transitions from career jobs to retirement in Japan [J]. Industrial Relations: A Journal of Economy and Society, 1997, 36 (2).

[215] COILE C C, LEVINE P B. Bulls, bears, and retirement behavior [J]. International Labor Relation Review, 2006, 59 (3).

[216] COLLINS L M, LANZA S T. Latent class and latent transition analysis: With application in the social, behavioral and health science [M]. New York, Wiley, 2010.

[217] COOK J. The socioeconomic contribution of older people in the UK. Working Older People. 2011; 15 (4).

[218] Commission of the European Communities. Europe's response to world ageing: promoting economic and social progress in an ageing world: A contribution of the

European commission to the 2nd world assembly on ageing: Communication from the commission to the council and the European parliament [R]. Office for Official Publications of the European Communities, 2002.

[219] CUTLER D M, VIGDOR E R. The impact of health insurance on health: Evidence from people experiencing health shocks [R]. NBER Working Paper, 2005, No. 16417.

[220] DAHL S A, NILSEN ??. A, VAAGE K. Gender differences in early retirement behaviour [J]. European Sociological Review, 2003, 19 (2).

[221] Department for Work and Pensions. Pathways to work: Helping people into employment [R]. HMSO, United Kingdom, 2002.

[222] DANIELS N. Just health: meeting health needs fairly [M]. New York: Cambridge University Press, 2007.

[223] DIAMOND P A, Hausman JA. Individual retirement and savings behavior [J]. Journal of Public Economics, 1984, 23 (1–2).

[224] DÍAZ – GIMÉNEZ J, DÍAZ – SAAVEDRA J. Delaying retirement in Spain [J]. Review of Economic Dynamics, 2009, 12 (1).

[225] DING C S. Using regression mixture analysis in educational research [J]. Practical Assessment, Research and Evaluation, 2006, 11 (11).

[226] DOAHUE W, ORBACH H L, POLLAK O. Retirement: the Emerging Social Pattern. In Clark Tibbitts, eds. Hankbook of Social Geontology [M]. Chicago: University of Chicago Press, 1960.

[227] EHRENBERG R G, SMITH R S. Modern Labor Economics (ninth edition) [M]. Pearson Education Inc, 2006.

[228] FABEL O. Social security, optimal retirement, and savings [J]. European Journal of Political Economy, 1994, 10 (4).

[229] FELDMAN R, DOWD B. A new estimate of the welfare loss of excess health insurance [J]. American Economic Review, 1991, 81 (2).

[230] FELDMAN D C. The decision to retire early: A review and conceptualization [J]. Academy of Management Review, 1994, 19 (2).

[231] FELDSTEIN M. Social security, induced retirement and aggregate capital accumulation [J]. Journal of Political Economy, 1974, 82 (5).

[232] FIELDS G S, MITCHELL O S. Economic determinants of The optimal retirement age: An empirical investigation [J]. Jouranal of Human Resources, 1984, 19 (2).

[233] FINKELSTEIN A, MCKNIGHT R. What did medicare do? The initial impact of medicare on mortality and out of pocket medical spending [J]. Journal of Public Economics, 2008, 92 (7).

[234] FISHER E S. Medical Care – Is More Always Better? [J]. New England Journal of Medicine, 2003, 349 (17).

[235] FLYNN M. Who would delay retirement? Typologies of older workers [J]. Personnel Review, 2010, 39 (3).

[236] FOLLAND S, GOODMAN A C, Stano M. The economics of health and health care [M]. Upper Saddle River, NJ: Pearson Prentice Hall, 2007.

[237] FU T, LU P C. Population ageing and social policy in Taiwan [M] // Ageing in East Asia. Routledge, 2009.

[238] GOUGH O. The impact of the gender pay gap on post – retirement earnings [J]. Critical Social Policy, 2001, 21 (3).

[239] GRAEBNER W A. History of retirement: the meaning and function of an American institution, 1885 – 1978 [M]. New Haven, Conn: Yale University Pres, 1980.

[240] GROSSMAN M. On the concept of health capital and the demand for health [J]. Journal of Political Economy, 1972, 80 (2).

[241] GRUBER J, MILLIGAN K. Do elderly workers substitute for younger workers in the United States? [M] //Social security programs and retirement around the world: The relationship to youth employment. University of Chicago Press, 2010.

[242] GRUBER J, WISE D A. Social security programs and retirement around the world: The relationship to youth employment [M]. University of Chicago Press, 2010.

[243] GU D, DUPRE M E. Assessment of reliability of mortality and morbidity in the 1998 – 2002 CLHLS waves [M] //Healthy Longevity in China. Springer, Dordrecht, 2008.

[244] GU E. Towards universal coverage: China's new healthcare insurance reforms [M] //China's Reforms At 30: Challenges and Prospects. 2009.

[245] GUSTMAN A L, STEINMEIER T L. Partial retirement and the analysis of retirement behavior [J]. ILR Review, 1984, 37 (3).

[246] GUSTMAN A L, STEINMEIER T L. A Structural retirement model [J]. Econometrica, 1986, 54 (3).

[247] GUSTMAN A L, MITCHELL O S, STEINMEIER T L. Retirement measures in the health and retirement study [J]. Journal of Human Resources, 199530

(1).

[248] GUSTMAN A L, STEINMEIER T L. Social security and retirement behavior within the family [J]. Journal of Applied Econometrics, 2004, 19 (6).

[249] HALL A, JOHNSON T R. The determinants of planned retirement age [J]. ILR Review, 1980, 33 (2).

[250] HAMBLIN K. Active Ageing in the European Union: Policy Convergence and Divergence [M]. New York: Palgrave Macmillan, 2013.

[251] HANEL B, RIPHAHN R T. The timing of retirement – New evidence from Swiss female workers [J]. Labour Economics, 2012, 19 (5).

[252] Hanisch KA, Hulin CL. Job attitudes and organizational withdrawal: An examination of retirement and other voluntary withdrawal behaviors [J]. Journal of Vocational Behavior, 1990, 37 (1).

[253] HANISCH K A, HULIN C L. General attitudes and organizational withdrawal: An evaluation of a causal model [J]. Journal of Vocational Behavior, 1991, 39 (1).

[254] HANSSON R O, DEKOEKKOEK P D, NEECE W M, et al. Successful aging at work: Annual review, 1992 – 1996: The older worker and transitions to retirement [J]. Journal of Vocational Behavior, 1997, 51 (2).

[255] HERNOES E, SOLLIE M, STROM S. Early retirement and economic incentives [J]. Scandinavian Journal of Economics, 2000, 102 (3).

[256] HEWITT P S. The gray roots of Japan's crisis [R]. Asia Program Special Report, 2003, No. 107.

[257] HONIG M. Retirement expectations: Differences by race, ethnicity, and gender [J]. The Gerontologist, 1996, 36 (3).

[258] HURD M. The effect of changes in Social Security on bequests [J]. Journal of Economics, 1993, 7 (1).

[259] HURD M D, MCGARRY K. Medical insurance and the use of health care services by the elderly [J]. Journal of Health Economics, 1997, 16 (2).

[260] HURD M D. The economics of individual aging [J]. Handbook of Population and Family Economics, 1997, 1 (part B).

[261] International Labor Office. Global employment trends for youth 2012 [M]. ILO Publications, 2012.

[262] KAISER H F. An index of factorial simplicity [J]. Psychometrika, 1974, 39 (1).

［263］ KALWIJ A, KAPTEYN A, DE – VOS K. Retirement of older workers and employment of the young ［J］. De Economist, 2010, 158 (4).

［264］ KANE R A. Long – term care and a good quality of life ［J］. Gerontologist, 2001, 41 (3).

［265］ KARLSTROM A, PALME M, SVENSSON I. A dynamic programming approach to model the retirement behaviour of blue – collar workers in Sweden ［J］. Journal of Applied Econometrics, 2004, 19 (6).

［266］ KOTLIKOFF L J. Testing the theory of social security and life cycle accumulation ［J］. The American Economic Review, 1979, 69 (3).

［267］ KOTLIKOFF L J, SMETTERS K, WALLISER J. Distributional effects in a general equilibrium analysis of social security ［M］//The Distributional Aspects of Social Security and Social Security Reform. University of Chicago Press, 2002.

［268］ LEE R, MASON A. Population aging and the generational economy. a global perspective ［M］. Cheltenham: Edward Elgar; 2011.

［269］ LILJA R. Microeconomic analysis of early retirement in Finland ［M］. The Nordic Labour Markets in the 1990s, Elsevier Science Publishers, Amsterdam, 1996 3.

［270］ LISSENBURGH S, SMEATON D. Employment Transitions of Older Workers: The role of flexible employment in maintaining labour market participation and promoting job quality ［M］. Policy Press, 2003.

［271］ LOAYZA N, SCHMIDT – HEBBEL K, SERVÉN L. What drives private saving across the world? ［J］. Review of Economics and Statistics, 2000, 82 (2).

［272］ LUZADIS R A, MITCHELL O S. Explaining pension dynamics ［R］. National Bureau of Economic Research, 1991.

［273］ MANNING W G, NEWHOUSE J P, DUAN N, et al. Health insurance and the demand for medical care: evidence from a randomized experiment ［J］. The American Economic Review, 1987, 77 (3).

［274］ MARMOT M G, SHIPLEY M J, Rose G. Inequalities in death – specific explanations of a general pattern? ［J］. The Lancet, 1984, 323 (8384).

［275］ MARSH H W, LÜDTKE O, TRAUTWEIN U, et al. Classical latent profile analysis of academic self – concept dimensions: Synergy of person – and variable – centered approaches to theoretical models of self – concept ［J］. Structural Equation Modeling: A Multidisciplinary Journal, 2009, 16 (2).

［276］ MARTÍN A R S. Endogenous retirement and public pension system reform in Spain [J]. Economic Modelling, 2010, 27 (1).

[277] MASTROBUONI G. Labor supply effects of the recent social security benefit cuts: Empirical estimates using cohort discontinuities [J]. Journal of Public Economics, 2009, 93 (11 – 12).

[278] MATSUDA S. Regulatory effects of health examination programs on medical expenditures for the elderly in Japan [J]. Social Science & Medicine, 1996, 42 (5).

[279] MEJHERT M, LINDGREN P, SCHILL O, et al. Long term health care consumption and cost expenditure in systolic heart failure [J]. European Journal of Internal Medicine, 2013, 24 (3).

[280] MELLOR J M, MILYO J. Income inequality and health status in the United States: Evidence from the current population survey [J]. Journal of Human Resources, 2002, 37 (3).

[281] MEYER M H. Making claims as workers or wives: The distribution of social security benefits [J]. American Sociological Review, 1996, 61 (3).

[282] MICHELLO F A, FORD W F. The unemployment effects of proposed changes in social security's " normal retirement age" [J]. Business Economics, 2006, 41 (2).

[283] MITCHELL O S, FIELDS G S. The effects of pensions and earnings on retirement: A review essay [R]. National Bureau of Economic Research, 1981.

[284] MITCHELL O S, FIELDS G S. Retirement, pensions, and social security [M]. MIT Press, 1984.

[285] MIZOGUCHI T, QUYEN N V. Amakudari: The Post – Retirement Employment of Elite Bureaucrats in Japan [J]. Journal of Public Economic Theory, 2012, 14 (5).

[286] MONTALTO C P, YUH Y, HANNA S. Determinants of planned retirement age [J]. Financial Services Review, 2000, 9 (1).

[287] MOSSEY J M, SHAPIRO E. Self – rated health: A predictor of mortality among the elderly [J]. American Journal of Public Health, 1982 (8).

[288] MUNNELL A H. The economics of private pensions [M]. Brookings Inst Press, 1982.

[289] MUNNELL A H, TRIEST RK, JIVAN N. How Do Pensions Affect Expected and Actual Retirement Age [R]. Center for Retirement Research at Boston College, Working Paper, No. 27, 2004.

[290] NOONE J, ALPASS F, STEPHENS C. Do men and women differ in their retirement planning? Testing a theoretical model of gendered pathways to retirement preparation [J]. Research on Aging, 2010, 32 (6).

[291] OECD, OECD Economic Outlook [R]. OECD, 2002, No. 2.

[292] OECD. Thematic Follow – up Review of Policies to Improve Labor Market Prospects for Older Workers: Korea [R]. OECD Publishing, 2012.

[293] OKAMOTO Y. Health care for the elderly in Japan: medicine and welfare in an aging society facing a crisis in long term care [J]. British Medical Journal, 1992, 305 (6850).

[294] PAMPEL F C, WEISS J A. Economic development, pension policies, and the labor force participation of aged males: A cross – national, longitudinal approach [J]. American Journal of Sociology, 1983, 89 (2).

[295] PANG G, WARSHAWSKY M J, WEITZER B. The retirement decision: Current influences on the timing of retirement among older workers, in Micocci M Gregoriouo G and Masala G. (eds), Pension Fund Risk Management: Financial and Actuarial Modeling [M], CRC Press, 2010.

[296] PERACCHI F, WELCH F. Trends in labor force transitions of older men and women [J]. Journal of Labor Economics, 1994, 12 (2).

[297] PETER A, MICHAEL D. HURD, DANIEL MCFADDEN, et al. Healthy, wealthy, and wise? Tests for direct causal paths between health and socioeconomic status [J]. Journal of Econometrics, 2003, 112 (1).

[298] PHELPS C E. Health economics [M]. Routledge, 2016.

[299] PHELPS E S. Phillips Curves, Expectations of Inflation and Optimal Unemployment over Time, Economica [J]. Economica, 1967, 34 (135).

[300] POLSKY D, DOSHI J A, ESCARCE J, et al. The health effects of medicare for the near-elderly uninsured [J]. Health Services Research, 2009, 44 (3).

[301] PRESTON S H. The changing relation between mortality and level of economic development [J]. Bulletin of the World Health Organization, 1975, 29 (2).

[302] PRESTON S H. Children and the Elderly in the U. S. Scientific American, 1984, 251 (4).

[303] PRUCHNO R A, ROSE M S. The effect of long – term care environments on health outcomes [J]. The Gerontologist, 2000, 40 (4): 422 – 428.

[304] QUINN J F. Microeconomic determinants of early retirement: A cross – sectional view of white married men [J]. Journal of Human Resources, 1977, 12 (3).

[305] QUINN J F, BURKHAUSER R V, MYERS D A. Passing the torch: The influence of economic Incentives on work and retirement [M], WE Upjohn Institute for Employment Research, Kalamazoo, 1990.

[306] QUINN J. The role of bridge jobs in the retirement patterns of older Americans in the 1990s [R]. Boston College Working Papers in Economics, 1996, No. 324.

[307] QUINN J F, BURKHAUSER R, etc. Microeconomic Analysis of The Rretirement Decision: United States [R]. OECD Economics Department, Working Papers No. 203, 1998.

[308] REITZES D C, MUTRAN E J, FERNANDEZ M E. The decision to retire: A career perspective [J]. Social Science Quarterly, 1998, 79 (3).

[309] ROSTOW W W. The Stages of economic growth [J]. The Economic History Review (New Series), 1959, 12 (1).

[310] RUHM C J. Bridge jobs and partial retirement [J]. Journal of labor economics, 1990, 8 (4).

[311] RUHM C J. Do pensions increase the labor supply of older men? [J]. Journal of Public Economics, 1996, 59 (2).

[312] RUPP K, STRAND A, DAVIES P S. Poverty among elderly women: Assessing SSI options to strengthen Social Security reform [J]. The Journals of Gerontology Series B: Psychological Sciences and Social Sciences, 2003, 58 (6).

[313] RUST J, PHELAN C. How social security and medicare affect retirement behavior in a world of incomplete markets [J]. Econometrica: Journal of the Econometric Society, 1997, 65 (4).

[314] SAMUELSON R J. Generational Economics. Boston Globe, 1994, 19 (2).

[315] SALEM M B, BLANCHET D, BOZIO A, et al. Labor force participation by the elderly and employment of the young: The case of France [M] //Social security programs and retirement around the world: The relationship to youth employment. University of Chicago Press, 2010.

[316] SCHIRLE T. Why have the labor force participation rates of older men increased since the mid-1990s? [J]. Journal of Labor Economics, 2008, 26 (4).

[317] SCHULZ J H. The economics of aging [M]. Greenwood Publishing Group, 2000.

[318] SHIMASAWA M, HOSOYAMA H. Ageing and Economic Growth in Europe [R]. Washington DC: The Graying of the Industrial World Conference, 2000.

[319] SHIMASAWA M, HOSOYAMA H. Economic Implications of an Ageing Population: The Case of Five Asian Countries [R]. Economic and Social Research Institute (ESRI), 2004.

[320] SICKLES R C. & TAUBMAN P. An analysis of the health and retirement status of the elderly [J]. Econometrica, 1986, 54 (6).

[321] SLAVICK F. Compulsory and flexible retirement in the American economy [M]. New York State School of Industrial and Labor Relations, Cornell University, 1966.

[322] Social Security Administration. Effect of early or delayed retirement on retirement benefits [R]. Web page accessed July, 2010, No. 7.

[323] STOCK J H, WISE D A. Pensions, the option value of work, and retirement [J]. Econometrica, 1990, 58 (5).

[324] SUEYOSHI G T. Social security and the determinants of full and partial retirement: A competing risks analysis [R]. National Bureau of Economic Research, Working Paper No. 3113, 1989.

[325] TAKAYAMA N. Closing the Gap between the Retirement Age and the Normal Pensionable Age in Japan [R]. Center for Intergenerational Studies, Institute of Economic Research, Hitotsubashi University, 2013.

[326] TALAGA J, BEEHR T A. Retirement: A psychological perspective. In Cooper CL. & Robertson IT. (Eds.), International review of industrial and organizational psychology [M], John Wiley & Sons, 1989.

[327] TAYLOR M A, SHORE L M F. Predictors of planned retirement age: an application of Beehr's model [J]. Psychology and Aging, 1995, 10 (1).

[328] TORREY B B, TAEUBER C M. The Importance of Asset Income among the Elderly [J]. The Review of Income and Wealth, 1986, 32 (4)..

[329] TUCKER J H. Integrated care: the presence, nature and development of integrated care incommunity health services in England and Ireland [D]. University of Warwick, 2012.

[330] United Nations. World Population Ageing Report 2013 [R]. New York: United Nations, 2013.

[331] VAN DALEN H P, HENKENS K. Early-retirement reform: can it and will it work? [J]. Ageing & Society, 2002, 22 (2).

[332] VERE J P. Social Security and elderly labor supply: Evidence from the Health and Retirement Study [J]. Labour Economics, 2011, 18 (5).

[333] VOGT T C, KLUGE F A. Can public spending reduce mortality disparities? Findings from East Germany after reunification [J]. The Journal of the Economics of Ageing, 2015, 5 (2).

[334] WAGSTAFF A, LINDELOW M. Can insurance increase financial risk?: The curious case of health insurance in China [J]. Journal of Health Economics, 2008, 27 (4).

[335] WAGSTAFF A, YIP W, LINDELOW M, et al. China's health system and its reform: a review of recent studies [J]. Health Economics, 2009, 18 (2).

[336] WILKINSON R G. Unhealthy societies: The Afflications of Inequality [J]. Biochemistry, 1996, 10 (8).

[337] WILKINSON R G. Commentary: Income inequality summarizes the health burden of individual relative deprivation [J]. BMJ Clinical Research, 1997, 314 (7096).

[338] WILLIS S. L, TENNSTEDT S L, MARSISKE M, et al. Long–term effects of cognitive training on everyday functional outcomes in older adults [J]. JAMA, 2006, 296 (23).

[339] WISE D A. Introduction to" Perspectives on the economics of aging" [M] //Perspectives on the Economics of Aging. University of Chicago Press, 2004.

[340] WISE D A. Social security provisions and the labor force participation of older workers [J]. Population and Development Review, 2004, 30 (Supplement).

[341] WISE D A. Pensions, labor, and individual choice [M]. University of Chicago Press, 2008.

[342] WOLFF E N. The retirement wealth of the baby boom generation [J]. Journal of Monetary Economics, 2007, 54 (1).

[343] World Bank. Averting the old age crisis [M]. Oxford University Press, 1994.

[344] World Bank. China 2030: Building a Modern, Harmonious, and Creative Society [R]. Washington DC: World Bank, 2013.

[345] XU K, SAKSENA P, HOLLY A. The determinants of health expenditure [R]. World Health Organization, 2011.

[346] YIP W, HSIAO W. China's health care reform: A tentative assessment [J]. China Economic Review, 2009, 20 (4).

[347] YIP W, HSIAO W. Harnessing the privatization of China's fragmented health–care delivery [J]. The Lancet, 2014, 384 (9945).